道教征略

刘咸炘 著

巴蜀書社

图书在版编目（CIP）数据

道教征略 / 刘咸炘著. — 成都：巴蜀书社，
2025.3
（巴蜀百年学术名家丛书）
ISBN 978-7-5531-2136-9

Ⅰ.①道… Ⅱ.①刘… Ⅲ.①道教史—中国②道家③
《道德经》—研究④《庄子》—研究 Ⅳ.①B959.2
②B223.05

中国国家版本馆 CIP 数据核字（2023）第 241674 号

道 教 征 略

DAOJIAO ZHENGLÜE

刘咸炘 著

责任编辑	王承军
责任印制	田东洋　谷雨婷
封面设计	冀帅吉
出版发行	巴蜀书社
	成都市锦江区三色路 238 号新华之星 A 座 36 层
	邮编：610023
	总编室电话：(028)86361843
	发行科电话：(028)86361852
网　　址	www.bsbook.com
照　　排	四川胜翔数码印务设计有限公司
印　　刷	成都东江印务有限公司
版　　次	2025 年 3 月第 1 版
印　　次	2025 年 3 月第 1 次印刷
成品尺寸	130mm×210mm
印　　张	10.25
字　　数	200 千
书　　号	ISBN 978-7-5531-2136-9
定　　价	78.00 元

目　录

道教征略

序

　　道教无史，传记虽多，而侈于灵异，略于派别。书目则古目无存，今存明人目录，杂乱无理。传记以仙为名，本未安稳，三洞四辅，亦非著录之例。儒者鄙弃道书，以为非老、庄之本，剽释氏之余，不复措意，偶一涉及，率多强不知以为知，动成谬误。至于黄冠之流，则如葛稚川所言"渊博洽闻者寡，而意断妄说者多"。并其本家典故，亦不详悉。其高者则摆落文字，不屑考证。盖道术本内修之事，托足者多栖遁之流，成己而已，逃名自甘。又以其术本不恃书，各以己传为真，而排异己，故遂无条别源流详允可据之书，迥不如《四库》《释藏》之明白。无传记则献不足征，无目录则文不足征，此学者之憾也。不揣其陋，窃欲表微，以史传校雠之法整理之，惜未能窥全《藏》，仅就所知见，旁考《四库》，爬梳大略，亦已历历可寻。夫史异于子，非可以一家之爱憎为去取。自来史家、目录家，沿宋儒之说，不详二教，实为偏谬。至其是非，固当俟专家论断,亦非概排二氏之空言所能了也。吾今之考,尽史学校雠之务而已,故记述详而论断略焉。甲子十月刘咸炘。

道教征略上

　　道教之远源，古之巫、医、阴阳家、道家也。即今之道教，无过内修与冥通。内修养气，医也；冥通事神，巫也。特非如后世巫、医之浅褊耳。儒者多辨道教与古道家之异，夫老、庄以还，杨朱、慎到、申不害、计然之伦，汉世黄老家，魏晋玄学，其流至于宋明儒，或专言治术，或通论人生，是诚与道教殊异。然谓绝无关于内修，则非也。养气之旨，老、庄实言之，吾已详辨于《养气》之篇。白居易诗曰："玄元圣祖五千言，不言药，不言仙，不言白日升青天。"此所以纠当时道士之谬耳。道教诸名师（体基等谨按：此五字疑衍）。唐以还，道教诸名师皆明药之非草，长生之非形躯，不言白日升天矣。阴阳家与道家本近，以其同主顺天，而所言宇宙又同也。邹衍，阴阳家也，而有《重道延命方》，见《汉书·刘向传》。《别录》载其吹律黍谷事，亦近方士之为，而邹衍见礼于燕、齐，海上怪迂之徒由此兴，则太史公明著之矣。董仲舒亦阴阳家也，而其书言养气，又有《请雨》《止雨》篇。《隋书·经籍志》有《董仲舒请祷图》。至于斋醮科仪所说鬼神位序，无不以道家一气、阴阳五行为根据，尤显然也。淮南王安为汉世道家正传，而其《外书》有杂技、异方及黄白之术。三家之相连可见矣。

马端临曰："道家之术，杂而多端。盖清净一说也，炼养一说也，服食又一说也，符箓又一说也，经典科教又一说也。黄帝、老子、列御寇、庄周之书所言者，清净无为而已，而略及炼养之事，服食以下，所不道也。至赤松子、魏伯阳之徒，则言炼养而不言清净。卢生、李少君、栾大之徒，则言服食而不言炼养。张道陵、寇谦之之徒，则言符箓而俱不言炼养、服食。至杜光庭而下，及近世黄冠师之徒，则专言经典科教。所谓符箓者，特其教中一事。"按：自来言道书者，惟此简明（王祎《青岩丛录》沿之），然多谬误。清净、炼养，初非二事，服食本炼养之一端，老、庄重本轻末，故不言也。伯阳不言清净，自以经、子已详。符箓有为炼养之资者，有本炼养以为用者，岂有专言符箓者哉？特有所偏重耳。张氏传《太清丹经》，何云不言炼养？六朝时已盛行经箓，何谓杜光庭始专重？儒者不考道教源流，故动辄成谬。要之，内修之事，自古圣至末世本同一流，冥通之术，古本在于巫祝，巫祝既亡，其遗乃存于道家，故至汉始显耳。

道家之术，以丹诀、符法为专门。内修重诀，而亦资符;冥通重符,而亦本于诀。故六朝以前,皆兼修之。《抱朴子·金丹篇》曰:"余所披涉篇卷以千计,莫不皆以还丹金液为大要者焉。此二事盖仙道之极也。"又曰:"余问诸道士以神丹金液之事,及《三皇文》召天神地祇之法。"此即内修、冥通兼重之证也。

马端临曰:"二氏互相仿效者也。理致之见于经典者,释氏为优,道家强欲效之,则只见其敷浅无味。祈祷之具于科教者,道家为优,释氏强欲效之,则只见其荒诞不切。盖人生于天地,秉气于阴阳五行,则夫疾痛而呼吁,厄难而叩祈,首过雪愆,祈恩请福,而天地明神鉴其恳诚,为之悔祸降祥,亦理之所有。虽曰道经中所谓'天地神祇皆领之国家之祠官,为臣庶者不当僭有所祈'。然子路曰:'祷尔于上下神祇。'孟子曰:'虽有恶人,斋戒沐浴,则可事上帝。'则亦为臣庶而言。且古今异宜,礼亦因时而以义起。古者士惟一庙,今士庶莫不事其高、曾;古者支子不祭,今无有不祀其先者。则夫臣庶之家,苟有灾厄而为之祈吁天地,醮祭星辰,黄冠师者,斋明盛服,露香叩首,达其诚悃,乃古者祝史巫觋荐信鬼神之遗意。盖理之所有,而人情之所不能免也。"按:儒者之疑道家,不可以言胜也。然金丹之事,犹多信其效者,惟斋醮则多不明。此论有所见,故录之。

道家之授人口实者,由言丹法者多近于利欲,言符法者多涉于戏弄,此自诸大师亦不能免也。至于媚主惑民,凭权恃宠，则尤儒者所深诋。不幸道门之高者多不显于时，而贵显者大都败类，论者遂一例讥之，而失于辨别。魏之寇谦之，唐之赵归真，明之陶仲文，固不足道，若开元、宣和时之以术进者，则非可概讥也。罗公远戏弄，叶法善则无之。林灵素戏弄，王冲和、张虚靖则无之。灵素曲说干进，冲和引身而去，虚靖遗书亦讽以知机归隐（见《语录》）。后人动以张、王、叶侪于罗、林，是董仲舒、辕固侪于公孙弘、兒宽矣。夫利欲玄怪，道、释二家之所同有。佛图澄之流，未尝不戏弄。而自元魏以来，释、道二家，互相争胜，皆为权宠，沙门之凭权而恣虐者，犹胜于道士，史迹具在，不可掩也。邱长春之箴规成吉思汗，岂如佛图澄之逢迎石虎？论者于释则别白而恕之，于道乃混而苛讥之，得为平乎？

凡考学术源流，尤资传记之书。故考经论宗门者，必读三《高僧传》，而《道藏》传记，则远不如《释藏》之明确，此亦道家衰黯之一因也。夫真仙之事，本不可以年代求，然传箓开宗，则固多生存之人，始终可考也。得道成真，不限何类，高人隐士，往往有异迹，然开山辟馆，固有授受之系也。为传记者，徒以灵迹诧人，遂忽始终授受，于是一篇之中，大半不可考证，收罗愈维，宗派愈晦矣。刘向《列仙传》，葛洪《神仙传》，只有古仙。隐夫玉简《疑仙传》，沈汾《续仙传》，及王松年《仙苑编珠》、陈葆光《三洞群仙录》诸书，皆有上述之弊。若李道谦《终南祖庭内传》

《甘水仙源录》，虽详实而只限一派。其余依地而记，若沈庭瑞《华盖三仙事实》之类，盖多附会无取。总览《道藏》，惟元赵道一《历世真仙体道通鉴》搜采最博，虽亦为体不纯，而唐宋诸师事迹，皆记载甚详，惜又无单行之本，是可慨也。宋徽宗重和元年，用蔡京言，集古今道教事为纪志，赐名《道史》。宣和三年十一月，御笔提举道录院，见修《道史》，《表》不须设，《纪》断自天地始分，以三清为首。三皇而下，帝王之得道者，以世次先后列于《纪》。《志》为十二篇，《传》分十类。又诏："自汉至五代为《道史》，本朝为《道典》。"

道家传记，侈陈灵异，而日益芜杂，附会古初，广采神鬼，竟类《搜神》《集异》之流，无复条叙流别之意。盖其所失乃在以仙为名。既以仙为名，则最近之道流，不敢质定为仙矣。故隐夫玉简名其书为《疑仙传》也。夫儒家传记，止云儒林，不云圣贤；佛家传记，止云高僧，不云佛菩萨。且佛家传记，高僧、居士、善女人区以别焉。而道家乃以道士及俗间男女之得道者，混为一编，何怪源流授受之不明乎！六朝有《道学传》一书，其名以该俗间男女，不直名仙，甚为稳当。倘虑道学之混于儒，则宋贾善翔《高道传》，仿高僧之名，亦可用也。或曰：刘子政、葛稚川之书，皆以仙名，岂都谬邪？曰：彼时道士未有宗派，但述古仙之事，以劝人信，犹儒之述圣贤，僧之述佛菩萨也，岂可援乎？

《列仙》《神仙》诸传，载古仙事，皆简略，其被疑为妄诞者，多由后来附会。如孔安国，《神仙传》但云鲁人，不言官阶及儒学。儒者疑抱朴所引《孔安国秘记》为妄，乃误认为经师耳。尹轨，《神仙传》不言喜弟，后终南道士谓是关尹从弟，遂妄造穆王置道士诸事矣。

明嗣天师张宇初《书刘真空传后》曰："吾道之传，晦于诞逸，其高节苦行，虽缙绅之辨，介胄之勇，所不能逮，而卒无所纪焉，岂不深足慨哉？"元杜仁杰《真静崔先生传》曰："夫古之隐者，深山穷谷中，恬然委蜕，千载而下，不知几千百人，不幸不为世所知，至于泯灭而无所闻，幸而为好事者纪录，而又过神其事，使后世不能尽信，惜哉！吾揣隐者之心，恐不如是其汲汲于骇一时之观听也。"按：此二论极当，神仙亦只隐士耳。后世道流扬其先辈，不于实德求之，而务新其变怪，皆所谓过神其事，使人不信者也。

六朝汇传，惟《列仙》《神仙》二传存。《集仙传》（《广记》引）、《洞仙传》（《通志》云，见素子撰，《广记》引）、《道学传》（《唐志》云，马枢撰，《御览》引），均有逸文。

《御览·道部》多引古传记，六百六十六道士类，尤多六朝道士，可辑出以补史阙。然《御览》此数卷中，所标"又曰"者，多非即上段所引之书，考事核文，显而易见。盖由文多颠倒，今已无从校正。其所谓"又曰"者，多不能定其何书，是可惜也。臆论之，大氐是《道学传》耳。

宋贾善翔《高道传》十卷（见《宋史·艺文志》，《三洞群仙录》多引其佚文），盖专述道士，魏、周、唐及宋初道士多在。《说郛》中有之。

道家自述派别多妄谬，盖自唐始，《七签》载《云台治中内录》，言太上传授，四十一代相承，六代为王子乔。张天师承老君再下授法，为第六代，授张申，申授李仲春，仲春授李少君、魏伯阳，少君授栾巴，巴授阴长生，为十一代，十四代严光，十六代左慈。颠倒可笑，不知是何派说也。

体基等谨按：原稿此处有空页。

《七略》杂占类《人鬼精物六畜变怪》《变怪诰咎》及《执不祥劾鬼物》《请官除妖祥》《禳祀天文》《请祷致福》《请雨止雨》诸书，即巫祝之遗。其神仙家则收炼养之说，神仙家序曰："神仙者，所以保性命之真，而游求于其外者也，聊以荡意平心，同死生之域（按：此二句，似道家宗旨。《抱朴》言道家之齐死生，谓无异去神仙千里。唐梁肃《神仙传论》，即谓道家齐死生。道教长生，明二者不同。然长生之说，实出《老子》，道教言长生不死，乃谓形死神生，死而犹生，亦可谓同死生也），而无怵惕于胸中。然而或者专以为务，则诞欺怪迂之文，弥以益多，非圣王之所以教也。孔子曰：'索隐行怪，后世有述焉，吾不为之矣。'"此段论惟首二句近似，以下皆不足尽神仙家之宗旨，此盖就当时方士言之耳。其所收乃步引、按摩、芝菌、黄冶之术,有《宓戏杂子道》《黄帝步引》《按摩》《芝菌》《神农技道》《泰壹黄冶》等。王应麟引《列子·天瑞篇》,引《黄帝书》"谷神不死,是谓玄牝"为证。沈钦韩引《庄子·大宗师》"伏羲得道,以袭气母"为证。皆不必为确证。然诸子方术之托于古帝王者,非无端依托,必有所受之,此则论子术者所共证也。

马、班书载方士皆不著书,《抱朴》引古丹书皆不言撰人。《列仙传》《神仙传》载古仙多无著述派别,惟《神仙传》载天门子王纲、玉子章震、九灵子皇化、北极子阴恒、绝洞子李修,皆有经,且略引其文。是汉前方士著书,有主名之仅见者。

道教东汉始著,范书立《方术传》,固已包之。今按《传》中所录,若高获晓遁甲而能役使鬼神,折像通《京氏易》,好黄老言,而自知亡日,其余多通图谶。是知图谶术数,与道巫之说本相通也。故《晋书》记鲍靓,犹云"明河洛书"。若郭宪、王乔,及冷寿光以下,皆有异迹。其中刘根撰《墨子枕中五行记》,左慈传葛玄一派,皆经箓家宗祖也。

《神仙传》称左慈传役使鬼神,得《金液经》;刘根教王珍守一行气,存神坐,三纲六纪,谢过上名之法,是亦兼内修冥通也。其后孙博、封衡皆宗墨子。

荀悦《申鉴》,亦言养生之术,知当时道教之盛。

范书《方术传》中多蜀人,如任文公、杨由、李郃、段翳、折像、樊志张、董扶、郭玉。而《华阳国志》载诸儒通图谶术数者亦多。

晋以上古仙，虽有师传，而纷杂无统。《周义山传》述其遍游诸山，皆遇古仙，各有所授，几至百数，殆夸大之词耳。

又有《马君阴君内传》（《唐志》题赵升，《通志》题孙思邈，似误），略见《七签》中。叙马鸣生、阴长生授受，亦汉时一成派者。

体基等谨按：此处有空页。

六朝以前重经箓传授，唐宋人重丹家诀法，犹汉学家法与宋学宗旨之殊也。六朝诸派传经，譬之汉儒；南北二宗传诀，譬之宋儒。故派别亦惟二者为明白可指数焉。

六朝以前，七部经之传授分四派。

最古为太平。汉安、顺时，琅邪于吉得《太平经》，传其同郡宫崇，襄楷亦信之，事见《后汉书·楷传》，而此派后无传（《老君内传》云"成帝河平时授"）。其说出唐人，盖不可据。《真仙通鉴·吉传》同。而《宫嵩传》又云元帝时。按：《汉书·李寻传》言："成帝时，齐人甘忠可诈造《天官历包元太平经》十二卷，言天帝使赤精子下教我此道。"此乃又一事。忠可名不见诸仙传，然《抱朴子》所举有《包元经》。

第二为正一派。顺帝汉安中，太上授张天师《太清》《太玄》《正一》三部经。天师授受于家，后居龙虎山，其派系具详于《世家》(《隋志》有《天师内传》,《混元圣纪》尚引其文)。

南朝时奉天师道者多,如郗愔、郗昙、王羲之(郗氏婿)、许询(《愔传》言:"俱有迈世之风,栖心绝谷")、王凝之(《晋书》本传言:"世奉五斗米道,凝之弥笃")、殷仲堪、沈僧昭(《南史》云:"奉天师道,常醮于私室。"见《沈攸之传》)。

晋时又有杜子恭一派。《晋书·孙恩传》云:"世奉五斗米道,恩叔父泰,字敬远,师事钱唐杜子恭。子恭有秘术,死,泰传其术,三吴士庶多从之。"沈约《宋书·自序》曰:"子恭通灵,有道术,东土豪家及京邑贵望,并事之为弟子,执在三之敬。沈警累世事道,亦敬事子恭。恭死,门徒孙泰、泰弟子恩传其业,警复事之。"《南齐书·孔稚珪传》曰:"父灵产,于禹井山立馆,事道精笃,东出过钱塘北郭,辄于舟中遥拜杜子恭墓。"又《杜京产传》曰:"子恭玄孙也。祖运,父道鞠,世传五斗米道。"(按:道鞠与许黄民往来。)《南史》云:"自子恭至京产子栖,世传之。"《真仙通鉴》廿二曰:"杜昺,字叔恭,师余杭陈文子,为正一弟子,又感张镇南(即鲁)授法,典阳平治,谥曰明师。尝曰:'吾去世后,当有假吾法以破大道者,亦是小驱除也。'"按:《诗品》称谢灵运初生,送杜明师治,即谓子恭也。按:孙恩作乱,世以此谤正一,然灵产、京产,则皆以儒逸显者也。

体基等谨按:此处有空页。

第三为灵宝派,传洞玄灵宝部经。吴赤乌中,太极真人徐来勒，降授葛玄（字孝先），玄又师左慈，受《太清丹经》，后授郑隐（字思远）及兄孝爱。孝爱传子悌，悌子洪从思远盟受。洪妻父鲍靓得《三皇内文》《五岳真形图》，洪亦受之。又得刘根所传《墨子五行》之说（靓、洪，《晋书》有传。《通鉴》言思远所受，即有《正一法文》《三皇内文》《五岳真形图》《洞玄五符》等）。

此派后来授受不明，《云笈七签》载《灵宝略纪》称："葛洪去世，以经授兄子海安君，至从孙巢甫，以隆安末传道士任延庆、徐灵期等，世世系传，支流分散。"（按：《南岳九真人传》中有徐灵期。）

《隋志》所载《葛仙公传》已亡。《抱朴子》不言徐来勒之传，至唐始传之，详见后阁皂派下。

第四为上清派，传洞真上清部经。汉时西城真人王远传清虚真人王褒，褒与天师同传晋紫虚元君南岳夫人魏华存（后称南真）。华存于晋兴宁中降授杨羲（字羲和），羲授许翙（小名玉斧，字道翔），翙伯父迈，本师鲍靓，父谧（小名穆），亦先有所得。翙授子黄民（字元文），黄民付马朗，朗及弟罕守之。宋明帝时，殳季真启还私廨，简寂先生陆修静（字元德）立崇虚馆，经尽归馆，修静兼得《灵宝经》，后授齐兴世馆主孙游岳，游岳授梁贞白先生陶弘景，弘景授唐升玄先生王远知（年百余岁），远知授体元先生潘师正，师正授贞一先生司马承祯（字子微），承祯授玄静先生李含光。此派传系最明，详见李渤《真系传》（载

《云笈七签》中）。其经书源流，陶氏《真诰》末详之（后圣君有《列纪》一卷，今存）。

魏夫人所撰《清虚真人内传》，《七签》有节本。范邈所撰《魏夫人传》，颜鲁公《仙坛碑》载其略。杨、许家事见《真诰》末。吴筠所撰《简寂先生碑》，今存。陶翊撰《隐居先生本起录》，在《七签》中。贾嵩《华阳隐居传》，亦具存。《梁书》有陶传。潘、李以下，多有碑志，详刘大彬《茅山志》。此派后居茅山，传系直至于元。

唐柳识《玄静碑》尝云："道门华阳，亦儒门洙泗。"兹据《茅山志》列其世系如下。

七传真系

虚皇天尊——玉晨大道君——太微天帝大道君——后圣玄元上道君——上相青华小童大道君——上宰总真道君王远（实称王远游）——小有清虚道君王褒——（一）太师魏夫人——（二）玄师杨羲——（三）真师许穆（一名谧）——（四）宗师许翙——（五）保真先生马朗——（六）（堂弟）辅正先生马罕——（七）简寂先生陆修静——（八）兴世明德先生孙游岳——（九）贞白先生陶弘景——（十）升玄先生王远知——（十一）体玄先生潘师正——（十二）贞

此传惟习灵宝经法——王轨——包方广——包法整——包世荣——

一先生司马承祯——（十三）玄静先生李含光——（十四）大

洞贞元先生韦景昭(《真系传》则云:"韦授皋洞虚,皋授李方来。"《韦碑》亦言授皋)——(十五)洞真先生黄洞元——(十六)明玄先生孙智清(李德裕尊师之)——(十七)希微先生吴法通——(十八)洞微元静先生刘得常——(十九)贞素先生王栖霞(师聂问政、邓启遐)——(二十)紫阳冲虚先生成延昭——(廿一)洞虚先生蒋元吉——(廿二)冲素先生万保冲——(廿三)观妙先生朱自英(南唐,师朱元吉)——(廿四)通真明元先生毛奉柔(宋)——(廿五)葆真观妙冲和先生刘混康——(廿六)冲隐先生笪净之——(廿七)养素观妙先生

```
                        ┌──── 傅希烈 ────┐
                        │                │
              ┌──── 俞希隐(青城人)        │
              │                          │
    徐希和 ────┘
```

徐希和——(廿八)元观先生蒋景彻——(廿九)崇德先生李景合——(三十)(弟)靖真先生李景映——(卅一)保宁冲妙先生徐守经——(卅二)明教先生秦汝达——(卅三)真应先生邢汝嘉——(卅四)冲玄明一先生薛汝积——(卅五)通灵至道先生任元阜(俞再世)——(卅六)明微先生鲍志真——(卅七)灵宝先生汤志道——(卅八)冲妙先生蒋宗瑛——(卅九)架岩先生景元范(任之侍者,非蒋弟子)——(四十)元静先生刘宗昶——(四一)一空真妙先生王志心(师汤元载。董宋臣私以印剑授朱知常,志心争

回)——(四二)观妙先生翟志颖(元)——(四十三)凝和
宣静真应法师许道杞(蒋弟子)——(四十四)养素通真明
　　　　　　周大静
教真人王道孟(师沈宗绍)——(四十五)洞观行妙玄应真
人刘大彬

　　陆氏门下,《真系传》有李果之。

　　孙氏门下,《志》有沈约、陆景真、陈宝炽。

　　陶氏门下,《志》有周子良,贾《传》有戴坦、吴
敬游。

　　《志》载《旧馆坛牌》,有陆逸冲、杨超远、潘渊文、
丁景达、冯法明、许灵真、潘文盛、褚仲俨。

　　又列王侯、朝士、刺史、二千石,受经法者二十
人,有齐武帝、明帝、始安王遥光、沈约、吕僧珍、伏曼
容、梁武帝、临川王、南平王、谢举等。

　　又贾《传》谓:"侯王公卿,从受业者数百人,一皆
拒绝。惟徐勉、江祐、丘迟、范云、江淹、任昉、萧子
云、沈约、谢瀹、谢览、谢举等,在世日早申拥篲之礼,
绝迹之后,提引不已。"

　　《太平御览》六百六十七、六百六十九,载有桓
闿、王朗、孙韬、蒋负刍、任敦尚、钱妙真。

　　　　按:妙真及孙文韬,《真仙通鉴》有传。任敦
　　　字子尚,乃晋时茅山道士,《御览》疑误。又《御
　　　览》云:"《握中诀》惟传桓闿、孙韬。"《广记》引

《神仙感遇传》，及今《藏》中《桓真人升仙记》，则阊乃受法于华盖山仙君李桓而飞升。桓谓阊曰："东南有异人陶隐居，有门弟子一千七百余人，入室者三百人，得吾道者七人，谢、钱、汝其数也，子亦此君子之弟子。"又言："陶求真不一，潜神二门，好禅悦，非太上所取。又有三是四非。三是者，有孝道心，绍述真风，苦心精修。四非者，注药饵方书，杀禽鱼虫兽；好算星度，穷究天机；种植花木，耕锄山林；望想太重，便望升仙。"

王、潘、司马，事见《唐书》。又与潘同隐者，刘道合。与司马同师潘者吴筠，权德舆作传。

李含光有碑。

王氏门下，《真系传》有徐道邈、陈羽，《集古录目》有徐硕。

潘氏门下，《真系传》有韩法昭、郭崇真，《志》有韩文礼。

司马门下，《真系传》有焦静真，《通鉴》有汪华。所谓火师者，不知确否。

李氏门下，《真系传》有孟湛然，《志》有胡紫阳，颜真卿撰《碑》有殷淑、韦渠牟，则俗人也。

王轨弟子，《志》有戴慧恭、吴德伟、王元晔、祁行则、丁玄亮。

韦景昭，有陆长源所作碑。

韦氏门下，《志》有韦学询、朱惠明。

王栖霞门下，《志》有朱怀德、孙仲之、刘德光、王可德、陈希声。

刘混康门下，《志》有王签、汤用明、汤友成、汤友直、卢必强、冯太中、王景山。

蒋宗瑛门下，《志》有林大敷。

又唐有升玄先生刘从政，受学河内张通玄、中岳邢归一，距杨羲十四世，敬宗尝从受学，冯宿为作碑铭。

《真诰》称"葛玄止得不死，是地仙"。灵宝家云："太极左仙公为妄，左慈仙品亦下，并是不闻三品高业。"又呼张氏一派为太清家，亦外之词。此上清派之自高也。

萧子云本见《仙传》，其本师杜昙永也，殆是子恭之后。

晋时又传汉时茅盈亦受法于西城真人，又苏林授周义山，裴某与周友，所传经箓，亦与上清派同。二家诸诀，皆载陶氏所撰《登真隐诀》中，盖同派也。（周义山撰《玄洲上卿苏君传》，《隋志》作《苏君记》。李遵撰《东卿司命茅君内传》，及邓云子撰《清虚真人裴君内传》，均见《隋志》，《七签》中载节本。周义山自作、华侨所记《紫阳真人周君传》，则全存。周、裴事，《真诰》亦有之。）

司马承祯又传南岳天台一派，多有名者，事见《真仙通鉴》。今依系图之。

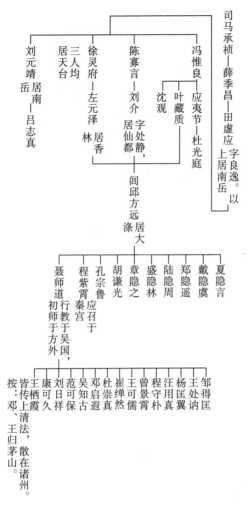

司马承祯—薛季昌—田虚应字良逸。以上居南岳

冯惟良　应夷节—杜光庭
　　　　叶藏质
　　　　沈观

陈寡言　刘介居仙都
字处静，间邱方远涤居大

徐灵府—左元泽　林居香

三人均居天台

刘元靖居南岳—吕志真

夏隐言
戴隐虞
郑隐遥
陆隐周
盛隐林
章隐之
胡谦光
孔宗鲁应召于
程紫霄秦宫
聂师道初师于方外，行教于吴国，

邹得匡
王处讷
杨匡翼
汪用真
程守朴
曾景霄
王可儒
崔可然
杜崇真
邓启古
吴知退
范可保
刘可久
康日祥
王栖霞
按：传邓、清法，散在诸州皆上。邓、王归茅山。

刘处静撰《灵宝三师记》，即田、冯、应三人，今具存。

此派多隐遁，长于文理，方远自言以葛、陶为师友（铨《太平经》为三十篇）。然应夷节亦受正一、紫虚、都功等箓,至杜光庭则更以斋醮符箓为事,而家法益混矣。今道家经典,多光庭所定也。《真仙通鉴·光庭传》曰:"谓道法科教,自天师陆修静撰集以来,岁月绵邈,几将废坠,遂考真伪,条列始末,天下羽褐,永远受其赐。"茅山旁系,蒋宗瑛弟子有崇正真人杜道坚(号南谷子,赵文敏尝师之),《赵文敏集》有碑。其弟子有姚志恭、孙拱真、张德懋(张及其弟子赵嗣祺,嗣祺弟子广莫子周德方,均黄金华撰碑)。又许道杞弟子周大静,传张雨(字伯雨,别号贞居,著有《外史山世集》《碧岩玄会录》《寻山志》等)。杜、张皆博学能文者也。

　　体基等谨按:此处有空页。

　　六朝时有所谓南岳九真人者,今有传存。中有邓郁,即《南史》所载,与徐灵期为友,似与灵宝派有渊源。又有邓欲之,则邓郁之异文耳。(尹道全受灵飞六甲十二事,张如珍受明镜洞鉴之道。)

　　六朝道士可考者希,除《茅山志》所载,凡不得传系者,均杂记于下。

　　张忠(《晋书·隐逸传》)、单道开、王钦(均《晋书·艺术传》)、孙道胤(《宋书·刘怀慎传》)、褚伯玉(《齐书·高逸传》)、顾黯、孟景翼(《齐书·顾欢传》附)、徐伯珍、楼惠明(齐世祖曾为立馆)、均同(楼、徐与杜京产,陶贞白曾参)、徐则(《隋书·隐逸传》。又有徐陵撰碑。《梁书》称其事周弘正)、宋玉泉、孔道茂(《则传》附)、邓郁(《南史》)、黄颐、王希夷(见《北史》)、朱僧标、钟义山(均陶所参)、周智响(得《太平经》)、臧靖(师智响,见《七签》)、臧颐(《茅山志》"颐"作"矜",号宗道先生,王远知师,见《唐书》)、薛玉宝、宗超、张诜、陈景、曹宝(善为步虚)、徐师子(陈时宗灵大观主)、宋文同、刘法先(宋崇灵馆主)、朱天赐、谢暄(师天赐,以上均见《御览》)。

茅山诸馆主,《志》全载之。

非道士而奉道者,郗愔等已见前,外如羊欣(《宋书》"好黄老,常手自书章")、顾欢、刘虬(《齐书·高逸传》)、孔稚珪(师褚伯玉,见《伯玉传》)、陈方庆(得墨子五行、白虎七变之术,见其五世孙子昂《集》)。

　　体基等谨按:此处有空页。

《隋书·经籍志》叙道家,独举陶贞白、寇谦之,以南北道业之盛,始于二人也。寇氏事详《魏书·释老志》,其言夸妄不近理,后来北方道士多沿之,其弟子惟见李皎(《李先传》),传授无可考。惟终南道士颇显于周、隋之际,至唐尤盛,是为楼观一派。此派独宗关尹,其传记有《关令内传》(《御览》多引之)。尹轨作《楼观本起传》一卷(见《崇文目》)。又云《尹喜本行记》一卷(见《唐志》),韦节续之,尹文操又续之,共为三卷,名《楼观内传》(见《崇文目》)。多妄造古事,称周秦时已设道士,叙述传授,亦他无所见。诸传皆亡,惟《真仙通鉴》存其逸文,合以元时朱象先《终南说经台碑记》,述其有传授者于下。其书称老子授尹喜,喜授从弟轨,轨与杜冲同学,冲授彭宗。又有宋伦感老子下降授冯长,长又感邓真人及彭宗授。又有姚坦授周亮,又王探传李翼。(探授河上公)

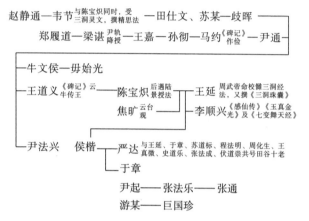

此派传三一法,尤重灵宝部经,亦称传三洞,而与上清、太清皆不相接。当周唐时与僧徒相诟詈者,实此派也。故多铺张化胡之说,尹文操为最著(有碑,今存,员半千撰)。文操,陇右人,共受法于周法,高宗礼之,曾奉敕修《玄元圣纪》十卷,又有《祛惑论》四卷,《消魔论》三十卷。

体基等谨按:此处有空行。

按:六朝神仙家杂术,具详于《抱朴子·内篇》。其《金丹篇》述诸家丹法甚详,而以太清神丹为主(出于老子之师元君)。《至理篇》言禁咒行气。《仙药篇》言服饵。《杂应篇》言辟谷,不寒不热,辟五兵(用符),坐在立亡,变化不病,知未来(四规明鉴法,老君存思法),坚齿、聪耳、明目，远行不极（《龙跷经》乘刚气），辟疫诸法。《黄白篇》言造金银。《登涉篇》言入山。《地真篇》言守一。

六朝老庄之学固盛，其时隐士多兼治道术，正一派亦习《五千文》。《隋志》言："大业中，道士以术进者甚众。其所讲经，由以《老子》为本，次讲《庄子》及《灵宝》《升玄》之属。"（《御览》引《太上经》曰："末世道士，讲经说法，仪轨云何，若说《五千文》者，亦依《灵宝》。"）故当时道士，多以善说老庄称。至唐而孙知微（体基等谨按：疑是孙思邈之误）、吴贞节、司马子微皆和会庄、佛，与葛、陶之专言丹道者稍异焉，此全真之先河也。

陶氏受经箓，撰《真诰》以证冥通，撰《登真隐诀》以明丹道，其学偏于丹道。寇氏则自言受《云中音诵科戒》，及服气导引法，与《图箓真经》，劾召百神，其学偏于符法。

六朝道家，传经、受箓、修斋、上章、设醮之事，《隋书·经籍志》已言其略，其详则在诸科仪中。以今所存考之，上清家则《四极明科》，灵宝家则《明真科》，正一则《太真科》也。《三洞修道仪》言"升玄部受《明真科》，三洞部受《九真科》，《九真》亦上清家科也。又有《千真科》，则言葛仙公传，亦灵宝家科也。《千真科》中言三乘"云云，盖是此朝灵宝家所传。

六朝道士多立馆坛，其碑今存十数篇，然皆类书所引节文，不叙事实，无关考证。今南方诸观，犹多其遗迹，可求之地志。

　　诸派至唐时,太平无传,灵宝不见,正一亦微,惟茅山、终南独盛。其新立派者亦有数家。

　　　　体基等谨按:此处有空行。

　　吴猛事见《晋书》,许旌阳事见《搜神记》,皆不详,唐时始盛传之。言孝道明王传兰公,又传谌母,谌母以授许,许授吴。吴本师丁义方、鲍靓,许从受法,而靓又本得于谌母者也。许有弟子陈勋、周广等十人,共称十二真君。唐中宗时,胡慧超为之传(见《崇文目》,《广记》引),今亡,惟存唐前无名氏撰《孝道吴许二真君传》,及白海琼撰《逍遥山群仙传》,是为玉隆山一派。此派本传劾治之术,亦有《铜符铁券》,言修养事。慧超自言许、吴授之,又言尝佐陶弘景校经。其弟子显者曰万天师、蔺天师、黄花姑。万振、黄姑,事见《真仙通鉴》,蔺则无考(《真仙通鉴》又有浮云山张惠感,慧超曾师之。又有叶千韶,亦此派)。按:邓光荐序《真仙通鉴》:"江乡间相传旌阳事迹,焜耀耳目,及考《真诰》载诸许真胄家世谱系讳行,独一语不及旌阳,名不挂谱。《真诰》作于梁,距东晋不远,未应堕史之阙文。"按:吴、许本别派无足疑,惟吴师鲍靓,靓为葛仙公门人,稚川妇翁,而《抱朴子》略不及,不知何故。

　　　　体基等谨按:此处有空页。

　　葛仙公事,《抱朴子》及《神仙传》皆略,唐人始盛传之,有《别传》者详之,言"太上授仙公《灵宝经》三十六部,太极祭炼三箓七品斋法,又示以《感应篇》文。仙公答吴主,特举

《五称文》《三皇内书》，又授释道微以《五岳真形》《五称》《三皇内文》《大有妙经》《金书玉光》《灵书紫文》《大洞三十九章》《太霄隐书》。又仙公自云，受《五岳图》及《金丹经》于元放，受诸品符箓、洞真、洞玄、洞神经于徐来勒，流传于阁皂福地"云云。是为阁皂山太极一派，无传记可考。

按：抱朴止言仙公受左元放传，上清家言仙公受徐来勒传，亦止《灵宝部经》，而无《大洞》，安得言《三洞》？若《感应篇》文，《抱朴子》引作《道戒》，若仙公时已云《感应篇》，抱朴何应不知耶？

洞渊派者，晋末金坛马迹山道士王纂得神授《神咒经》，治疫，详杜光庭《洞渊神咒经序》。

体基等谨按：原稿于上图系后接"唐道士传经仪度阶品"四条，而原稿"北帝派"条眉上略有标识，今谨移于此。

北帝派者，唐道士有麻姑山邓氏福唐，名紫阳，见重于玄宗（邓天师诵《天蓬咒》，感北帝授剑法，见《通鉴》）。紫阳子华封，名德诚，德诚从子名延康（郑畋作志铭）。其后有名启霞者，居茅山（徐锴为碑），受箓于龙虎天师及何元通，王栖霞常问学。又有桃源黄洞元，其弟子瞿童有异迹(《全唐文》中记其事者数篇)。洞元授弟子何元通。

　　唐道士传经仪度阶品,略具五代时孙夷中《三洞修道仪》。初欲学道,男号录生弟子,女号南生弟子(按:录指定录君,南指南岳魏夫人,此是上清家法),己称夫妇者,男称清真弟子,女称清信弟子,出家称智慧十戒弟子(此是灵宝戒)。次迁经法于《十部大乘》之《内精一帙》(《十部大乘》是北朝唐人始出之经),业成授初真戒,称太上初真弟子,号白简道士。次后方参洞经,请受正一盟威箓,方可为人章醮,称正一明威弟子,系天师某治某气祭酒,赤天三五步纲元命真人。凡道士未受经法,通称小兆,可也。自正一授金刚洞神箓,称太上洞神法师。自修洞神有功后,迁授太上高玄箓,称太上紫虚高玄弟子、高玄法师、游玄先生(此阶参《道德》《西升》,亦是北朝道士法)。自高玄部迁授太上升玄箓,称太上灵宝升玄内教弟子、升玄真一帝岳、无上等等光明真人(升玄亦北朝法)。自升玄迁授中盟箓,称太上灵宝洞玄弟子、无上洞玄法师、东师先生、青帝真人(此是葛氏一派法,上清亦用之)。自修洞玄部,迁授三洞宝箓,称三洞法师、东岳青帝真人、升玄先生(此是上清派,兼传三洞法)。自此明练所业,弃诸有为,动合真妙,方迁大洞上法。自修三洞法后,次参上清金阙清精选法,应为得道者,称上清大洞三景弟子、无上三洞法师、东岳真人、道德先生(此是上清大洞本部法)。自此以毕法相次传与世之学道者,一世传一人,功行圆满,入所在名山修行。又有居山道士,各据所得,自务幽寂,不救世人。洞渊道士,称三昧法师,行洞渊三昧法。其法上辟飞天之魔,中治五气,下绝万妖(按:此又别一派,今《藏》中有冠"洞渊"字之经)。北帝太玄道士,称上清北帝太玄弟子,授北帝箓,治六天鬼神,辟邪穰祸之事(按:此是上清别派,故冠"上清"字,《北帝经》本上清部所传也)。女官部略同,惟号殊不具录。按:此可见唐时道士,各派混而为一,已不相非毁,以正一为最下,灵宝次之,上清最高,且知彼时更有洞渊、北帝二派也。

《唐六典》:"宗正寺属崇玄署,掌京都诸观之名数、道士之帐籍,与其斋醮之事。"注云:"北齐有昭元寺,掌释道二教,道教置大统一人。后周有司元、中士、下士,掌道门之政。隋置崇玄署令丞,炀帝改道观为元坛,各置监丞。又尚书祠部,凡天下观,每观观主一人、上座一人、监斋一人,共纲统众事。而道士修行有三号,其一曰法师,其二曰威仪师,其三曰律师,其德高思精,谓之炼师。"

唐时道士多称尊师,尤尊者曰天师。

唐高宗时,命道士史崇及诸臣撰《一切道经音义》,并撰《妙门由起》六篇。

体基等谨按:"北帝派"条原在此。

唐时传丹诀者最多,纷杂无统,洎钟、吕、施、刘显,而道始正矣。传授图之于下:

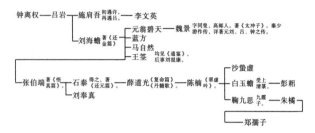

自陈以下，皆兼授丹诀雷法（陈又得《景霄大雷琅书》于黎姥山神人）。

陈希夷（著《指玄篇》），师承无考，而与吕、刘往来，其弟子甚多，自种、穆传儒业外，其为道士者亦有可考，有贾德升、杨辰。

张无梦著《还元篇》，传陈景元（碧虚子），校写道书，兼授儒医。

又有徐（一作涂）定辞，则死后遇授者也。

希夷之友，则有刘玄英、丁少微。

体基等谨按：此处有空行。

《续资治通鉴》："宋真宗诏天下并建庆观，时罕习道教，惟江西、剑南人素崇重，及是天下始遍有道像所矣。"

体基等谨按：此处有空页。

张契真（预校道书，手抄经、史、子、集五百卷）、张无梦（博通古今百家之学）、朱自英（思三茅道阙伪，乃游濑乡，校雠太清古本）、刘从善（尝撰集斋科及拜章式）、陈景元（凡道书皆手自校写，有《高士传》百卷）、刘元道（宋徽宗时，校定经书）。

体基等谨按:此处有空行。

北宋之末,符箓大盛。徽宗好道,所好者符箓也。其时自称独得异传,别开宗派者甚多(徽宗时侍宸九人,林灵素、王允诚、徐知常、董南运、李得柔、王冲道、□若愚、王文卿、张虚白。太一宫)。

《茅山志》载黄澄事曰:"初三山经箓,龙虎正一、阁皂灵宝、茅山大洞各嗣其本宗,先生请混一之,今龙虎、阁皂之传上清毕法,盖始于此。"

《南唐书·谭紫霄传》曰:"道士陈守元,得张氏符箓,授紫霄,尽通之,遂自言得张氏天心正法,今言天心正法者祖之。"此一派也,托之正一。《真仙鉴·紫霄传》谓"遇异人,授以魁罡斗极观灯飞符之术,又讲庄、列,糅合老、佛"。

体基等谨按:原稿于上条后,接"林灵素",而"唐时末"条眉上有"移前"二字,今审其文义,敬移于此。

唐时末夔州翟法言,字乾祐,遇真人传三将军秘术、紫虚秘术、正一盟威秘法。又有《镇元策灵书》,云得之宋冲元,冲元得之葛仙公。乾祐以授舒虚寂,舒授向道荣,向授任可居,绝不复传。此又一派也,托之葛氏(又有佯狂道士灰袋者,亦翟氏弟子)。

林灵素事,详见耿延禧所撰传,在《宾退录》卷一中。又近代其乡人李象坤作《林侍宸传记》,自序颇致辨雪,曰:"灵素当日亦只以小术对付庸主,不逮徐福、栾大诸人之荒诞,奔走群望,骤天下而绎骚之。次亦不闻进烹铅炼汞、房中嫚亵之术。而稽首《元祐党碑》,遭巨憝嗾逐,奉身勇退,即其受嗾为建议迁都,亦似预识有北辕之衅者,即非真仙,自是哲几之士。"

冲和子王文卿(曾为侍宸),与林灵素俱传雷书(《通鉴》云:"灵素得《神霄天坛玉书》,赵升授。文卿遇异人授归命风雷之书。"《虞道园集》有《文卿碑》,则云所遇乃火师汪华。又张子璿《岘泉集·妙灵观记》载文卿事亦甚详)。二人与张虚靖同授萨西河。林氏传不显,而王氏之传特盛。今据《真仙通鉴》及《虞碑》、宋景濂《莫月鼎碑》录其派系(白紫清亦传雷书,不得其师承)。

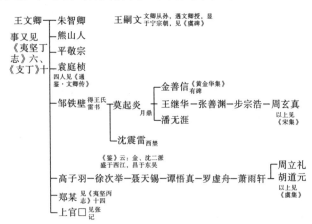

《茅山志》载宣和中杨希真事,云:"进《九灵》《玉婴》《神变》等经,及《灵虚秘旨》,童初之法遂显于世。"此又一派也。

体基等谨按:"唐时末"条原在此。

萨西河事甚多,《夷坚戊志》一言:"蜀萨先生寓于泉州,以道术著名,从之游者数百辈。"殆即是也。

体基等谨按:此处有空行。

《通鉴》又有刘从善,云师王太和,仁宗时进咒食法,咒食之科自此始。

夹江道士皇甫坦(善医,《宋史》有传),自言遇朱桃椎(妙通真人)受法,传曹弥深、谢守灏(号观复,有文学)。

体基等谨按:此处有空行。

嘉定时有雷时中,云得混元六天如意法,感辛天君降,云"此法乃祖师路真君昔遇太上得之",其教专以《度人经》为主,而博采儒释,混归一致。所谓路真君者,言是汉末路大安,《通鉴》有传,盖即此派所传。《传》云:"以混元箓传丁义,以《混元经》传郭璞,以混元法传许旌阳,以混元针灸传朱桃椎。"是则妄造事实,将以盖诸家耳。《鉴》又云:"弟子分东南、西蜀二派,卢、李二师行于蜀,南康查泰宇行于东南,混元之教大行。"

方勺《泊宅编》曰:"朝散郎路时中,行天心正法,于驱邪尤有功,俗称路真官。"按:时中字当可,事又见张氏《可书》、《夷坚乙志》七、《丙志》十三、《丁志》十八、《志补》五。

宋末又有所谓清微派者,元建安陈采《清微仙谱》言:"道教启于元始,二之为玉晨与老君,又一传衍而为真元、太华、关令、正一之四派,十传至清微侍元昭凝元君,复合于一。元君,零陵女子也。继是八传,至混隐真人南公。南公役鬼神,致雷雨,晚见雷困黄先生,悉以其书传焉。黄授于采。"今录其谱于下。

清微道宗

元始上帝　玉宸道君　清微真元妙化天帝名迹恭(秦时降邿国)　九天妙道真运元君杨彻(秦时降河中)　九天洞明元君许龄卿(秦时降剑州)——玉堂天山真人朱轩(秦东京人,避乱入阆州)——太玄青惠始化扶桑真君卜翼(秦随州人)　昭凝神耀保天道化元君广溶(秦鄞州人)　明清道华元君丘沐(汉初寿州人)　泰明清惠真人师复　清微洞光宝衡紫华元和明道太一神景元君王宏　通妙元化太一冲和元君谢晋刚　清微茂晨保运金明元君彭涵原　西华通惠元君庞俏道(显汉神爵,寓绵竹庚除治),后化身为太和伊玄元君宋益诚　灵妙和澄元君需东(东汉彭州人)　高明大使至道玄应神功妙济真君许逊南陵浮光天官朗期(唐降西京)　护明元妃玄光圣母王说(字泱,降于唐时),后化身为清微元机元灵元君龙汲,又化身为清微灵和元君管静卿,又化身为灵光圣母朱燧(唐昭宗时,在桂阳军江渚石上,授金阙昭凝祖元君)。

上清启图

上清高玄玉宸大道君　紫宸太华大天帝——金

阙帝宸太平后圣玄元上道君——太华西真万炁祖母元君——金阙上相方诸东华司命木公青帝道君　金阙上傅白山宫玉仙清渊太素元君李□(咸阳人)　金阙上宰西城总真真人王远(字方平)　小有天王清虚真人王褒(诸真授)——金阙上保高元紫虚元君魏华存,化身为清微炁枢元皇元君李谦　照灵光惠冲应元君宇文汲(内讳清渊)　东华上佐司命真人杨义和东华上相上清仙翁许翔　上清元君西华圣母乃黄堂靖谌母也(受于孝道明王)——九州都仙太史高明大使许逊——太清泰玄

体基等谨按:此处有空页。

元君文㥁(唐人,授之祖元君)

灵宝宗旨

玉晨道君灵宝天尊三清会真元炁化生万有天尊——太玄玄一真人玉清妙道青阳天君郁罗翘　太玄玄二真人上清妙化丹阳天君光妙音　太玄玄三真人太清妙感紫阳天君真定光(号应三清)　太极真人徐来勒——太极内相上清冲应孚佑真君左宫仙公葛玄(感三真人下授,出《葛仙起居注》)——太极庆融北灵内辅真人郑思远——抱朴小仙翁葛洪——文㥁

道德正宗

金阙玄元老君道德天尊——文始先生　太玄真人赵隆　天山真人洪宾　玄上真人鲁惠　自周迄

唐,已逾千年,三真人师资接踵,故文傭承流于后。

正一渊源

太玄上元老君——三天圣师泰玄上相正——真君

张道陵 ┬ 长子张衡
├ 次子张鲁
└ 女师君长文姬（陵王妃）
　　　　次文光
　　　　三贤（燕王妃）
　　　　四芝 俱授文傭

会道

清微侍元上宸玄都总真九炁元灵夫人太皇景明洞阳金阙昭凝妙道保仙元君祖舒（一名遂道,降唐昭宗时,广西零陵郡人）,后化身为清微察令昭化元君休端——琼室内应洞清元君郭玉隆（京师人）——紫光曜真福和元君傅央焴（鄞州人）——龙光道明元君姚庄（西京人）——祥源紫英玉惠元君高奭（生于燕地）——西华清虚真人华英（凤翔人）——青城通惠真人朱洞元（成都人）——云山保一真人李少微（房州保峰一水人）——眉山混隐真人南毕道（本复姓东南,名珪,丙辰生于眉山,尝倅湖右,后佐理宗,数谏不从）——碧水雷困真人黄舜申（闽中世家,名应炎,舟山人也,甲申生,侍父为广漕幕,宝祐中,出为检阅,赵孟端师事之,理宗召见,御书雷困真人,至元丙戌诏赴阙廷,尝序《雷霆纲目》）。

《真仙通鉴·续编五》称"舜申之传者,武当洞渊张真人行于北,西山真息熊真人行于南,传之安城彭汝励,彭传安福曾尘外,曾传浚仪赵元阳"。

此谱妄为牵引,甚易见也。《四库提要》谓"所序四派,传授不甚明了,大概今所出云真者,乃关令派;张道陵者,乃正一派。四派皆可以有清微之名",此尤不知而妄说。按:其所谓真元者,前此略无所见;所谓太华者,即上清;所谓关令者,即终南也。

《续资治通鉴》:"宋徽宗政和四年正月,置道阶六字先生,至额外鉴议,品级比视中大夫,至将仕郎,凡二十六等。又诏诸路监司,每路通选宫观道士十人,遣发上京,赴左右街道录院,讲习科道声赞规仪,候习熟遣还。"重和元年八月,诏学道之士,许入州县学教养,所习经以《黄帝内经》《道德经》为大经,《庄子》《列子》为小经外,兼通儒书,俾合为一道,大经《周易》,小经《孟子》。其在学中选人,增置士名,分入官品。元士、高士、上士、良士、方士、居士、隐士、逸士、志士。十月,置道官二十六等,道职八等,有诸殿侍晨、校籍、授经,以拟待制、修撰、直阁之名。

南宋时钟、吕之迹大显,六朝经箓、唐人外丹之说,遂渐衰微矣。

南宋如白紫清(自撰《日用记》,最足见其生平。言与豪侠少年游,喜谈兵,喜纵横),亦重符箓,实和会诸家之传。(按:《海琼集》中有三十二代天师赞,张、石诸师赞,王侍宸、林灵素、许旌阳、黄风子诸赞。又撰《许真君》及

《逍遥山心远堂群仙传》。又有《玉隆会仙阁记》《阁皂崇真宫记》。)

他文教道士,亦以徐来勒、魏伯阳、阴长生、张平叔、陆修静、陶贞白、张法都、杜广成同言。

又上章自称泰玄都正一平炁系天师、清微天化炁南岳先生、赤帝真人、神霄玉府五雷副使、上清大洞经箓弟子。

元时道教派别最多,除南方茅山、阁皂、玉隆而外,北方亦多别派,而以全真、正一为最盛。

《青岩丛录》云:"今炼养服食,其术具在,而全真之教,兼而用之。全真之名,昉于金世,有南北二宗之分。南宗先性,北宗先命。(按:南宗不称全真,二宗皆不言服食,其别亦非以性命,此说非也。)近时又有真大道教,有七祖康禅之教,其说又自相乖异。至于符箓科教,具有其书,正一之家,实掌其业。而今正一又有天师、宗师,分掌南北教事。而江南龙虎、阁皂、茅山三宗符箓,又各有不同。"据《王滹南集》中《萧公墓表》《侯公墓碣》,言"太一之教,兴于金朝,天眷间卫郡萧真人(《元史·释老传》云,名抱珍)灵异之迹,上动至尊,赐观名太一万寿,凡法嗣皆从萧氏。三代为萧志冲(本姓王),四代为萧辅道。"(辅道及其徒李居寿事,见《释老传》。)

《虞道园集》中,《真大道教第八代崇元广化真人岳公碑》叙"真大道教者,以言节危行为要,不妄求于人,不苟侈于己,创立于洞明真君刘德仁,弟子嗣守其业,治大都南城天宝宫,郡置道官一人,与全真、正一之流叁立。五代师为大元郦希成真人,六代元通孙得福真人,七代颐真李得和真人,八代岳德文,九代张清志(《传》云志清,其《道行记》,吴草庐撰)。西出关陇,至于蜀,东望齐鲁,至于海滨,南极江淮之表,皆有奉其教戒者。"《宋景濂集》有《刘德仁传》,载其教义九条,谓自德仁至张清志为九祖。

《元史·释老传》,道家分四段。一为全真,从邱真叙起。二为正一天师,从宗演起,并张留孙、吴全节。三为真大道。四为太一。即据虞氏、王氏之文,条理甚明,然于南方殊略。宋景濂撰《莫月鼎传碑》,谓尝列入《释老传》而未果也。

体基等谨按:此处有空页。

七祖康禅,乃佛之别,正一分天师、宗师者,盖嗣师掌南方(《元史·张与材传》,大德八年,授正一教主,主领三山符箓),而张留孙、吴全节之类,所谓玄教大宗师者,掌北方也。

又考虞道园《黄元吉墓志》,言:"初入玉隆,事王尊师。尊师没后,西山中有刘玉真,有神人之遇,谓许公千年龙沙之记,今及其时,而刘则八百仙人之首,其说以本心净明为要,而制行必以忠孝为贯。元吉受之,设三坛以授徒。"按:此即玉隆之变,今传有许君《净明忠孝录》,《藏》中经录,多有冠"净明"之称者,皆不见于宋人目录,殆即刘氏一派所传也。

袁清容《野月观记》曰："养生说有二焉。北祖全真，其学首以耐劳苦，力耕作，故凡居处服食，非其所自为不敢享。蓬垢疏粝，绝忧患慕羡，人所不堪者能安之，调伏摄持，将以复其性，死生寿夭，泊然无系念，骎骎乎竺乾氏之学矣。东南师魏伯阳，以不死为宗，本于黄帝，韬精炼形，御六气以游夫万物之表，其寿命益长者谓之仙，而所传确有派系，先儒深有取焉。"

辛愿《灵虚观记》曰："全真家其谦逊似儒，其坚苦似墨，其修寂似禅，其块然无营又似夫为混沌氏之术者。"王弇州《跋王重阳碑》云："其说颇类禅而稍粗，独可以破服金石、事铅汞之误人，与符箓之怪诞，而其徒不尽尔也。重阳得无师智，似六祖，其悬记似志公，显迹又似万回，异哉。"

王恽《灵虚观碑》曰："全真为教，始以修真绝俗，远引高蹈，灭景山林，果哉末之难矣。终之混迹人间，蝉蜕泥滓，以兼善济物为日用之方。"

全真一派，有刘元素《金莲正宗仙源像传》，樗栎道人《金莲正宗记》，李道谦《七真年谱》《终南祖庭内传》《甘水仙源录》等书。今之羽流，皆此派也，故不具录其系。

元世南方诸山宫观，多置官度弟子，甲乙相授受，江浙为多，虞道园、袁清容、黄金华集中多可考，如处州少微山、缙云仙都山。

体基等谨按:此条语气未完,原稿并有空页。

张留孙事见史传,虞文靖撰墓志,袁清容撰家传(具述其弟子姓名)。其弟子称真人者七人,多有碑志,吴全节(见《元史·张宗演传》)、夏文泳(第三代,《金华集》碑)、毛颖达、王寿衍(《虞集》碑)、余以诚、孙益谦、陈日新(《虞集》碑)。元末金蓬头(名志阳,号野庵,显于武夷),亦甚著(《岘泉集》有传,云"师李月溪,月溪师白紫清"),弟子甚多(方方壶亦其弟子)。事传者赵原阳(金弟子张天全,冯蒲衣之弟子,《岘泉集》有传)、李弘范(《岘泉集》有志)、汪道一(《岘泉·甘露雷坛记》,与李皆尝事金)。

体基等谨按:原稿于上条后接"明陆容《菽园杂记》"条,而上条眉首有"加一页,在后三页"语。今审其文义,敬移"明初嗣师"条于此。

明初嗣师张子璿(宇初)《玄问篇》曰:"以宰之有所隶焉,是降经箓以训之,符法以阐之,以是法立焉。而其传尤著者,汉天师、茅真君、许旌阳、葛仙翁、邱真君也。曰三洞四辅,清微、灵宝、神霄、酆岳者,洞辅之品,经箓是也。清微始于元始,而宗主真元阐之。次而南岳魏君、陵郡祖君,祖宏四派之绪。倡其宗者,朱洞元、李少微、南毕道、黄雷渊、李虚极,而张、许、叶、熊而下,派益衍矣。灵宝始于玉宸,本之《度人经》法,而玄一三真人阐之,次而太虚徐君、朱阳郑君、简寂陆君。倡其宗者,田紫极、宁洞微、杜达真、项德谦、王清简、金允中、高紫元、杜光庭、寇谦之、刘冲靖,而赵、林、白、陈而下,派益衍矣,是有东华、南昌之异焉。神霄则雷霆诸派,始于玉清真王,而火师汪真君阐之。次而侍宸王君、虚静真君、西河萨君、伏魔李君、枢相许君。倡其宗者,林灵素、徐神翁、刘混康、雷默庵、万五雷、方贫乐、邓铁崖,而上官、徐、谭、杨、陈、唐、莫而下,派益衍矣。酆岳则朱熙明、郑知微、卢养浩、叶法善。倡其宗者,左、郑、潘、李,而派益衍矣。"按:此节前举著者五人,即正一、上清、净明、太极、全真五派。后举清微、灵宝、神霄、酆岳四派,皆箓法。清微、神霄已详上,而此所说者,前所考多未备。然观其数杜光庭、寇谦之、叶法善等,时代多颠倒,亦似随意数说,非可据为系谱也。

明陆容《菽园杂记》曰:"宋祥兴二年己卯,元主忽必列灭宋,大兴彼教,任番僧拊迁等灭道教。十月二十日,尽焚《道藏》经书。是日火焚其庙恫忠等寺二十三处,其徒被火焚死者八十三人,雷震死想理等一十九人,及张伯淳、王磐等五人。北方奉彼教者以非时雷震为惧,每年至是日拜天谢过。出《岁时类记》。"此事若信有之,神异甚矣。但恐是道家者流附会之说。

明末南昌万国枢,嗣萨西河法,钱谦益为作传,记其验迹甚详。

《明史·职官志》曰:"龙虎山正一真人一人,法官、赞教、掌书各二人。阁皂、三茅山各灵官一人。"又曰:"道凡二等,曰全真,曰正一。"按:阁皂、三茅尚有官,则上清、灵宝二派犹传欤。

唐以后史书所载道士：

《唐书》有孙知微（体基等按：疑是孙思邈之误）、张果、叶法善（师赵元阳、韦善俊，均《旧唐书·方技传》）、王希夷、王远知、潘师正、刘道合（事孟诜）、司马承桢、吴筠（均《旧唐书·隐逸传》）、尹愔（《新唐书·儒学传》附）。

《宋史》旧有《释老志》，今史并入《方技传》。有苏澄隐、丁少微、赵自然、贺兰栖真、柴通玄、甄栖真、王老志、王仔昔、林灵素。

天师有传，始于《元史》，《明史》续之，并附书长春真人刘渊然。

体基等谨按："明嗣天师"条原在此。

黄梨洲《万祖绳墓志》曰："近日为释氏牢笼，从老氏之学者寥寥矣。而贪夫狡狯，借铅汞之术，托名老氏者，多于麻竹。大江以南，施良生以符篆鸣，郎尧生以元功著，君独死心于尧生，为永年之学，则亦全真之流亚也。王龙溪之调息，林龙江之艮背，儒者未尝不假途于是。"

《列朝诗集·张真人宇初小传》曰："唐宋以来，释道二家并重，有元末高道，如吴全节、薛曦之流，皆显于朝廷。国初名僧辈出，而道家之有文者，独宇初一人，厥后益寥寥矣。二氏盛衰之略如比，识之以俟传方技者。"

《诗集》所载，"明道流有席应珍，传授僧道，衍以兵法。周思得行灵官法，彭幼朔传服气法"。

郑景望《蒙斋笔谈》言："晁文元迥早从刘海蟾游，得长生之术，六十后兼言佛理，以分别名相为主，将以儒、释、道通为一"。按：文元之本学传唐世文人之风。

宋王湜《易学》一卷，见在《通志堂经解》中。《提要》曰："书中首论太极、两仪、四象、八卦，而以夜半日中，心肾升降之气明之。又有取于《庄子》肃肃出乎天，赫赫发乎地之语，全本乎道家之说。其《自序》则称于陈抟、穆修、李之才、刘牧之书，兼而思之，是亦先天之学出于炉火之证。"

袁清容《高一清医书十事序》曰："予幼闻诸老言，葛天民、曾景建以神仙说游公卿，清言玉雪，苦意冰蘖，见者怜而欲成之，后卒不就。"

宋景濂尝为道士，号元真子，尝著《五牙元精经》，仿《黄庭》，王华川为之跋。又集中有《大还龙虎丹赞》《协晨中寥词》《调息解》《述玄》诸篇。

道教征略中

世所疑于道书者有二。一则曰事实荒谬。释明概《对傅奕》语云："请问道士,后出之经,为是天尊更说,为是老子前陈?纵使说经,应有处所行为,是何帝何时何年何月?"按:《灵宝》诸经,诚多诞不近理,如言元始天尊姓乐名静信,太上大道君寄孕洪氏,名曰器度,字上开元。此本鄙浅不足论。若年代则本不可泥,仙家之事,或驻世长年,或化形显迹,或冥通灵会,古经大氐传之神人,处所不明,又何足怪,岂可以考证法绳之耶?施肩吾,元和进士,而受道钟、吕,儒者皆疑之,犹刻舟而求剑也。至于赤明、龙汉之号,开劫度人之事,本属寓言,后人误认为实,甄鸾遂以为笑,谬也。《抱朴子·自序》曰:"考览奇书,既不少矣,率多隐语,难可卒解,自非至精,不能寻究,自非笃勤,不能悉见,道士渊博洽闻者寡,而意断妄说者众。"此论笃矣。一则曰剽窃佛书。释道安《二教论》曰:"《黄庭》《元阳》采撮《法华》,以道换佛,改用尤拙。"《魏书·释老志》云:"道书又称劫数,颇类佛经。"(《广弘明集》引,改"类"字为"窃"。)朱子曰:"《真诰》末《道授篇》,是窃佛《四十二章经》为之。非特此也,至如地狱、托生妄诞之说,皆是窃他佛教中至鄙至陋者为之。"黄伯思《东观余论》则谓"《真诰》众灵教戒条后方圆诸条,皆与佛《四十二章经》同,后人所附"。按:朱子谓佛家教理,窃诸老庄,已为谬误。又谓道家济度之事,窃诸佛家,弥为值矣。佛教未入,已有祠祀之事矣。至于沿用佛书名词,此自无关价值,其义苟同,沿用何害?况沿用者只北朝、唐人以后晚出之书,晋以前及南朝所传之古经,固无佛书名词。《真诰》中所有,自属附益,黄氏之论是也。

体基等谨按:此处有空行。

葛稚川盖道家之有学问者,其《自序》曰:"其至妙者不得宣之于翰墨。"《释滞篇》曰:"真人口口相传,本不书也。玄素、子都、容成公、彭祖之属,盖载其粗事,终不以至要者著之纸上。"又曰:"道书之出于黄老者,盖少许耳,率后世之好事者,各以所知见而滋长,遂令篇卷至于山积。古人质朴,又多无才,其所谓物理,既不周悉,其所证按,又不著明,皆阙所要而难解,解之又不深远,不足以开示劝进也。徒诵之万遍,殊无可得也。虽欲博涉,然宜详择其善者而后留意,至于不要之道书,不足寻绎也。"此两段论最为明确,本不泥于文字,古言又多浑略,儒者欲以考证之法断其有无,固不免误用方法之讥矣。

体基等谨按：此处有空行。

《通考》引《宋三朝国史志》曰："东汉后道家始著，而真仙经诰别出焉。"又引李壁《四十九章经序》曰："《大洞》诸经所言诸天奥密、神仙隐秘事，自晋始传人间，由隋历唐，方技符箓，其说益以散漫。"（杜光庭有《道经降代传授年载记》，见《通志》。今亡。）

宋景濂《度人经跋》云："道家诸书，多寇谦之、吴筠、杜光庭、王钦若之徒所撰，文多鄙俚，独《度人经》号为雅驯。"释明概《对傅奕》云："《太玄经》扬雄所造，《洞玄经》王褒所制，《指归经》严君平造，《三皇经》鲍靓所制，《开天经》张泮所造，《化胡经》王浮所制。或取盘古之传，或取诸子之篇，假认俗书，以为道教。"《辨伪录》又云："张道陵造《灵宝经》，葛孝先造《上清经》，齐陈显明造《六十四真步虚经》，陶弘景造《太清经》。"按：吴筠撰论，钦若编书，无造经之证。寇、杜容有之，乃言罪福，且止少数，岂得并抹杀古经耶？景濂肌略言之，殊欠分别，明概所言，亦殊模糊。《太玄》《指归》，本未尝尊之与三洞并也。若以张泮、王浮而概疑道经，则僧流亦尝伪造经文，将亦疑三藏都无一真乎？鲍靓乃传《三皇内文》之师，王褒乃传《灵宝部经》之师。若出于何人，便定为某人造，则《论语》亦非真孔子书，而三藏经典，悉皆伪托于释迦者也。陶传《上清》，葛传《灵宝》，颠倒妄说，亦是不考。

《青岩丛录》曰："其书皆昉于汉桓帝之时，今其经典以为天师永寿年间受于老君是也。世传《太平经》最古且多，今不复存，然其所言兴国广嗣之术，殆不过房中鄙亵之谈。若《大洞》等经，大率六朝以来文士之所造，虽文采可观，而往往浅陋，无甚高论。"按：始于桓帝，惟正一一派为然。《太平》言广嗣，非房中。《大洞》诚出六朝，然安得遽鄙为浅陋耶？

姚崇《诫子孙》曰："道士本以玄牝为宗，而无识者慕僧家之有利，约佛家而为业。"胡致堂（寅）谓："经论科仪，依仿佛氏而不及者，自杜光庭为之。"按：此皆指言罪福者，北朝所传《灵宝》诸经已多有，不自杜氏始也。

唐时道士多注释古经，训诂不苟，犹之儒者之治经也。《四库提要》谓"以丹道说《老子》，始于白紫清之《道德宝章》；以丹道说《阴符》，始于夏云峰（元鼎）。"按：宋任照一、沈亚夫两《阴符注》，已说丹道，在夏氏前。六朝时，经诀、服饵、烧炼，多托名老子矣。宋后丹家则专祖《金碧》《参同》（朱子谓《金碧》乃窃《参同》以为之），止守诀书，不注经箓。著冥通之事者始于陶弘景，言灵应之验者始于杜光庭。冥通则深，灵应则浅矣。

体基等谨按：此处有空行。

甄鸾《笑道论》曰："道士所上经目，陆修静目中见有经书、药方、符图，止有一千二百二十八卷，本无杂书、诸子之名，而道士今列二千余卷者，乃取《汉·艺文志》目八百八十四卷为道之经论。据如此状，理有可疑，何者？至如韩子、孟子、淮南之徒，并不言道事，又有八老黄白之方，陶朱变化之术，翻天倒地之符，辟兵杀鬼之法，及药方咒厌，得为道书者，可须引来。未知《连山》《归藏》《易林》《太玄》《黄帝金匮》《太公六韬》，何以不在道书之例乎？修静目中本无诸子，今乃乘安，不知何据？若以诸子为道书者，人中诸子悉须追取，何得遗之。"

唐释法琳《辨正论》云："检《玄都观经目》，称道家传记、符图、论等总有六千三百六十三卷，其二千四十卷见其本，其一千一百五十六卷是道经传及符图，其八百八十四卷是诸子论等，其四千三百二十三卷（此有脱文），披检道士陆修静答宋明帝所上目录，其目及本，今并未见。"

《养生经》十卷（彭祖修撰）	《神仙传》十卷（抱朴子葛洪修撰）
《列仙传》十卷（刘向修撰）	《夷夏论》五卷（道士顾欢修撰）
《庄子》十七卷（庄周所出，葛洪修撰）	《抱朴子》廿卷（葛洪撰）
《广成子》四卷（商洛公修撰）	《尹文子》二卷（刘歆修撰）
《淮南子》廿卷（汉淮南王刘安撰）	《文子》十一卷（文阳所撰）
《列子》八卷（列御寇所撰）	《抱朴子服食方》四卷（葛洪撰录）
《崔文子》七卷（崔文子撰）	《鬼谷子》十三卷（鬼谷先生撰）
《服食禁忌经》五卷	《黄帝龙首经》五卷（玄女、皇人等说）
《治练五石》八卷	《怪异志》十二卷

《兴利宅舍法》五卷	《太元镜经》一卷
《案摩经》一卷	《说阴阳经》一卷
《治病经》一卷	《日月明镜经》一卷
《崔文子肘后经》一卷	《陶朱变化术经》一卷（陶朱公撰）
《彭祖经》一卷	《养性经》一卷（彭祖等杂出）
《定心经》一卷	《鬼谷先生变化类经》一卷
《师旷为西宫子授药经》一卷	《九宫蓍龟序经》一卷
《道引图》十卷	《河图文》九卷（何承天等修撰）
《芝草图经》一卷	《芝草图》六卷
《邹阳子经》一卷	《江都王思圣》二卷
《道德玄义》卅三卷（孟智周修撰）	《必然论》一卷
《荣隐论》一卷	《遂通论》一卷
《归根论》一卷	《明法论》一卷
《自然因缘论》一卷	《五符论》一卷
《三门论》一卷（右八论，陆修静撰）	

《辨正论》曰："案玄都观道士等所上《一切经目》云：'取宋人陆修静所撰之者，依而写法。'检《修静旧目注》，《上清经》有一百八十八卷，其一百一十七卷已行于世。从《始清》已下有四十部，合六十九卷，未行于世。检今《经目》，并云见在。《修静经目》又云：'《洞玄经》有三十六卷，其二十一卷已行于世。其《大小劫》已下有十一部，

合一十五卷，犹隐天宫未出。'检今《经目》，并注云见在。陆修静以太始七年因勅上此《经目》，从此以来，二百余年，不闻天人下降，又不见道士升天，不知此经何因而来。"

体基等谨按：此条原在"按《四库提要》"条后。审其意脉，似宜移此。

按：《四库提要》谓"《道藏》滥收《易》类、地理、儒、杂、小说、医家、术数、别集诸书，旧无以为道家言"。今观甄论，则北魏时已滥矣。然此非皆滥也，诸子本有属道家者，固不当全取，抑岂得全不取？《淮南·内篇》是道，《外篇》是术。《提要》所举陶弘景、吴筠，皆本道流，安得云非道家言耶？《易》家、术数、医家，本与丹法相通，今之道家，本该《汉志》劾治祈禳之术，诸术《七略》本附杂占，因记仙迹，自当涉及地理、小说。责其滥可也，若谓皆不当涉，岂通论乎？

《道藏》目录，分三洞、四辅。三洞者，一大洞真部，二灵宝洞玄部，三太上洞神部。四辅者，一太玄，二太平，三太清，四正一。合为七部。《云笈七签》曰："天宝君说十二部经为洞真教主，灵宝君说十二部经为洞玄教主，神宝君说十二部经为洞神教主，故三洞合成三十六部真经。洞真教九圣大乘，洞玄教九真中乘，洞神教九仙小乘。太玄辅洞真，太平辅洞玄，太清辅洞神，三辅合成三十六部，正一盟威通贯。故曰：'三洞尊文，七部玄教。'又从七部，汛开三十六部。其三十六部者,第一本文,第二神符,第三玉诀,第四灵图,第五谱录,第六戒律,第七威仪,第八方法,第九众术,第十传记,第十一赞诵,第十二表奏。右三洞各十二部,合成三十六部。"

《云笈七签》说三洞、四辅、十二部分别之义,依仿佛家说经科判之法,烦碎无理,似深实浅,今撮录其大要曰:"洞真以不杂为义,洞玄以不滞为名,洞神以不测为用。太清者太一为宗,太平者三一为宗,太玄者重玄为宗,正一者真一为宗。"《正一经图科戒品》云:"太清经辅洞神部金丹以下仙业;太平经辅洞玄部甲乙十部以下真业;太玄辅洞真部五千文以下圣业;正一法文,宗道德,崇三洞,遍陈三乘。"又释十二部义曰:"本文者,三元八会之书,长行元起之说。神符者,龙章凤篆之文,灵迹符书之字。玉诀者,如河上释柱下之文,玉诀解金书之例。灵图者,如含景五帝之像,图局三一之形。谱录者,如《生神》所述三君,立本所陈五帝。戒律者,如六情、十恶之例。威仪者,如斋法典戒、请经轨仪之例。方法者,如存三守一,制魄拘魂之例。众术者,如变丹炼石、化形隐景之例。记传者,如道君本业、皇人往行之例。赞颂者,如五真新颂、九天旧章之例。表奏者,如六斋启愿、三会谒请之例。"

按上所说,多不明晰。三洞本以三派所传各部而分,符图、玉诀、谱录、传记皆是各部中书,三洞不皆具十二部也。若后出之经及符、诀、谱、传,本与三派无关,何以分属之乎？若四辅则太平、太玄皆经甚少，而不成派，本无所统摄，尤不可入后出之书也（三清本与三洞不同，不可以相配，如元始称玉清，洞真则系上清，境名与部名本不相蒙也）。十二部以体分，差为明晰，然已不备。盖十二部乃就三洞部中诸书而分，本非预立整齐以统一切之法，何可沿耶？唐、宋目何以分隶，今不可考，明目则大谬，固显然。即如玉诀一门，沿河上注《老子》之文，遂全收经注。注何为诀，实不可解。谱录本指三尊五帝，其文贵重，故次符图，今以一切仙真谱录皆入之，其目不与传记相次，而所收则与传记无别，何以为说耶？方法、众术，盖以本末而分，玉诀则以尊重而别。后世丹书皆法术，皆名为诀，三者相滥，尤难辨矣。若四辅部则并无十二部之分，略为次序，亦与十二部不同，又毋乃太略耶？要之，三洞、四辅，本止一时之称，后来之书，不止于十二类。今之《藏目》，于本分三洞者混乱其次，而于后出之不属三洞者，则强分属之。太清之书，杂处洞神部中；洞真之经，反聚正一部末。太平则广收净明派之经，太玄则杂凑他部之籍。一人所作，而散于七部；同一地记，而分归三洞。周、秦诸子，皆入太玄、太清；北宗文集，统归太平一类。凡此种种，皆极无理，固由明世编目者之陋，亦七部法之不适用有以致之也。

按：晁公武《郡斋读书志》载宋邓自和《道藏书目》一卷，分大洞真、灵宝洞玄、太上洞神、太真、太平、正一六部。又《大洞真经》下所数《道藏》六部,则又云太真、太清、正一,殆有误脱也。

　　体基等谨按:此处有空页。

　　六朝经止分品,不分乘。凡言大乘、小乘者,皆唐人依仿佛家为之。其所谓大乘,多谈空有,乃六朝所无。《七签》引《八素真经》叙三洞品格,今按悉是洞真部书,许、陶所传,非三洞之全也。今抄于下:

太上之道有三	
《玉清隐书》	《神虎大符》
《金虎真符》	
上真之道有七	
《太上郁仪奔日月》	《太上结璘奔月章》
《太上八素奔晨隐书》	《太微帝君飞行天纲上经》
《高上大洞真经三十九章》	《金阙灵书紫文上经》
《黄老八道九真中经》	
中真之道有六	
《太丹隐书朝真上经玉帝神符》	《三天正法凤真之文九真升玄文》
《三元布经四真之章太上金策》	《方诸洞房玉字上经六甲灵飞符》
《灵宝秘符三皇内文天文大字》	《青要紫书曲素诀词三五顺行经》
下真之道有八	
《上清九化十变三九素语》	《丹景道精隐地八术》

《天关三图玄皇玉书》	《神州七变七转洞经》
《紫度中方石精玉马水母经》	《绛绿黄道玉目龙书众文》
《素奏中章五行秘符》	《五帝玉女上元五书》

体基等谨按:此处有空页。

《笑道论》引《玄都经目》,分经、传记、符图、诸子论,甚为明白,不知《隋志》何故不用。《隋志》分经戒、饵服、房中、符箓四种。今则房中、服饵已衰,而真丹盛,此法不适用矣。晁氏《读书志》谓李氏《道书志》分经诰、传录、丹药、符箓四类,亦简明,但不及科戒威仪,亦属漏略。郑氏《通志》分老子、庄子、诸子、阴符、黄庭、参同、目录、传、记、论、书、经(律在内)、科仪、符箓、吐纳、胎息、内视、导引、辟谷、内丹、外丹、金石药、服饵、房中、修养,凡廿五类,亦未合。书一类乃不能归诸类者之逋逃薮,律不当附经,胎息、导引、吐纳实可并。辟谷亦列为一,则禁咒诸法多矣,安可备列耶?

体基等谨按:此处有空行。

统论道书,应分经类。一曰经箓,二曰五箓,三曰科仪,四曰戒律,五曰论诀,而传记、文集不与焉。

经约可分四类。一则西晋以前,《抱朴子》所举《灵宝》诸经,大都止是术诀。又师说皆名为经,与术数家同,此类今存无多,如《黄庭》《中黄》(均《抱朴》举)之类,多是七言韵语,与《参同契》同,真晋前作也。二则南朝时杨、

许诸人所得洞真部诸经（《抱朴》时已有，但不多）。其与
第一类不同者，半陈真灵之事，又皆仙真所说，其用亦半
在术诀，半与符图同，又与箓为通称。此类或冠"上清"
字，或冠"洞真"字，如《七签》所释，今尚多存，其文或为浓
丽骈偶之文（如《玉篇真文》首段），或为五言诗（如《大洞
经》《生神章》），与《真诰》所载诸作同，真六朝作也。三则
北朝、唐时所出，亦是术诀，亦是天尊所说。其异于第一
类者，多谈虚无之理，少喻形神之名，兼有《七略》道家之
意，不专如《七略》之神仙家。其谈空有者，多类佛经。其
异于第二类者，文多淡白，多佛教名词。此类今亦尚多，
如《常清静经》（《通志》著录，有唐人注）、《五厨经》（《崇文
目》有）之类，与《坐忘论》同（北朝所传，《升玄经》亦此类，
唐人称此类为大乘）。四则唐以后始出，多陈罪福，半述
真灵，而术诀更少，皆天尊所说，即后儒所诋窃桑门者，其
用专在读诵祈祷，同于科仪。此类今《藏》最多，如资福、
延寿、消灾、拔苦之类，其文间杂俚词。昔人谓杜光庭伪
撰，盖即指此，然今所存，皆不见唐、宋目也。

　　符图本与箓法相连，其用本以役召鬼神，当分古、近
二类。古符多单行，又多兼资修炼之用，如《抱朴》所举，
今皆不存，惟其书所载，与《灵宝》诸经中所载为最古矣。
又葛氏极称《三皇内文》《五岳真形图》之要，而《真诰》注
已言今《三皇内文》非真本，盖所谓云篆琅蚪三元八会之
书，皆诡异。葛稚川言"字不可读，误不可觉"，陶氏亦言

描摹之难。传写至今,益复不能校正矣。今所传符箓,多是正一、天心诸派所传(《通志》已有天心正法),散在箓法书中,不别标目,图则更少。正一箓法今《藏》甚多,而唐前诸目皆无之,殆正一与灵宝分门,藏于张氏,世所罕见,至元乃发之欤。

科仪本巫祝之文,《七略·杂占》所载诸禳祷法,今独董仲舒请雨止雨法大略犹存耳。今所存亦当分古、近二类。六朝、唐人之科仪,多修道授箓之事,少祈禳之文。祈禳盛于杜广成。忏亦仪类,其字本出佛书,亦起于唐。然《崇文目》载斋醮仪及忏文仅三四种,且仅有黄箓。今《藏》标杜名者亦止三数部,标灵宝者少,而正一仪多。又有金、玉二箓,与黄鼎立焉。

戒律,唐前所传犹存,今道流所授三真戒,则全真家所定。

论诀当分五类。六朝、唐人之作凡三类:一烧炼金石,二服饵草木,三导养神气。郑氏所分,繁碎不当。唐前非无知真丹诀者,但甚少耳。服饵、烧炼相连,然服饵实先衰。四则唐人专言养心,和合禅家,若《坐忘》之类,但亦不多。五则二宗以后明真丹之作。真丹既明,烧炼、服饵遂皆衰微,故唐、宋目所载丹诀,今十不存五,而二宗之诀,乃愈出愈多焉。

若依此诸目,重编目录,又依三洞、四品之法,条别古经,各归部次,则《道藏》目录庶有眉目矣。

体基等谨按：此处有空页。

今依《云笈七签》，略考七部之目。

一、**洞真部** 《上清洞真经》，西城王君传至杨、许、陆、陶以下，中有《七元六纪》《飞步天罡》《灵飞六甲》《玉佩金珰》(此诸种今均冠"洞真""上清"字，《大洞真经》三十九章，乃此部之首，故晁氏《读书志》云"《道藏》书六部，李氏道书四类，皆以《大洞真经》为首，今反在第五"。此部经即《真诰》所举，《七签》所释，今犹多存者，在正一部末。他部多有冠"洞真""上清"字者)。

《真系传》称："洞真部真伪混淆，陆修静刊正之。"今其目不存。《七签》载《上清源统经目注序》，疑即陆氏文。

二、**洞玄部** 《洞玄灵宝经》，徐来勒传葛、郑以下，天师亦得《五符》，中有《玉篇真文》《灵宝五符》《大小劫经》《中山神咒》《八威召龙》等经(此诸种今均冠"洞玄灵宝"字，惟《五符》《小劫》《八威》在此部，实以《赤书玉篇》为主，而反在洞真部。《抱朴子》所举多此部经，而今《藏》中冠"洞玄灵宝"者甚多，如《度人》《升玄》等，皆《抱朴》所未举，其文多谈空有，格式类佛经，而为僧徒所诋毁，似是北朝道士所出，非孝先所受之旧)。《通志》载陆修静《灵宝经目序》一卷，今略存《七签》中，亦辨俗本之讹，谓多割取上清、太清派之文，则此部之多杂窜久矣，惜陆目已无存，无从证订。

三、**洞神部** 《洞神经》，鲍靓传葛洪，又陆修静别得一本,天师亦有所得。中有《三皇内文》、禁虎豹术。(今《内文》反在洞神部方法类,上冠"太清"二字。此部经本少,今《藏》洞神部仅数种,正一部后亦有冠"洞神"字者。他部有冠"太上"字者。)

四、太清部　太上授天师,左、葛亦传《丹经》。《正一经》云:"太清金液、天文地理之经,所明多是金丹之要,又著纬候之仪。"(今《太清金液经》及冠"太清"字诸丹诀反在洞神部方法类,而本部绝无,尽收诸子。)

五、太平部　于吉所传,陈周智响得之海隅山。

甲乙十部(百七十卷,今不全。此部本止此一经,今在部首,余多洞玄及元时净明派经,他部亦无冠"太平"字。又《正一经》亦言《太平洞极经》乃天师所得)。

六、太玄部　太上授天师。《正一经》云《太玄道经》。中有《道德五千文》《素书》(今《道德五千文》反在洞神部,而此部中绝无冠"太玄"字者,纯是杂采,他部亦无冠"太玄"字者)。按:《混元圣纪》云:"王钦若请以《道德》《阴符》,自四辅部升入洞真。"今《阴符》在洞真,而《道德》则在洞神,不知又是何人所移。

七、正一部　太上授天师。《正一经》《法文》《盟威妙经》(今《盟威》《法文》均在本部,而洞神部多有《正一经仪》)。

体基等谨按:此处有空页。

刘师培《读道藏记序》曰:"西晋以前,道书篇目略见

《抱朴子·遐览篇》,次则甄鸾《笑道论》颇事甄引,均属汉魏六朝古籍,晚近所存,什无二三,即《崇文总目》《中兴书目》所著录,亦复十亡其六。今之《道藏》,刊于明正德间,经箓、符图,半属晚出,然地志、传记,旁逮医药、占卜之书,采录转众,匪惟诸子家言也。"

按:今《藏目》宋以来书居大半,唐以前书仅居小半。据《笑道论》称,陆修静目千余卷,北魏时目二千余。据《文献通考》引《三朝史志》称,唐开元目三千余,宋大中祥符中四千余,崇观间五千余。然今以古目核之,《抱朴》所载,《御览》引用目及《崇文目》无其大半。二《目》所有,今又无其半。数日增而古书日减,可慨也。宋徽宗政和二年,尝诏天下访求道教仙经,增入者当不少。元至元间尝毁道经,虞道园撰《张留孙神道碑》,言留孙尝启裕宗,择存其不可毁者。其去取如何,今无由考矣。

《抱朴子·内篇·遐览》所引道书目

凡不言卷数者,皆一卷。《酉阳杂俎·玉格篇》录道书名,十九与《抱朴》同,似即从《抱朴》抄出,今并注其异同。

《三皇内文》天、地、人三卷(今存。《三皇内秘文》三卷,今存洞神部)	《元文》上、中、下三卷
《混成经》二卷	《玄录》二卷
《九生经》	《二十四生经》(今存正一部)

《九仙经》(《杂俎》有。存洞真部,云《真龙虎九仙经》)	《灵卜仙经》
《十二化经》(《杂俎》有,"二"误作"上")	《九变经》(今存洞真部)
《老君玉历真经》	《墨子枕中五行记》五卷(《抱朴》云,刘安抄出一卷)
《温宝经》	《息民经》
《自然经》(今存洞玄部,不知是否)	《阴阳经》
《养生书》一百五卷	《太平经》五十卷(今存)
《九敬经》("敬"一作"都")	《甲乙经》一百七十卷(今存,即《太平》全经)
《青龙经》	《中黄经》(《杂俎》作《中黄丈人经》,今存洞神部)
《太清经》(按:《抱朴子·金丹篇》云,《太清丹经》《金液丹经》《九鼎丹经》。按:《金液丹经》,今存洞神部)	《通明经》
《按摩经》	《道引经》十卷(今存《道引养生经》一卷,洞神部)
《元阳子经》	《玄女经》
《素女经》	《彭祖经》
《陈赦经》	《子都经》
《张虚经》	《天门子经》
《容成经》	《入山经》("山"当作"内")

《内宝经》	《四规经》(今存太平部,亡《四规明鉴经》。《杂俎》云《四规明鉴》。按:四规明鉴术详《抱朴子·杂应篇》)
《明镜经》(正一部有《明鉴经》)	《日月临镜经》
《五言经》	《柱中经》(《杂俎》有《五柱中经》)
《灵宝皇子心经》	《龙蹻经》(今存正一部。按:三蹻术见《抱朴子·杂应篇》。)
《正机经》	《平衡经》
《飞龟振经》(《杂俎》有《飞龟帙》)	《鹿卢蹻经》(《杂俎》有)
《蹈形记》	《守形图》
《坐亡图》	《观卧引图》(《杂俎》无"观"字)
《含景图》(《杂俎》有)	《观天图》
《木芝图》(《杂俎》有)	《菌芝图》(《杂俎》作《园芝图》)
《肉芝图》	《石芝图》
《大魄杂芝图》(《杂俎》作《大隗新芝图》)	《五岳经》五卷(《抱朴》盛称《五岳真形图》之要,今存。又在《七签》七十九卷)
《隐守记》(《杂俎》作《隐首经》)	《东井图》
《虚元经》	《牵牛中经》(《杂俎》作《牵牛经》)
《玉弥记》(《杂俎》作《玉珍记》,此讹)	《腊成记》(《杂俎》作《猎成记》)
《六安记》	《鹤鸣记》
《平都记》	《定心记》

《龟文经》	《山阳记》
《玉策记》(《杂俎》有《玉案记》)	《八史图》
《入室经》(见《唐志》)	《左右契》
《玉历经》	《升天仪》
《九奇经》	《更生经》
《四衿经》十卷	《食日月精经》
《食六气经》	《丹一经》
《胎息经》(今存洞真部)	《行气治病经》
《胜中经》十卷	《百字摄提经》(《杂俎》连为一,曰《滕中有首摄提经》)
《丹壶经》("壶"一作"台"。《杂俎》亦作《丹台经》,注曰记)	《岷山经》
《魏伯阳内经》(似即《参同契》)	《日月厨食经》(《杂俎》有)
《步三罡六纪经》(《杂俎》云《三纲六纪》即《金简玉字经》,今存正一部)	《入军经》(《杂俎》有)
《六阴玉女经》(《杂俎》有)	《四君要用经》
《金雁经》	《三十六水经》(《杂俎》有)
《白虎七变经》(《杂俎》有,其术见《抱朴子》。今正一部有《七转七变舞天经》)	《道家地行仙经》
《黄白要经》	《八公黄白经》
《天师神器经》("器"一作"气",疑即《太清金液神气经》,今存洞神部)	《枕中黄白经》五卷(今有《枕中经》,止一卷,正一部末)
《白子变化经》("白"一作"帛"。《杂俎》有,亦作"白")	《移灾经》

《厌祸经》	《中黄经》(重出)
《文人经》	《涓子天地人经》
《崔文子肘后经》("肘后"一作"时候")	《神光占方来经》("光"一作"仙")
《水仙经》	《尸解经》
《中遁经》	《李君包天经》
《包元经》	《黄庭经》(今存洞玄部)
《渊体经》	《太素经》(今存正一部末)
《华盖经》	《行厨经》
《微言》三卷	《内视经》
《文始先生经》(今《文始经》乃伪《关尹子》,非此书)	《历藏延年经》
《南阔记》("阔"一作"阙")	《协龙子记》七卷(《杂俎》有,云《协龙子鹿台经》。)
《九宫》五卷	《三五中经》
《宣常经》	《节解经》
《邹阳子经》	《玄洞经》十卷
《玄示经》十卷	《箕山经》十卷
《鹿台经》(《杂俎》有)	《小僮经》
《河洛内记》七卷	《举形道成经》五卷("道"一作"通")
《道机经》五卷(《金丹篇》云,此是魏军督王图撰,不知丹道)	《见鬼记》
《无极经》(今正一部有《变化无极经》)	《宫氏经》(《杂俎》有)

《真人玉胎经》(《杂俎》有,无"真人"二字)	《道根经》
《候命图》	《反胎胞经》
《枕中清记》	《幻化经》
《询化经》	《金华山经》("金"一作"今")
《凤网经》(《杂俎》有,作《凤纲》)	《召命经》
《保神记》	《鬼谷经》(今洞神部有《鬼谷子天髓》)
《凌霄子安神记》	《去丘子黄山公记》
《王子五行要真经》("王"一作"玉")	《小饵经》
《鸿宝经》	《邹生延命经》
《安魂记》	《皇道经》
《九阴经》	《杂集书录》
《银函玉匮记》	《金板经》
《黄老仙录》	《原都经》
《玄元经》	《日精经》
《浑成经》	《三尸集》
《呼身神治百病经》	《收山鬼老魅治邪精经》三卷
《人五毒中记》	《采神药治作秘法》三卷
《休粮经》三卷	《登名山渡江海救地神法》三卷
《赵太白囊中要》五卷	《人温气疫病大禁》七卷("人"当作"入","大"一作"太")

《收治百鬼召五岳丞太山主者记》三卷	《兴利宫宅官舍法》五卷
《断虎狼禁山林记》	《召百里虫蛇记》
《万毕高丘先生法》三卷	《王乔养性治身经》三卷（《崇文总目》有此书，云雷公撰）
《服食禁忌经》	《立功益算经》
《道士夺算律》三卷	《移门子记》
《鬼兵法》	《立亡术》
《练形记》五卷	《郗公道要》
《角里先生长生集》	《少君道意》十卷
《樊英石壁文》三卷（今存《太清石壁记》，洞神部）	《思灵经》三卷
《龙首经》	《荆山记》
《孔安仙渊赤斧子大览》七卷（今存。乃六壬书，洞真部）	《李先生口诀肘后》二卷
《董君地仙却老要记》	《杂俎》又有《雌一玉检》（今存）
《飞黄子经》	《金楼经》
《泉枢经》	《赤甲经》
《金刚八叠录》（一曰"经"）	《自来符》
《金光符》	《太玄符》三卷
《通天符》	《五精符》
《石宝符》	《玉策符》
《枕中符》	《小童符》
《九灵符》	《六君符》
《玄都符》	《黄帝符》

《少千三十六将军符》	《延命神符》
《天水神符》	《四十九真符》
《天水符》	《青龙符》
《白虎符》	《朱雀符》
《元武符》	《朱胎符》
《七机符》	《九天发兵符》
《九天符》	《老经符》
《七符》	《大捍厄符》
《玄子符》	《武孝经燕君龙虎三囊辟兵符》
《包元符》	《沈羲符》
《禹跻符》	《消灾符》
《八卦符》	《监乾符》
《雷电符》	《万毕符》
《八威五胜符》	《威喜符》
《巨胜筘符》	《采女符》
《玄精符》	《玉历符》
《北台符》	《阴阳大镇符》
《枕中符》	《治百病符》十卷
《厌怪符》十卷	《壶公符》二十卷
《九台符》九卷	《六甲通灵符》十卷（今存洞真部）
《六阴行厨》《龙胎石室》《三金五木防终符》,合五百卷	《军火召治符》
《玉斧符》十卷	

抱朴所举,乃是洞玄、洞神部及太清丹经,古方士书
也,今多不存。抱朴自言得观诸书甚难,多得之其师郑君
思远。葛玄所受灵宝部经,以《赤书玉篇》《生神》诸经为
重,抱朴皆不言,不知何故。《太极葛仙翁传》所载太上授
仙翁上清三箓七品斋法,则后来附益也。诸经符功用,多
见《抱朴子·内篇》。又云"符皆出于老君",《登涉篇》末
附载《老君入山》及陈安世《辟虎狼符》数十通,此目无有。
他篇言某术用某符者,其名多见此目,殆原本亦附图,而
后来亡之邪?《唐释道世表》引葛氏《神仙传》云:"老教所
有度世消灾之法,凡九百三十卷,符书等七十卷。"

《混元圣纪》引《天师内传》载太上所授书目

《太清中篇经目》九卷	《金液丹经》三十六卷(今存)
《太清中经室中秘要》二十四卷	《玄女秘妙经》
《素真金始阴经》	《九鼎变化炼真玄洞之法开明大经》
《玉策山纪图录》	《山海大戒》
《河洛图谶》	《内外黄庭》(今存)
《内外太清玉策幽经》	《五行精微东井沐浴经》
《天镜》《地镜》《明镜》《山镜》等经	《变景经》
《合景内视经》	《九天元谱》
《九天元洞九真中经》(今存)	《五老宝经》
《丹简墨箓》	《上下斋品戒文》
《太一金液经》	《真一守玄经》

《三元中胎素灵中经》	《金阙帝君青童内经》
《洞玄真经》	《三皇内文》（今存）
《宣化思道成败观戒》	《三五飞步魁罡玄经》
《遁甲山图》	《明禁地箓》
《鬼历诸法》	

凡九百三十卷，符文七十卷，合一千卷。

天师本受太清、太玄、正一三部经文，兼有灵宝、洞神之籍。

陶氏《真诰·甄命授》篇中所举道经目

所举与《七签》所释合，盖皆《灵宝经》。《七签》即取灵宝经家之说耳。今于《七签》释而今存者〇记之，释而今不存者△记之。

《八素真经》，太上之隐书也。（在世。〇）	《九真中经》，老君之秘言也。（在世。〇）
《太清上经变化七十四方》（疑是"四十四方"之讹。〇）	《除六天之文三天正法》（在世。〇）
《黄气阳精藏天隐月》（即《三道顺行经》。〇）	《三元布经道真之图》（〇）
《黄素神方四十四诀》	《黄书赤界长生之要》（后文云《三一经》，涓子所说。）
《赤丹金精石景水母》	《青要紫书金根众文》（〇）
《玉清真诀三九素语》（△）	《石精金光藏景录形》（在世。△）
《丹景道精隐地八术》（〇）	《白简素箓得道之名》

《紫度炎光夜照神烛》(○)	
此皆道之经也。	
《飞步七元天纲之经》(在世,今有《步天罡飞地纪金简玉字经》。《抱朴》举《步三罡六纪经》。)	《七变神法七转之经》(○即《儶天经》。)
《大洞真经》三十九篇(在世。○)	《大丹隐书八禀十诀》(○)
《天关三图七星移度》(○)	《九丹变化胎精中记》(○)
《九赤班符封山坠海》(即《五帝内真》。○)	《金液神丹太极隐芝》(今存。有《金液神丹经》。)
《五行秘符呼魂召魄》	《曲素决辞》,以招六天之鬼。(在世。《七签》连《五行秘符》为一。△)
《天皇象符》,以合元炁。(原注:在《紫文》中。今有《紫文丹章》,正一部。)	《三皇内文》,以召天地神灵。(原注:在世中虽有,而非真本。今有。)
《玉佩金珰》,以登太极。(今有《玉佩金珰经》。△)	《白羽紫盖》,以游五岳。
《神虎之符》,以威六天。(○)	《流金之铃》,以摄鬼神。
《素奏丹符》,以召六甲。	《金真玉光》,以映天下。
《飞行之羽》,以超虚蹑空。(今有《飞行羽经》。)	
又《真诰》他篇散见经目,原文有说及注者并录之。	
《宝神经》(是裴清灵锦囊中书,一名《七玄隐书》,《协昌期篇》有大略,今有《宝神起居经》,在正一部,即抄《协昌期篇》阑入,非《宝神经》诸条而倒乱之。)	《上清玉霞紫映内观隐书》

《上清还晨归童日晖中玄经》（上二目皆九华真妃授。以上见《运题象篇》。）	《九真中经》
《剑经》（二名见注中）	《太素传》
《大洞》（神州有三山，三山有七宫，七宫有七变，七变有七经。以上见《甄命授篇》。）	《飞步经》
《二十四神经》（今存）	太上真人撰《所施行秘要》（全载《协昌期篇》中，俱采经文，原注甚详，今已为一经，存《藏》中正一部。）
《太素丹景经》（未出世，是下真品目。）	《大洞真经精景按摩篇》（亦未出世，非三品目。）
《消魔上灵经》（亦未出世，非三品目，应足《智慧》七卷中事。）	《太上箓渟发华经》（亦未出世，非三品目。）
《丹字紫书三五顺行经》（中真品目，《御览》引。）	《石景赤字经》（非三品目。）
《紫度炎光内视中方》（下真品目，已见前。）	《天关三经》（下真品目，云《天关三图》，疑阙"图"字。四经均未出世，已见前。）
《泰清正一平氛经》	《大智慧经》（应是《消魔智慧》七篇之限，《消魔》今存。）
《大洞真经高上首章》（亦未出世。）	《北帝祝》（今有《北帝紫微神咒经》。）
《上清真人冯延寿口诀》（全载。）	《五神经》
《养性禁忌口诀》（全录。以上见《协昌期篇》。）	《紫文仙相》

续表

《紫文玄阙》(按:此均《紫文》篇目。)	《青牙始生法》(世未见经,今有经在正一部。以上见《握真辅篇》注中。)

陶氏所举,乃洞真部经,故与《抱朴》所举全殊,今多存者。

体基等谨按:此处有空行。

按:《周义山传》所受诸经书,皆与上清派合,惟称遍参诸仙,各授一种耳。今录传中目录于下。

《金阙帝君守三元真一法》,东海小童传涓子,涓子传苏子,苏子传周子。	寻栾先生《龙跻经》,于蒙山大洞黄庭之中遇衍门子,受《龙跻经》并《三皇内文》(在黄庭之中)
赵他子《芝图》十六首、《五行秘符》(在王屋洞门丹室中)	王先生黄素神方五帝六甲左右灵飞之书及二十四诀(在王屋山中)
上魏君《太素传》《左乙混洞东蒙之箓》《石庚摄杀之律》(在嶓冢山中)	《太和玉女大有妙经》《太上素灵经》(在丹城洞之内)
沙野帛先生《泰清上经》(在白云山中)	宁先生《大丹隐书八禀十诀》(在峨眉山金匮府中)
阴先生《九赤斑符》(在岷山中)	臧延甫《忧乐曲素诀辞》(在坡山中)
淮南子成《天关三图》(在梁山中)	张子房《太清真经》(在牛首山中)
李氏《幽神经》(在九岳山中)	《高丘子全方》二十七首(在钟山中)
阳安君《金液丹经》《九鼎神图》(在鹤鸣山中)	青精先生《八表黄素传》(在猛山中)

李子耳《隐地八术》(在陆浑山潜入伊川洞室中)	赵伯玄《三九素语》(在峨眉山中)
幼阳君《丹字紫书》《三五顺行》(在阳洛山中)	司命君《经命青图上皇籍》(在大霍山中)
墨翟子受《紫度炎光内视中方》(在鸟鼠山中)	《太帝候夜神童金根之经》(在曜冥山中)
司马季主《石精金光藏景化形法》(在委羽山中)	刘子先《七变神法》(在大庭山中)
谷希子黄气之法、泰空之术、阳精三道之要(在都广建木山中)	王子乔《素奏丹符》(在桐柏山中)
南岳赤松子《上元真书》(在太华山中)	九老仙都君《黄水月华四真法》(在太冥山中)
皇人《八素真经太上隐书》(在合梨山中)	万先生《九真中经》(在景山黄台中)
玉童子十人、九气丈人得《白羽紫盖黄水月华》(在玄垄羽野)	青真小童君《金书秘字》(在扶广山中)
龚仲阳《仙忌真记》(在朱火丹陆之室)	中央黄老君《大洞真经》三十九篇(在常山中受)

《茅山志》卷九《道山册》所载目录

《道德五千文》(按:《登真隐诀》隐居云:"老子《道德经》有玄师杨真人手书张镇南古本,镇南即系师鲁,系师内经有四千九百九十九字,由来阙一。是作'卅辐'应作'三十辐',盖从易省文耳,非正体也。宗门真迹不存。")

上清大洞宝经篇目

《上清大洞高上三十九章经》	《上清金真玉光经》	《上清八素真经》
《上清九真中经》	《上清金根玉经》	《上清蹑行七元经》
《上清七十四方经》	《上清三天正法经》	《上清黄炁阳精经》
《上清青童内文经》	《上清金阙灵书经》	《上清紫度炎光经》
《上清三九素语经》	《上清三元玉检经》	《上清石精金光经》
《上清丹景上道经》	《上清神洲经》	《上清三图经》
《上精九赤班符经》	《上清消魔智慧经》	《上清曲素诀辞经》
《上清白羽黑翮经》	《上清素奏丹符经》	《上清金珰玉佩经》
《上清龟山元箓经》	《上清玄纪九霄经》	《上清四十四方经》
《上清太霄琅书经》	《上清石景水母经》	《上清太微黄书经》
《上清豁落七元经》	《上清洞玄大有经》	《上清金虎真符经》
《上清神虎真符经》	《上清神慧高玄经》	《上清丹景绿字经》
《上清五晨金华经》	《上清高上曲素经》	《上清帝君九阴经》
《上清步虚玉章经》	《上清金玄羽章经》	《上清黄书高上经》
《上清太上九晨经》	《上清玉景太元经》	《上清玉景金书经》
《上清紫精洞房经》	《上清元始凤文经》	《上清五帝郁冥经》
《上清素灵童丹经》	《上清三五元箓经》	《上清太上龙跻经》
《上清法诫玉章经》	《上清金母求仙经》	《上清三元浩篇经》
《上清太阳七精经》	《上清四极明科经》	《上清五老真文经》
《上清日月精华经》	《上清赤书玉诀经》	《上清洞景金元经》
《上清灵素上篇经》	《上清大乘妙林经》	《上清金房度命经》
《上清太丹洞房经》	《上清黄老回元经》	《上清高元真法经》

《上清高上五老经》	《上清朝礼上仙经》	《上清玉晨五老经》
《上清解胞胎上经》	《上清镇五脏上经》	《上清太帝大有经》
《上清太真求仙经》	《上清大洞守一经》	《上清三洞混化经》
《上清四真内神经》	《上清六阴洞微经》	《上清元始历化经》
《上清九丹上化经》	《上清洞神经》	《上清步罡经》
《上清道君玉注经》	《上清太上始青经》	《上清智慧消魔经》
《上清太微金简经》	《上清三天正法经》	《上清太上回元经》
《上清无上真藏经》	《上清八素大丹经》	《上清黄庭二景经》
《上清黄庭养神经》	《上清玉京山妙经》	《上清太极秘要经》
《上清道君守三元真一经》	《上清道君守丹元上经》	《上清金阙守三元真一经》
《上清皇人守三元真一经》	《上清太极录景经》	《上清青芽始生经》

上清大洞宝箓篇目

《上清二十四高真玉箓》	《上清曲素诀辞箓》	《上清羽章箓》
《上清洞真箓》	《上清元始谱箓》	《上清上元箓》
《上清中元箓》	《上清下元箓》	《上清玉检箓》
《上清神虎真符箓》	《上清金虎真符箓》	《上清素奏丹符录》
《上清琼宫秘符箓》	《上清内思上法箓》	《上清五帝箓》
《上清三天正法箓》	《上清黄书八素箓》	《上清八景晨图箓》
《上清洞真八景箓》	《上清龟山元箓》	《上清龟山元命太箓》
《上清龟山真符箓》	《上清洞真八威箓》	《上清召龙箓》

《上清摄山精图箓》	《上清七元上符箓》	《上清太玄箓》
《上清流金火铃箓》	《上清回车毕道箓》	《上清回风合景箓》
《上清三箓蓬莱板礼高上真书》	《上清大洞宝箓请法词》	

众真所著经论篇目

《元始天王纪》	《上清高圣太上玉晨大道君纪》	《太微天帝君记》
《三天列纪》	《青童道君纪》	《总真主录纪》
《清虚真人王君内传》（弟子南岳魏夫人撰）	《太元真人茅君内传》（弟子中候仙人李导字安林撰）	《魏夫人传》
《杨真人传》	《许真人传》	《仙人许远游传》（李遵撰）
《蓬莱都水监陶真人内传》（薛萝孺子贾嵩撰）	《华阳隐居陶先生本起录》（从子翙字木羽撰）	《陶先生小传》（吴兴谢瀹，永明十年撰）
《梁茅山贞白先生传》（唐李渤撰）	《周真人传》（隐居撰弟子良事行）	玉晨观石本《加句天童经》（宋大观三年道者梁悟真受）
崇寿观注本《清静经》（宋宣和进士常州戴叔献注）	《学苑》一百卷（以下隐居在世所著书）	《孝经论语集注并自立意》十二卷
《三礼序并自注》共一卷	《注尚书毛诗序》一卷	《老子内外集注并自立意》四卷
《抱朴子注》二十卷	《三国志赞述》一卷	《世语阙字》二卷
《续世说》二卷	《卜筮要略》一卷	《古今州郡记》三卷
《算数艺术杂事》一卷	《登真隐诀》二十四卷（以下隐居在山所著书）	《真诰》十卷

《草堂法师传》一卷	《本草集注》七卷	《药总诀》二卷
《肘后百一方》三卷	《效验施用方》十卷	《合丹节度》四卷
《梦记》一卷	《炼化杂术》一卷	《太清玉石丹药集要》三卷
《太清诸草木方集要》三卷	《服云母诸石方》一卷	《服饵方》三卷
《灵奇秘奥》一卷	《消除三尸诸要法》一卷	《隐居集》一卷（昭台弟子傅霄编，江总序）
《陶先生文集》三十卷	《陶先生内集》十五卷	《周氏玄通记》四卷（隐居集进弟子周子良感降事）
《易总》十五卷（王法主撰）	《修真秘旨》十二篇（以下司马真人所著书）	《坐忘论》一卷
《天隐子》八篇	《周易义略》三篇（以下玄静先生所著书）	《老庄学记》三篇
《内学记》二篇	《本草音义》二卷	《三玄异同论》
《道学传》二十卷	《道觉论》（隐士马枢撰目）	

右《道山册》一卷，古文真经相传品目如上，《杂著》等书采之，隋唐《经籍志》悉无存本。

郑樵《通志·艺文略》茅山道书目

《道德经杂说》一卷	《灵宝经目序》一卷
《服御五芽导引元精经》一卷	《升元步虚章》一卷

《灵宝步虚辞》一卷	《步虚洞章》一卷（以上陆简寂真人所撰）
《道德经注》四卷	《黄庭集诀》一卷
《上清握中诀》三卷	《导引图》一卷
《金丹诀》三卷	《炼服云母法》一卷
《太清诸石变化神仙方》一卷	《经食草木法》一卷
《达灵经》一卷	《养性延命集》二卷
《养生诀》一卷	《真人水鉴》十卷
《周易林》一卷	《易林体》三卷
《易髓》三卷	《天仪说要》一卷
《星经》五卷	《三命立成算经》一卷
《三命钞略》二卷	《三命杀历》一卷
《名医别录》三卷	《古今刀剑录》一卷（以上陶贞白真人所撰）
《修真秘旨事目历》一卷	《修真养气诀》一卷
《灵宝五岳名山朝仪经》一卷（以上司马真人所撰）	《金藏经》二卷（茅君撰）
《授茅君歌》一卷（晋太康时人苏元明撰）	《紫虚元君魏夫人内传》一卷（项宗撰）
《仙人许远游传》一卷（王羲之撰）	《潘尊师传》一卷（唐武后时人撰）
《瞿童述》一卷（温造撰，大历八年升仙）	《三茅处士王潜传》一卷（无名氏）
《茅山记》一卷	《茅山新小记》一卷（并无名氏）

甄鸾《笑道论》所引

《太上老君造立天地初记》（又云《造立天地记》《造天地经》）	《老子化胡经》
《三天正法混沌经》（今存《三天正法经》，正一部）	《灵宝罪报品》
《太上三元品》	《度人本行经》（今存）
《文始传》	《广说品》
《玄妙篇》（亦云经）	《五练经》
《女青文》	《诸天内音八字文》（第三宗飘天。今存《诸天内音金书玉字》，洞真部）
《济苦经》（今存洞玄部）	《度人妙经》（今存洞真部）
《五符经》（今存洞玄部，名《灵宝五符》）	《洞神三皇经》（即《三皇内文》）
《南极真人问事品》	《九天生神章》（今存洞玄部）
《大有经》（今存正一部）	《五府经》（"府"疑是"符"之误）
《玄中精经》	《观身大戒》（今存正一部末）
《智慧罪根品》	《老子百八十戒重律》
《灵宝经》	《三元大戒》
《十戒十四持身经》（今存洞玄部）	《老子消冰经》
《洞玄东方青帝颂》	《度命妙经》一卷（今存洞真部，少）
《神仙金液经》（今存《金液神丹经》《金液神气经》，均洞神部）	《妙真偈》
《度王品》（又名《度国王品》）	《玄中经》

续表

《自然经》(今存洞玄部,有《天地运度自然妙经》)	《敷斋经》
《灵宝三十三天大梵隐语》(今存《度人经大梵隐语》)	《真人内朝律》
《化胡消冰经》	《老子化胡歌》
《玄妙内篇》	《三张之术畏鬼科》
《无量人得道戒》	《道律》
《玄子》	

甄鸾所见盖止北朝之经,无洞真部经。

《太平御览》引用道书目

《太上三洞宝经》(似即《三十六部尊经》)	《太上黄素经》(今洞玄部有《黄素书》)
《太上玄一真人经》(今洞玄部有《玄一真人说劝诫法轮经》)	《太上三五顺行经》("三五"疑是"三道"之误)
《太上五帝内真经》(今存正一部)	《太上正法经》(今存正一部)
《太上四明玉经》	《太上飞行羽经》(今存正一部)
《太上四灵经》	《太上三元经》(《三元经》多,不知是何种)
《太上智慧经》(即《消魔经》)	《太上玄真经》
《太上真科经》(《太真科》,今存)	《太上仓元经》(今有《仓元上录》,正一部)
《太上经》	《上清经》(今正一部有《上清内经》)
《上清变化经》(今正一部有《老君变化无极经》)	《上清紫宸经》

《上清九真中经》（今存正一部）	《上清真文玉经》
《上清八景经》（今有《混元八景经》，洞神部）	《上清洞真玉经》
《上清隐书龙文经》	《上清八景飞经》（今存正一部）
《太清真经》	《太乙帝君经》
《太乙洞真经》	《太元真经》
《太元上上经》（今存洞真部）	《三元品戒经》
《三元玉检经》（今存洞玄部）	《三元真一经》（今存洞真部）
《三元品经》（疑重）	《三元布经》（即《玉检》）
《太清中经》（今太清部有《太上老君中经》）	《太素玉经》（今存《太素经》，正一部）
《太极隐注宝诀经》（今存洞玄部）	《太霄经》
《太微黄书经》（今洞真部二部）	《太微经》（洞神部有《太微玉经》）
《九真中经》（重出）	《黄庭内景经》（今存洞玄部）
《黄庭经》（重出）	《高玄经》
《升玄经》（今存洞玄部）	《天真白龟山经》
《诸天内音经》（即《金书玉字》）	《天真皇人经》
《三皇经》（即《三皇内文》）	《上元宝经》
《大洞经》（重出）	《大洞真经》（今存洞真部）
《大洞玉经》（今存洞真部）	《空洞灵章经》（重出）
《玄真经》（重出）	《洞玄经》
《三光经》	《大洞玉经》（重出）

《普曜经》	《五符经》（今存《灵宝五符》，洞玄部）
《九幽经》	《法轮经》（今存，洞玄部二部，洞真部一部）
《北帝经》（洞真有《北帝紫微神咒经》）	《仙经》
《道基经》	《洞真经》（疑重出）
《灵书紫文上经》（今存洞神部，涵芬楼本无"上"字）	《秘要经》（今存正一部）
《内音玉字经》（今存洞真部）	《黄箓简文经》
《洞景金光经》	《八素真经》（今存洞玄部，正一部有《八素经诀》数种）
《四十二章经》（洞真部有《四十九章经》）	《外国放品经》（今存正一部）
《无量经》	《金玄羽章经》（今存正一部）
《大有经》（今存正一部）	《隐元内文经》
《五帝内真经》（重出）	《无为经》
《宝玄经》（今存洞玄部）	《金根经》
《金根下经》（今存《金根众经》上下卷，正一部）	《赤城玉诀经》
《老子历藏中经》	《白羽经》
《圣纪经》（今存正一部。又尹文操撰《混元圣纪经》，见《通志略》）	《大劫经》（今存《小劫经》）
《洞天经》	《海空经》
《金房上经》（今有《金房内经》）	《飞行三界经》（今存太平部）
《回天九霄经》（今存正一部）	《戒文经》

《赤书玉诀上经》(今存洞玄部)	《自然玉字经》(《内音玉字》亦称自然)
《受玄丹玉经》	《定真玉录经》(重出)
《三五顺行经》(重出)	《导引三光经》(今洞真部有二部,一曰九变,一曰宝真)
《三华宝曜内真上经》(今存正一部)	《三一经》(今太玄部有《三一五气经》)
《神仙众真戒经》	《神仙中经》
《神仙服食经》	《宝剑上经》(见《七签》)
《凤赤书经》	《雌一五老经》(今存正一部)
《移度经》(重出)	《太平经》(今存太平部)
《消魔经》(今存正一部)	《指教经》
《道德经》	《灵书经》(疑重出)
《本际经》(今存太平部)	《威仪经》
《山西经》	《敷齐经》
《灵书紫文经》(重出)	《法轮经》(重出)
《洞景金玄经》(疑即《洞景金光》,重出)	《金简玉字经》(今存正一部)
《五宝经》	《飞行羽经》(重出)
《金书玉字上经》(今存洞神部)	《本行经》
《后大洞经》	《玉光八景经》
《金液经》(今洞神部有二种)	《九华经》
《道经》	《养性经》
《神仙服食经》(重出)	《变化经》(重出)

《养生经》（今存《导引养生经》，洞神部）	《玉钤经》
《天交上经》	《天戒经》
《五厨经》（今存洞神部）	《吐纳经》
《玉诀经》（疑重）	《神农经》
《紫度炎光经》（今存正一部）	《黄老经》
《妙真经》	《玄示经》
《崆峒经》	《玉珮金珰经》（今洞真部有《玉珮金珰太极金书》）
《传授经》	《四极明科经》（今存洞真部）
《灵宝真一自然经》	《灵宝大戒经》（今存洞玄部）
《法轮经》（重出）	·《东卿司命经》（当是《司命茅君传》之误，《隋志》即误作"东乡司命传"）
《玄母八门经》	《金真玉光经》
《灵飞六甲经》（今存符，洞真部）	《紫书金根经》（重出）
《天地纲纪经》（似即《金简玉字》）	《众篇经》
《道迹经》	《内音玉字经》（重出）
《三道顺行经》（今存洞真部）	《金羽玄章经》（重出）
《灵宝经》	《金箓简文经》
《神洲七转七变经》（今存正一部）	《神祝经》
《定志经》（今存洞玄部）	《玉清经》（今存正一部）
《玉京仙山经》	《七星移度经》（今存正一部）

《玉晨明镜经》	《仙公请问经》（见《辨正论》引）
《真人传》	《道学传》
《道安传》	《南真传》（即范邈撰《魏夫人传》）
《茅君传》（今存《七签》中）	刘向《列仙传》（今存）
葛洪《神仙传》（今存）	《裴君传》（见《隋志》，今存《七签》中）
《魏夫人传》（重出）	《西城真人传》
《金阙圣君传》	《东海青童传》
《桂阳列仙传》	《紫虚南岳夫人传》（见《隋志》）
《文始内传》	《南岳夫人内传》（疑重）
《无上真人内传》	《马明生内传》（见《隋志》，今存）
《清虚真人王君内传》（见《隋志》。今存《七签》中）	《真人周君内传》
《太清真人内传》	《太元真人茅盈内传》（即《茅君传》耳）
《葛仙翁别传》	《道典》（今太平部有《道典论》）
《杂道书》	《太极金书》（即《玉珮金珰》，今存洞真部）
《太上太霄琅书》（今存正一部）	《上清金阙灵书》
《灵宝隐书》	《灵宝赤书》（疑即《玉篇真文》）
《太丹隐书》（今存正一部）	《玉清隐书》（今正一部有四种）
《定真玉箓》（今存正一部）	《太上丹简墨箓》
《太上紫书箓》	《上真元箓》

《上清元箓》	《上皇玉箓》
《玉皇谱箓》	《皇民谱箓》（即是《定真录》）
《集仙箓》	《太上太真科》（今存《玉清上宫科太真文》，正一部）
《明真科》（今存正一部）	《西极明科》（"西"当作"四"，重出）
《四明科》（疑重出）	《四极科》（疑重出）
《玄妙内篇》	《墨箓上篇》
《太洞雌》一篇（疑即《雌一玉检》）	《琼文四纪篇》
《六纪篇》（疑即《步三纲六纪经》）	《灵宝真一诀》
《登真隐诀》（今存洞玄部）	《上清九真中经内诀》（今存洞神部）
《八素奔辰诀》	《龙飞赤素隐诀》（今存正一部）
《飞龙隐诀》（疑重出）	《道德经序诀》（殆是葛仙公所撰《河上本序》）
《太洞玉诀》（今存洞真部）	《景林真人诀》
《陶渊明道戒》	《玉简记》
《洞明记》（"明"疑"冥"讹）	《十洲记》（今存）
《空洞灵章》（亦出《度人经》）	《仙志》
《上清列纪》（即下书）	《后圣九玄道君列纪》（今存洞玄部）
《老氏圣纪》	《三洞珠囊》（今存太平部）
《太上丹简》（重出）	《葛玄五千文》（即《道德经序》也）

《天仙品》	《像天地品》
《真诰》(今存太玄部)	《太上真人秘要》(全在《真诰》中)
《元始序》	《阴君自序》(单篇,今存《七签》中)
《修真入道秘言》	《三元玉检》(重出)
《南真说》	《吉伯阳九仙法》
《养生要术》	《修真杂诀》
《养生要略》	《养生要集》
《三九素语》(今存正一部)	《老子养生要诀》(今存洞神部)
《洞真七圣玄记》	《玉帝七圣玄记》
《郭季产集异记》	《述仙记》

　　《太平御览》,本承《修文御览》《文思博要》之旧。所载道经,兼包诸部,宋世已不尽存。今核之多重出,足知引用书目乃后来所编,非编书时所录,前后称名,繁简不同,因两列之耳。今就可知者标之,当尚有重出者,今本名繁而所引名简,固不可尽考也。此目中今无者,《崇文目》尚多有之。

　　体基等谨按:此处有空页。

《旧唐书·经籍志》载目(本毋煚《开元四部目》)

《老子西升经》一卷(今存)	《老子黄庭经》一卷(今存)
《老子探真经》一卷	《老君科律》一卷

《老子宣时诫》一卷	《老子入室经》一卷
《老子华盖观天诀》一卷	《老子消冰经》一卷
《老子神策》一卷	《养生要集》十卷(张湛)
《无上秘要》七十二卷(今存)	《玄书通义》十卷(张机)
《道要》三十卷	《登真隐诀》二十五卷(今存。以上道家)
《太清神丹中经》三卷(今存)	《太清神仙服食经》五卷(又一卷,《抱朴子》)
《太清璿玑文》七卷(冲和子)	《金匮仙药录》三卷
《神仙服食经》十二卷(均京里先生。今存)	《太清诸丹要录集》四卷
《神仙药食经》一卷	《神仙服食方》十卷
《神仙服食药方》十卷	《太清诸草木方集要》三卷
《太清玉石丹药要集》三卷(陶弘景)	《太清铁胤神丹方》三卷(苏游。以上医术)

开元时道书凡三千余,目已一卷(见《通志》),而毋煚仅收此,盖沿《隋志》不收经箓之例。

体基等谨按:此处有空页。

释明概《决对傅奕》引道经目

《法轮经》(今存)	《灵宝洞玄真一经》
《灵宝太上秘要经》	《灵宝智慧上品十戒》(今存)
《消魔智慧经》(今存)	

法琳《破邪论》引

《法轮经》	《智慧本愿大戒上品经》(今存)
《老子升玄经》	《道士张陵别传》
《老子西升经》(今存)	《智慧观身大戒经》(今存)
《化胡经》	《灵宝消魔安志经》(今存)
《老子大权菩萨经》	《仙公请问众圣难经》
《仙公起居注》	《升玄内教经》(并多尊佛)

《辨正论》引

《玄妙》及《中台》《朱韬玉札》等经	《出塞记》
《九天生神章》(今存)	《大霄隐书无上真书》(今存正一部)
《五岳图》	《灵书经》
《诸天内音》(今存)	《黄气阳精经》(今存)
《上清经》	《养生服气经》

二人皆唐初人,所引多是灵宝部经。

体基等谨按:此处有空页。

唐末孙夷中《三洞修道仪》载各阶所受经箓

初真弟子于十部大乘之内精一帙(下文云:"十部大乘者,多述罪福冤对,说有说空,凡一千卷。")	正一弟子受《正一盟威箓》二十四品
《正一法文经》一百二十卷	《大章》三百六十通
《小章》一千二百通	《朝天醮仪》三百座

《修真要》十卷	《玉经》三卷
《指要》三卷	《太灵阴阳推迁历》六十卷
《禁咒文》五卷	《按摩通精文》三卷
《修元命真文》一千字	《禹步星纲》一卷

迁洞神部参洞神十二部经

迁高玄部参究《道德经》	
《西升经》	《玉历经》
《妙真经》	《宝光经》
《枕中经》	《存思神图》
《太上文》	《节解内解》
《自然斋法仪》	《道德威仪》一百五十条
《道德律》五百条	《道德戒》一百八十三科
迁升玄部参授《升玄箓》一卷	
《升玄誓戒》三百条	《明真科》三卷
《玉匮律》三卷	《升天券》一道
《升玄朝礼仪》一卷	《升玄经》十卷

迁中盟洞玄部授《中盟箓》九卷，计三十六阶九券（其目曰：思微定志、金马驿程、五帝解形、自然、大明、三皇、水官解七祖、升天、解地根），参《灵宝》《洞玄》一十二部。

迁三洞部授《三洞宝箓》二十四阶，计二十四卷，券亦二十四道。
授三洞经教、九真科法

迁大洞部参《上清金阙清精选法》	
授《三官解祖考契》	《断地根券》
《升天券》	《五帝大魔合保举券》
《三十二天帝君识功券》	《飞步诸法》
《金丹大诀》	
洞渊部道士行洞渊三昧法	
北帝太玄道士授《北帝篆》二卷	
《伏魔经》三卷	《天蓬经》十卷
《北帝禁咒经》三卷	《飞玄羽章经》十卷
《北帝降灵召魂经》三卷	《北帝雷公法》一卷
《丰都要篆》三卷	《传鬼策》三卷
《北帝三部符》一卷	《北帝朝仪》一卷

此所引,今多不存,《崇文目》《御览》亦无有。

体基等谨按:此处有空行。

唐僧徒所诋斥道士伪造经文者,汇列于下。

法琳《辨正论》云:"《方等经》两卷,亦名《妙法弥多子经》,是魏世道士张达所造,偷佛家《大方等经》,弥多罗尼子名也。"又曰:"文成诈言王母命至,而《黄庭》《元阳》以道换佛。张陵创造《灵宝》,以吴赤乌之年始出。其《上清》始于葛玄,宋、齐之间乃行。鲍靓造《三皇经》,当时事露而寝。"(按:此所说皆谬。)元释念常《佛祖通载》云:"武后时西京诸观道士郭行真等,东明观李荣、姚义玄、刘道合,会圣观田仁惠、郭盖宗等,将隐没道书,重更修改,私窃佛经,改换文句。人法名数,并偷安道经,并改《长安经》为《太上灵宝元阳经》,改余佛经,号《胜牟尼经》。沙门道士表闻,以辨真伪,其略曰:前汉王褒造《洞玄经》,后汉张陵造《灵宝经》及《章醮》等二十四卷,吴葛孝先造《上清经》,晋世王浮造《化胡经》,又鲍靓造《三皇经》,齐朝陈显明造《六十四真步虚经》,梁陶弘景造《太清经》及《众醮仪》十卷。周武时,张宾之、焦子顺、马翼、李运挑揽佛经一千余卷。隋辅惠祥改《涅槃》为《长安经》。玄嶷《甄正论》云:《本际》五卷,乃是隋道士刘进喜造,道士李仲卿续成十卷。并模写佛经,潜偷罪福,构架因果,参乱佛法。自唐以来,即有益州道士黎兴、澧州道士方长,共造《海空经》十卷。道士李荣又造《洗沐经》,以对《温室》。道士刘无待又造《大献经》,以拟《盂兰盆》,并造《九幽经》,将类《罪福报应》。自余非大部帙,伪者不可胜计。"

体基等谨按:此处有空页。

《续资治通鉴》:"宋徽宗重和元年四月,道录院上看详释经六千余卷,内诋谤道、儒二教,恶谈毁词,分为九卷,乞取索焚弃,仍存此本,永作证验。又林灵素上《释经诋诬道教议》一卷,乞颁降施行,并从之。"

体基等谨按:此处有空行。

《崇文总目》道书凡九节,郑樵称其"九节相属而无杂糅,谓旧目不胜冗滥,及睹《崇文》九节,正所谓大热而濯以清风也"。今按其次第,亦复未尽明白,似欲分而未能分,第一二节尤杂乱,且又重复甚多(如《玄纲》《真纲》,□者已举,未举者犹甚多)。郑氏《通志》,抄合群书,不见本书,故以多复遭诃。《崇文目》乃按书而编,不知何故乃有此弊。今所存者,固非无本,而校释者又本不熟《道藏》,弥多讹谬(如《道枢》一卷,钱辑本补释为曾慥撰,不悟慥乃南宋人)。惟道家古专目已亡,目录家多不收经篆,其收者惟此目最古。唐代之书,赖此以考见。但校以《御览》,则此收不及大半,于经篆仍未备也。

《新唐书·艺文志》仅取《崇文目》,无所增多。

《通志》全录《崇文目》及《唐志》,增者不及十二,重复最多。

晁、陈二家所录,颇有《崇文》《通志》所未收而今犹存者,每书有解题,极资考据。

唐代、北宋之书,以上诸目备矣。诸目所载,今《藏》所无者,《云笈七签》中尚有存者。道经名目繁冗,著录者节录其名,所取不同,因而殊异,且时有改易,故今不可考者,非必已佚也。

南北二宗以后之书,史志不详。

道教征略下

朱学勤《汇刻书目·道藏下》云:"《道藏》亦有南北二本。《北藏》系宋人旧帙,未经后人羼入他书,华阴道院有之,爕后不知尚在否?《南藏》乃明初金陵某道观重编,配隶或有未安,门目或有改易,嘉靖间翻经厂取以重刻,今世所通行即此也。"(正统十年重辑自天至英,万历续编杜至缨。按:今目乃止将字。)今《藏》诚杂乱,四辅尤甚,亦有类聚显然者,今记其略。

洞真部 本文类古经甚少。玉诀类收后世丹诀甚严,只阴长生、崔希范、吕、邱、《悟真篇》数部,何故在此部,亦无义也。灵图类收易图数部。威仪类多灯仪。方法类多宋后丹诀,又有古经数部。众术类有六壬占卜书。

洞玄部 本文类古经亦少,罪福经最多,虽冠"洞玄灵宝"之文,实非太极所传也。玉诀类皆古箓诀。威仪类最多,自林灵素《济度金书》以降,金、玉、黄三箓皆在,忏亦多。方法类皆净明派法诀及天心法,无丹诀。众术类亦丹诀少而符法多。

洞神部 本文类唐时法诀经较多,罪福经少。玉诀类皆经注。威仪类正一最多。方法类后半法诀多古书,前半及众术类,皆唐前各派诀论,《崇文》《通志》所录。记传类多碑铭。

太玄部 首皆古经,次为《参同》《素问》诸书,末为唐世子单论,及全真派丹诀类书亦在。

太平部 《太平经》止一部,余多净明派晚出之经,次为道门科箓类书亦多,末为金元人文集,又收《千金方》。

太清部 书最少,经数部外,止收周、秦、汉、晋古子,而《灵宝毕法》终之。

以上三部皆杂乱。

正一部 首亦有古经,次为正一诸箓、灵宝诸法、道门规范(古科仪多在),后又有语诀、法诀相杂,末为箓书。自《玉清经》以下,皆是古经箓,杨、许所传,《七签》所释,殆是后得,故附末耶。间有唐时经及罪福经,科仪皆少。

《续编》在白氏《目录》后,盖明末所入。寥寥数十部,多是罪福经,然中乃有古经三种,不知何故。

今《藏》以《度人经》为首,实非也。此经有南齐严东《注》,魏甄鸾《笑道论》亦引其文,固是六朝古籍。然宋人传者(如陈上阳《序》《注》),谓于吉、天师、葛玄、葛洪皆曾受此,则谬也。于吉止传《太平甲乙经》,此经乃灵宝部,与《太平》无干。二葛虽传《灵宝》,而《抱朴子》所举经实无此书，天师虽兼传《灵宝》，而《内传》《混元圣纪》引）载天师所受经亦无此书。葛玄所传灵宝部经，《抱朴》固未全举，然此部实以《赤书玉篇》《灵宝五符》为最重，此特其次者耳。况灵宝部经安得冠于洞真部乎？三洞以洞真为首，洞真实以《大洞真经三十九章》得名，故《七签》专释洞真部经，以《三十九章》为首，晁氏《读书志》亦言宋初目录、李氏道书皆以《三十九章》为首，不知何时乃以此经冠前。观陈上阳《注》有"是经为三洞之冠"之语，盖元时已然矣。又此经本一卷，古注本四卷，宋注本三卷，其六十一卷者，乃元、明人所衍。今乃以六十一卷冠首，又非此书之旧。至于《元始灵书》上篇、下篇及《龙文凤篆》，皆古注所无，宋始有之。陈上阳《序》乃谓"授葛玄加中篇，授葛洪加上、下篇"，弥不足辨矣。

传《大洞三十九章经》者，凡有三派：一葛孝先。二魏紫虚，称《大洞真经》（紫虚授杨、许，是为上清派，洞真部由此得名，而《辑要》中有魏元君疏义本，称《大洞玉经》，首有康熙时紫虚降《序》，言昔余化形授茅君，乃安托也）。三文昌，称《大洞仙经》（又有一文帝本，称《玉经》），以元时卫琪《注》为最古。按：虞文靖《蓬州相如县文昌万寿宫记》云："宝峰之祠，乃南平綦江等处军民长官卫君琪所作。卫氏之先有曰幹者，好治祠宇，子孙世守之。幹二子，最幼者既死，为神里中。琪幼好道术，能嗣行文昌之法，事神君者多师之。"云云。按：今《藏》中文昌书不少，大氐降鸾之作,疑文昌降鸾之事,即由卫氏而兴,亦道教中一派也。

体基等谨按:此处有空行。

《隋志》言:"大业中道士请经,《老》《庄》以后,即及《灵宝》《升玄》。"《御览》及《破邪论》均引《升玄经》。孙氏《三洞修道仪》叙唐时道士第五阶即为升玄部,受《升玄内教箓》一卷、《升玄经》十卷,与《明真科》并授。《通志》亦录《升玄经》十卷。而求之今《藏》,则无所谓《升玄经》者,仅有《升玄消灾护命经》,简称《消灾经》,有司马子微颂,而今羽流功课,日必诵之。谚言人不可无事,则曰和尚饭罢,亦要念《消灾经》,殆即是书,误道士为和尚耳。定为功课,疑即沿隋唐以来之旧。然其文仅一卷,仅二百余字,无十卷也。诸书所引,亦不在内,岂此乃十卷之一耶?惜唐时《升玄》目已不存,无由考定。此一卷文皆言空有,如云:"无空有空,无色有色,无无有无,有有无有。"大旨尽于末一偈,云:"视不见我,听不得闻,离种种边,名为妙道。"显是佛家三论宗说。此经为灵宝部重经,而此类灵宝经,多仿佛经,大氐出北朝,非葛、陆等所传,此盖北魏时三论宗盛行之时道士所为。隋唐道教多沿魏齐,故此种经特重耳。《道藏》经文,首称"尔时元始天尊"云云者,大氐此类也。

今《藏》洞真部首之经,自《度人》《大洞》外,又有《内秘真藏经》及《三十六部尊经》。考《三十六部尊经》,乃谓三洞各十二部,而六朝所传《三洞经》多寡不侔。洞真部上品之经，今目具存，不止十二。葛氏所传洞玄灵宝诸经，张氏、鲍氏所传洞神部经，又不足十二，古师谓十二乃天上部目，未尽出世也。今乃有此三十六篇短经，其文悉皆《升玄》之类，不知所从来，可怪矣。其篇目见于《内秘真藏经》，云："一者上清，二者妙真，三者太一，四者妙林，五者开化，六者仙人，七者黄林，八者上真，九者道教，十者上炼，十一者上妙功德，十二者道德。此十二部经，蕴在大洞玉清境藏中。一者洞玄，二者元阳，三者元辰，四者大劫，五者上开，六者内音，七者炼生，八者灵秘，九者消魔，十者无量，十一者按摩，十二者上通。此十二部经，在上清境藏中。一者太清，二者彻视，三者集仙，四者洞渊，五者内秘，六者真一，七者集灵，八者中精，九者无量意，十者集宫，十一者黄庭，十二者小劫。此十二部经，属太清境藏中。"按：此经目极多乖谬。此以三清分，而各部冠首一经，仍用旧来三洞上清、洞玄之名，又加一太清。不悟太清不在三洞中也。《道德》乃太玄部经，太清自为一部，均非大洞部。《大劫》《小劫》，皆灵宝部经，不应分属。此数经及《消魔智慧》《内音玉字》《黄庭》诸篇，今皆具存，各有源流。而此三十六部中所收，又非彼文，盖不知何人妄取各部名目，造三十六部之目。又不知何人不考三洞，因此目而造此经耳。考唐朱法满《要修科戒律钞》已引此目，且明标出《真藏经》，则《真藏经》出自唐前，其三十六部之文，则不知出何时也。又有《大乘妙林经》

者,道流亦甚重之,其文亦《升玄》之类,《真藏经》之玉清第四,盖即指此。而三十六部中之《妙林》,又别是一种,愈知造文者出造目之后矣。《三洞修道仪》中,洞神弟子参洞神十二部经,中盟弟子参洞玄经十二部,则是唐时洞神、洞玄本有十二部之品目,今已不可考,然断非此三十六部中之文,则可决也。

　　　　体基等谨按:此处有空行。

　　儒者不知道家掌故,如朱元晦谓《度人经》《生神章》,皆杜光庭伪撰。

　　　　体基等谨按:此处有空行。

　　《天童护命经》见《夷坚志》。韩椿年于父枕中得之,云梁先生所授。与今所传本有异文。

　　　　体基等谨按:此处有空行。

　　今传《太上感应篇》,见《抱朴子》引《易内戒》《赤松子经》(疑即今《藏》中《诚经》)及《河图记命符》。

　　今传《文昌功过格》,在《藏》中,有金时又元子序,言:"大定辛卯仲春,梦游紫府,朝礼太微仙君,得授功过之格,忽然梦觉,遂思功过条目,历历明了,寻乃披衣正坐,走笔书之,不时而就,皆出于无思。斯功格三十六条,过律三十九条,各分四门。"云云。

　　　　体基等谨按:此处有空页。

道枢

　　世传《至游子》二卷,二十五篇,乃丹书也。家藏一本,有先大父评语。中有数篇,颇许为当。其书不著名氏,首有明嘉靖间姚汝循序,略云:"得一抄本,其言养生之理甚详,盖网罗群籍,撮其要领而为之,所称引广博,不易窥究。"云云。检《四库全书总目·道家类》,则此书在《存目》中。《提要》云:"宋曾慥,号至游子,慥尝作《集仙传》,盖亦好为道家言者,则似乎当为慥作。然《玉芝篇》首引朝元子注曰:'陈举宝,元人。'则明人所撰矣。疑即汝循所伪托也。"云云。初以为无可考矣。甲子九月既望,偶翻《书录解题·神仙类》,见有《道枢》二十卷,解云:"曾慥端伯撰。慥自号至游子,采诸家金丹大药之术,为百二十二篇,无所发明。"云云。诧其与《至游子》者体例相同,因检《道藏》,则《道枢》固全存。取而观之,则所谓《至游子》者,即《道枢》之前二十余篇耳。姚氏所得,缺后数卷,不知考求,馆臣又不详翻《道藏》故耳。宝元者,宋仁宗年号。陈举著《玉芝书》,见晁氏《读书志》。馆臣乃误读"举宝"为名,遂臆诬姚氏以作伪,甚可笑也。徐时栋《烟屿楼读书志》已纠之矣。《四库总目·道家类》仅取诸单行本著录,未尝详考《道藏》,故甚疏略。若此之类,尚不知凡几。《道枢》者,盖《群书治要》《意林》之流,本由采辑前说,非其自撰,故陈氏以为无所发明。每篇为一家,皆有所本,惜不著明其文,又不直载,而删窜以成文,体例未善,不如魏、马之书。然篇名皆取书名,又多明著名号,参互求之,踪迹可寻,固非据为己有。且丹书与诸子不同,诸子义多广博,裁章撷句,难挈其纲要;丹书则诀法无多,删取其要,旨趣已无遗阙。曾氏此书,采摭北宋以上丹家之说甚多,其中为今所不传者不少,借此存其崖略,其功与魏、马书同,而完全尚过之,固要籍也。道家典籍,以经箓语论为重。经箓世多斥为伪谬,疑其荒诞,固非一言可以辨明。若伯阳而还,二宗既著,固与程朱诸子、印土诸菩萨,同为教宗,人文灿然可考,岂得一例抹杀之哉?道家始盛于六朝,下至宋世,紫阳、重阳未出以前,著述不少,比之儒家,若汉唐诸子,其文多简,非如后世丹书之浮冗。其书若存若亡,不如五祖、七真之全集盛行,遗文仅存,可不贵乎?今列其篇目,以今《藏》及史志、《崇文目》《通志略》及晁、陈二家《目》考注之,疑者亦记之,不可考者亦著其所称名号。

考得之书,今存者记〇,不存者记△。

《玄轴》(杂引不止一书)	〇《五化》(谭子《化书》,今存)
〇《坐忘》上中下(上篇司马承祯《坐忘论》,今存;中篇《天隐子》,今存;下篇《刘虚谷》,本一篇,亦从《坐忘论》)	〇《集要》(晁迥《道院集要》,今存)
〇《碎金》(晁迥《法藏碎金》,今存)	《容成》(自作,辟内丹)
〇《阴符》(李筌《阴符玄机》,今存,中引《烟萝子》)	〇《西升》(《西升经》,今存)

《内德》(太上曰:今《藏》有《太上枕中内德神咒经》),不知是否,似是《内观经》)	○《玄纲》(吴筠《玄纲论》,今存《宗元先生集》中。又有单行本)
△《玉芝》(宋陈举《玉芝书》三卷,见《晁志》《宋志》)	《周天》(自作)
《黄帝问》(黄帝问天真皇人)	《轩辕问》(轩辕问子崔子)
《百问》(纯阳子问正阳子。《紫府奇玄》内有《金丹百问》,今《藏》有《金液还丹百问诀》一卷,李光玄集,不知是否)	△《虚白问》(宋杨谷《授道志》,见《晁志》)
○《真诰》(陶氏《真诰》,今存)	○《黄庭》(《黄庭内景经》××注)
《太极》(东阳子)	《火候》(自作)
《水火》(自作)	《坎离》(自作)
《甲庚》(自作)	○《昆仑》(桓凯受道于仙君李桓。《桓真人升仙记》,今存)
《服气》(自作)	《服雾》(东华玉妃告张微子,似出《真诰》)
○《内景》(《黄庭内景经》,今存。此不知是何人说)	○《外景》(《黄庭外景经》,今存,同上)
《神景》(陈《录》有《灵枢金镜神景内经》,不知是否)	《颐生》(杂采十八人说。今《藏》有刘词《混俗颐生录》,不知是否)
《平都》(中岳真君苏子玄,疑即《抱朴》所谓《平都记》)	《炼精》(孙真人)
《纯阳》	《华阳》(华阳述纯阳说)
《观天》(太上所论,冲虚子注释。《抱朴子·金丹篇》引《太上观天经》)	《观空》(希夷先生)

《太清》	《金丹》（茅君。《通志略》有茅君《金藏经》二卷，今《藏》有《茅君修行指迷诀》，未知是否）
《泥金》	△《金碧》（皇元真人《紫阳金碧经》，见《崇文目》《晁志》《宋志》）
△《还金》（海蟾子元英《还金篇》一卷，见《唐志》《崇文目》《宋志》，甄栖真与之论。栖真，《宋史》有传）	《还元》上下
《玉壶》（中条子）	△《大丹》（宋彭仲堪《易成子大丹诀》，见《晁志》）
《指玄》（纯阳子。《通志略》有希夷《指玄篇》，未知是否。《崇文目》有《指玄篇》，不著撰人。《席上腐谈》又有钟离寂道《指玄》三十九章）	○《归根》（《天隐子·后序口诀》）
△《鸿濛》（鸿濛子张无梦《还元篇》一卷，见《宋志》）	《呼吸》（自作）
△《枕中》（孙真人《枕中素书》一卷，见《唐书·艺文志》）	《内想》（涓子。《通志略》有涓子传《黄元经》，未知是否）
《心镜》（玄和子。今《藏》有《大还心镜》，又张元德《丹论诀旨心鉴》一卷，未知是否）	△《胎息》（唐僧遵化《胎息秘诀》，见《晁志》《宋志》。《唐志》作《菩提达摩胎息诀》。今《藏》有《胎息秘要歌诀》，不知是否）
《圣胎》（紫微太一）	《元气》
《血脉》（《陈录》有吕真人《血脉论》，未知是否）	○《调气》（李奉时。《嵩山太无先生气经》，见《崇文目》《通志》，今存）
《灵源》（何仙姑。《席上腐谈》有曾先生《灵源歌》。）	《中源》

○《中黄》(九仙君《中黄经》,一名《胎藏论》,见《抱朴子》《崇文目》《晁志》《陈录》,今存)	《运火》(阴真君。今《藏》有《阴真君还丹歌》,《通志略》有《阴真君五精论》《阴君金木火丹歌》《注金丹诀》,未知是否。《七签》七十三有阴真君《古龙虎歌》)
《混元》(混元真君)	《契真》(含光子范德昭。《通志略》有含光子《修真指微诀》,似是)
《修真》(自作)	○《悟真》(张紫阳《悟真篇》,今存)
《洞真》(王真人)	《崇真》(崇真子晋道成)
《返真》(虚谷子刘烈《还丹虚谷篇》)	《修真指玄》(华阳真人施肩吾)
△《真一内丹》(《晁志》有《真一子还丹金钥》,在《七签》七十卷。今《藏》有《真一金丹诀》,未知孰是)	《还丹参同》
《金丹明镜》(玄一)	《大还金丹》
《金书玉鉴》	《修真要诀》(王庭扬)
《修炼金丹》(今《藏》有《修炼金丹要诀》,未知是否)	△《金液还丹内》(元阳子《还丹歌》,今存)
《金丹泥金》	《金玄八素》(今《藏》有《上清太上八素真经》,未知是否)
△《金碧龙虎》(刘真人《金碧潜通》,见《崇文目》《晁志》。《宋志》作河间真人刘演《金碧秘诀》。又载《七签》七十三卷中)	《九转金丹》(亢龙子段昊)
△《肘后三成》(纯阳子《肘后三成篇》,见《陈录》)	《准易系辞》(宋张抱黄)

《日月玄枢》（唐刘知古《日月玄枢论》，见《唐志》《晁志》）	《九真玉书》（纯阳子）
《金液龙虎》（任象遇天真子张中孚）	△《太白还丹》（唐清虚子太白山人王元正《太白还丹篇》，见《晁志》）
○《太清养生上下》（赤松子、宁先生《太清养生》上下篇，见《陈录》。今存，名《太清导引养生经》）	△《上清金碧》（烟萝子《上清金碧篇》，见《陈录》） 体基等谨按：今《藏》道书无此目，《陈录》有。
○《金虎铅汞》（元君《金虎铅汞篇》，见《陈录》）	△《铅汞五行》（探元子《铅汞五行篇》，见《陈录》）
《真一》（自作）	《五一》（五一真人）
《二关》（高尚先生。《席上腐谈》有《刘高尚法语》，似即此）	《三元》（太白真人）
○《三住》（施肩吾《三住铭》，见《通志略》，今在集中）	《四神》
《五戒》（纯阳子）	《五行》（自作）
○《七神》（《内经·素问》一节）	○《七返》（衡岳真人陈少微《七返灵妙论》，在《七签》中。今《藏》有陈少微《大洞炼真宝经》及《修伏灵砂妙诀》）
《八琼》	○《九仙》（叶法善、罗公远、一行三人注《天真皇人九仙经》，见《晁志》《宋志》。今存，名《真龙虎九仙经》）
○《灵宝》	○《参同契》上中下（不知所用何注。下篇标元阳子说，似即元阳子《还丹歌诀》）

续表

○《众妙》(杂采众说)	○《大还丹》(元君。今《藏》有还阳子《大还丹金虎白龙论》一卷,未知是否)
○《入药镜》上中(崔希范《入药镜》,今存)	○《会真》(华阳子施肩吾《西山群仙会真记》,今存。《宋志》"西山"作"西都")
○《传道》上中下(施肩吾《钟吕传道记》,今存。《宋志》作《真仙传道集》二卷")	○《灵宝》(正阳帝君《灵宝毕法》,今存。《通志略》著录)

共百十八篇,较陈氏《录》少四篇。

　　体基等谨按:除《上清金碧》一篇只百十七篇,则较《陈录》少五篇矣。此处有空页。

王弇州《读书后》曰:"许真君《石函记》,不类晋人语。盖自张紫阳而后,陈泥丸、白紫清继之,俱以无碍之辨才,发性命之宗旨,一时门弟子摹仿为之,乃至所为《醉思仙歌》,亦托之真君;《大还丹歌》,托之吴猛;《铅汞歌》,托之严君平;《龙虎歌》,托之阴长生;《破迷正道还丹歌》,托之钟离云房;《窑头坯》诸歌,托之吕洞宾;《还丹》《破迷》《至真》三歌,托之刘海蟾。鄙俚冗沓,不能脱沿街鼓简气。其中有一二精至语,不妨作摩天侣例取之。"

　　体基等谨按:此处有空页。

《唐六典》尚书祠部条载:"斋有七名:其一曰金箓大斋(原注:调和阴阳,消灾伏害,为帝王国主延祚降福),其二曰黄箓斋(并为一切,拔度先祖),其三曰明真斋(学者自斋,齐先缘),其四曰三元斋(正月十五日天官为上元,七月十五日地官为中元,十月十五水官为下元,皆法身自忏愆罪焉),其五曰八节斋(修生求仙之法),其六曰涂炭斋(通济一切急难),其七曰自然斋(普为一切祈福)。而禳谢复三事:其一曰章,其二曰醮,其三曰理沙。"按:正一派言:"太上传天师岁六斋,月十斋法。正月、三月、五月、七月、九月、十一月者,岁六斋也,上三天令天帝太一使者与三官司察天下人罪福。月十斋者,月一日北斗下,八日北斗司杀下,十四日太一使者下,十五日天帝及三官俱下,十八日天一下,二十三日太一八神使者下,二十四日北辰下,二十八日下太一下,二十九日中太一下,三十日上太一下,俱周行天界,检察善恶。又甲子日太一简阅神祇,庚申日三尸言人罪过,本命日计人功行。又八节日有八神记人善恶。又有三元斋,三官考校罪福,皆当沐浴斋戒,作元都大献。又三会日,以正月七日名举迁赏会,七月七日名庆生中会,十月十五日名建功大会。此三日三官考核功过,受符箓契令绳法者,宜呈章祈福。又五腊日者,正月一日名天腊,五月五日名地腊,七月七日名道德腊,十月一日名民岁腊,十二月藏日名王侯腊。此五日当祭祀先亡。"太极派言:"太上授葛仙公上清斋二法,一绝群独宴、静气还形冥心之斋;二清坛肃侣,依太真之仪,先拔九祖,次及家门,后谢己身也。"灵宝斋有六法:"一者金箓,调和阴阳,保镇国祚。二者玉箓,保佑后妃公侯贵族。三者黄箓,卿相牧伯拔度九祖罪原。四者盟真,超度祖先,解诸冤对。五者三元,自谢犯戒之罪。六者八节,谢七祖及己身之过。又自然斋者,普为亿姓,爰及己身,请福谢罪也。洞神斋者,以精简为上。太一斋者,以恭肃为首。旨教斋者,以清素为贵。涂炭斋者,以苦节为功。"一本云:"灵宝三箓七品。三箓者,金、玉、黄。七品者,明真、自然、三元、八节、洞神、指教、涂炭。"无太一而多玉箓。

> 体基等谨按:"而多玉箓"四字似有误,此处有空页。

元陆友三《研北杂志》曰:"庐山道士黄可立之言曰:寇谦之之醮箓,不如杜光庭之科范。何则?渐近自然。"

> 体基等谨按:此处有空页。

《真仙通鉴》目录

> 体基等谨案:此目所列,前卷已多采取,殆属草时随手抄录,以备参检者欤。

(咸上)(一)黄帝。(二)玄中大法师至郭叔子。(三)赤松子至玄俗(此卷据《列仙传》)。(四)天真皇人至黄安。(咸下)(五)黄初平至丁约。(六)木公至李少君。(七)董仲君至张巨君。(八)尹喜—尹轨。(九)杜冲—彭宗、宋伦、冯长、姚坦—周亮、尹澄、王探、李翼(以上二卷乃楼观传文)。(十)李八百、匡续、玉子、离明至唐建威。(河上)(十一)孔丘明至司马季主。(十二)刘讽至河上公。(十三)安期生、马明生、阴长生、魏伯阳。(十四)周义山、王褒(均据本传)、梅福(梅山事实)。(十五)裴君(受支元子传蒋先生服食法及经符)、栾巴至介象。(河上)(十六)董奉至徐弯、茅盈(师西城王君,据本传)、韩崇。(十七)冯良至刘少翁。(十八)张天师。(十九)王长、赵升、张衡、张鲁至可大。(廿)于吉—宫嵩、王道真、王玄甫(东海人,师白云上真得道,一号华阳真人,诗一章载《混成集》,乃七言)、蓟子训至钟离简(与弟权)。(淡上)(廿一)封衡至王少道、路大安、王真至蓬球、鲍靓、许迈、许穆、扈谦。(廿二)杜昺、朱库至元藏几、王叡、李筌、王可交至王廓。(廿三)葛仙公。(廿四)郑思远、葛洪、黄野人、杨羲、许翙、许黄民、陆修静、孙游岳、陶弘景。(廿五)王远知、王轨、潘师正、司马承祯、李含光。(廿六)许太史。(淡下)(廿七)吴猛、陈勋、周广(二人均在蜀)、曾亨、时荷、甘战、施岑、彭抗、盱烈、钟离嘉、黄仁览(均许弟子)、兰公、许大、胡惠超。(廿八)王纂(晋居马迹山,感太上受真唐平《神化》《神咒》二经)、单道开、王嘉、孟钦、郭志生、郭璞至韩越、严东(注《度人经》)、王灵舆至桓闾。(廿九)寇谦之—李皎、韦节—田仕文、徐则、岐晖、孙思邈、胡隐遥、刘道合。(卅)梁谌、孙彻、马俭——尹通

—牛文候
—王道义——陈宝炽

—王延
—李顺兴
—侯楷——严达

—于章、张法乐、巨国真。(卅一)钟离权、刘纲至徐启

玄、万振、曹德休、杜昙永、萧子云(杜传文颇絮)、丁玄真至王守一。(卅二)何尊师、刘知古(传《神虎》《高奔》)至袁亢。(鳞上)(卅三)陈兴明(南岳九真人,徽宗时封)、尹道全(传灵飞十二符)、施存、了然子、邓欲之、徐灵期、邓郁之(二人为友)、陈惠度、张昙要、张如珍、廖冲,由吾道荣至柳实。(卅四)陈法明(以上均《南岳志》)、王十八、孙登至赵郎。(卅五)王履冰至施无疾。(卅六)宋愚、韦善俊、张惠感、张志和至贺自真。(卅七)酆去奢至李白。(卅八)刘玄和至谭峭岩。(鳞下)(卅九)叶法善至罗公远(叶师韦善俊、赵元阳)、薛幽栖、王柯至谭峭。(四十)薛季昌至吕志真、杜光庭、闾丘方远。(四十一)聂师道、张氲至赵惠宗、翟法言、舒虚寂。(四十二)向道荣—任可居、程太虚、俞灵瓗、赵知微、刘道平、聂绍元(师高朗昭)、徐佐卿至厉归真。(四十三)朱桃椎至李真(朱封妙通感应真人)、郑遨、李守微、程晓(改姓彭)、谭紫霄、黄损至韦古、佯狂道士(翟氏弟子)、韦老。(潜上)(四十四)卢生至司马郊。(四十五)吕岩、施肩吾、徐钧至应靖。(四十六)王仙君至黄万护。(四十七)陈抟至陈花子。(四十八)张契真至张无梦(契真嗜文,受正一法于大元樊先生)、程仙翁、涂定辞、郭上灶、赵抱一、武抱一、朱自英、李仙人、刘从善、蓝方。(潜下)(四十九)侯先生至安昌期、陈景元、刘玄英、张伯端、马自然、石泰、薛道光、陈楠、白玉蟾、彰耜、朱橘(与希夷友)。(五十)杨戾至水丘子。(五十一)

张虚白至董南运、王秉文、刘烈（均庐山道士），蓝乔至邢仙翁、贾善翔、周史卿、刘大头。（五十二）刘混康、王笙至魏二翁、王老志（师钟离）、李思广至莫道人。（五十三）林灵噩、王文卿。（羽上）续五卷均七真事，惟第三有皇甫坦、罗晏（阆中人）；四为萨守坚（尝得旌阳《石函记》）、赵麻衣至张宗元；五为张道清（开辟九宫山）、谢守灏、祖舒（清微派之祖）、汪华、黄雷渊、雷时中（生宋嘉定）、莫月鼎、金蓬头（李真常再传）。

　　体基等谨按：此处有空页。

男　　恒　蓻

弟子　罗体基

　　　夏昌霖　敬校

　　　陈华鑫

　　　万永元

附

录

道家史观说

　　吾常言，吾之学，其对象可一言以蔽之曰史，其方法可一言以蔽之曰道家。何故舍经而言史，舍儒而言道，此不可不说。吾侪所业，乃学文之学，非《论语》首章所谓学也。此学以明事理为的。观事理必于史。此史是广义，非但指纪传编年，经亦在内。子之言理，乃从史出，周秦诸子，亦无非史学而已。横说谓之社会科学，纵说则谓之史学，质说括说，谓之人事学可也。

　　道家方法如何，一言以蔽之曰御变。御变即是执两。《认经论》所说校雠法，即执两之入手。用中御变，一纵一横。端是横，变是纵，要之皆两也。《左》《右》篇已详之。

　　吾论史学已详，而于道家尚未专说。又道家、史官、天官三者相连，此义亦尚未拈出。今简直说之。

　　《七略》曰："道家者流，出于史官，秉要执本，以御物变。"此语人多不解。不知疏通知远，藏往知来，皆是御变。太史迁所谓通古今之变，即是史之要旨。吾名之曰察势观风。此观变之术，道家所擅长。道家因出史官，故得御变之术；史家因须有御变之识，故必用道家之术。老子为守藏史，马迁家学本道家，其明证也。

周官太史本掌天事，汉世太史令亦兼掌天文、律历。司马迁亦云："文史星历近乎卜祝之间。"史何以与天相连邪？《左传》多载灾祥预言，被后人讥为夸怪，究何故邪？太史迁自言其书继《春秋》，而从董仲舒传《春秋》。仲舒之学，乃阴阳五行，与迁之所说全无所似。迁自言"究天人之际"，而全书中言天人者殊少。究竟何为天人之际，岂果徒作门面语邪？凡此皆昔人所未明解。今之学者，必以古代学问皆出神教解之。夫一切学问，后皆离神教而独立，何故天文与史书独尚联合？此必须求联合之故而后可解也。盖天道之显然者为四时，史本根于时间，变本生于时间。

变乃自然，道家之所谓道，即是自然，自然即是天。《孟子》曰："莫之为而为者，天也。"道家、史家之所谓天，即指莫之为而为者。迁所谓天人之际，即是古今之变耳。四时即天道之变，而人事该焉。人事之变，不能逃天道。《易》之数与史之风，实相同也。六经中《易》言天道，而董氏则以《易》治《春秋》。太史曰："《春秋》推见至隐，《易》本隐以之显。"即谓由事见风，以数该事耳。由此贯说，数也，时也，风也，皆变也。

吾所说得两，即道家、史家之要。《易》之所谓盈虚消息，《老子》所谓正奇倚伏，《淮南》所谓始终，皆是变，亦皆两之变。既止有两，故为往复。《老子》曰："天道好还。"即是此义。所以《易》与史与道家皆主循环论。近来进化论盛行，而哲学中经验主义矫正唯理主义之虚幻，认一切事物为个个不相同，恰与进化论相合。于是无论何学，皆以进化观念解之，而不信循环论。不知物质可言进化，已不尽然（后人衣食住之事固比前人繁细工巧，然时行之物易时便陈，陈者易时又为新），况可该一切乎？

道家之说源远流长，以言乎观事理，则其论势乃儒家论理之预备工夫；以言乎处世，则其柔谦亦儒家中庸之次。吾华人自圣贤以至于愚民，无非道家。此语似颇骇人，实不奇异。以史言，上则《易经》，中则《史记》，以至《儒林外史》；以子言，除人共知为道家者不论外，上自《金人铭》（最古之格言），中则宋儒程、邵，明儒王阳明，下至《增广贤文》；以人言，高为诸葛武侯、李邺侯，下至乡间老农，无非道家也。道家与法家乃和介刚柔动静之代表，故儒家之知和柔静者，无非兼取道家。但世人不察，遂止知《老》《庄》《淮南》耳。后人眼中似谓三代而后全为儒家之天下，不知所谓儒者大都不偏刚即偏柔，非中法家之毒，即受道家之风耳。

道家学术之大要，可以数言尽之。因见变之徒劳，故主退让，此不过多算一筹。世俗猜拳中有大指、二指、小指环相胜之一法，恰可比之。此即五行相胜之理，亦即两之理也。见变之不可免,故主静,因凡有所作为,须合于时几。加人力而失时,必败,故主无为。其流为打乖,此论势之弊也。要之,由得两而生知几(即知时),知时生退静,退生柔让,静生因与无为,总之可名为圆,又可名为任天。天道本圆,循环亦即圆形也。人生态度不出三种:一曰执一,举一废百,走极端者,诸子多如此,此最下。二曰执两,此即道家。子莫乡愿似执两,而非真执两,何也?子莫执中,实是执一。乡愿生斯世,为斯世,是不能御变。进化论即是生斯为斯,固显与道家不同。黑格尔正反合三观念,颇近道家,然因而推论云现实即合理,合理即现实,是即论势忘理,为道家之弊。然不得谓道必流于乡愿。果能执两,则多算一筹,当矫正极端,安得但以当时为是而同流合污哉。既言御变,必有超乎变者,故道家之高者皆言守一。夫至于守一,则将入第三之高级,老、孔之正道矣。老谓之得一,孔谓之用中,此即超乎往复者也。

道家学说无总集之本,吾尝立愿撰集之,未暇也。《老子》深远不止如上所言,《庄子》放言恢广,《管子》中数篇专言内静,皆不止上所指观变退让而已。慎到别成家法,《鹖冠》精义无多,今皆不论。

《淮南》书《道应》《氾论》《诠言》三篇最为精纯。《概闻录》末篇,凡《庄》《淮南》之要语略具,可为提要。

《左书》中《邵尧夫学说》当与此参看。

诵老私记

　　《老经》大义易明，而全文不可尽通，已详言之于《二抄》矣。第不免于讲，故不能无所笔。校勘训诂之语，马氏《覈诂》已详，虽不可尽从，自可就其本以别择之，吾已别录校定正文，以便诵读。近儒是正文训，其精确者固已昭然，马书具载，不必重录。今之所笔，止在义理。偶涉校诂，亦必有关于义理者。前人说此书者多矣，韩非明解之，庄周暗解之，淮南既明说，复暗说，皆最可信。虽《韩非》有训义牵强，《淮南》常衍说支离，《喻老》多权诈之言，《骈拇》《胠箧》多恣肆之论，要其有所传承，非后人所及。魏晋人说今存者少，多泛然言道，于本文无所发明。赵宋人说今存者多，每强贯其不可贯，然皆有精于名理之语，非元明后人所能言。今皆择而录之。其文义本易明，则说虽善不录。学者固可读王弼《注》、高延第《正义》（二书最稳）及彭氏《老子集注》、焦氏《老子翼》（宋人说善者已具）、杨氏《老子古义》（《韩非》《淮南》及汉人说已具）也

（奚侗《集解》校正不如马详，而要处略具，训义平稳，少支凿，亦一佳读本）。说是书者凡有三弊。一则是书语本浑该，而说者仅举一二事，反使人狭视本文，此古今人之所同。林希逸《老子口义》说"故大者宜为下"句曰："此句乃一章之结语，其意但谓强者须能弱，有者须能无，一书之意往往如此，解者多以其说喻处作真实说，以故失之。"林氏说是书每以为喻，虽亦有过，然足以示人，不当执一事以尽之也。一则语可两解，而说者以己意附之，此名、法、权术之所以皆托于《老》也。《淮南·齐俗训》曰："世各是其所是，而非其所非。是于此而非于彼，非于此而是于彼。世之所谓是非者，不知孰是孰非。《老子》曰：'治大国若烹小鲜。'为宽裕者曰勿数挠，为刻削者曰致其酸咸而已矣。"观此可知汉世已叹其难说矣。一则语本平实，而说者推之使高，凿之使深，此则宋人所独有。以庄子、释氏超越之言附会《老子》，焦氏所录者此病尤多。凡若此者，今皆不录。今所详者在于难通易谬之际，前人说俱不安不通，而吾别有见则记之，前人之误亦不一一辨也。其别无所见者，则仍阙之而已。章次仍姑从旧本。庚午五月十四日始笔，二十日成。

一章

道可道，非常道。

《韩非·解老》曰（凡引《韩非》，从王先谦《集解》

本而更加校之）："凡理者,方圆、短长、粗靡、坚脆之分也,故理定而后物可得道也。故定理有存亡,有死生,有盛衰。夫物之一存一亡,乍死乍生,初盛而后衰者,不可谓常。唯夫与天地之剖判也俱生,至天地之消散也不死不衰者谓常。而常者无攸易,无定理,无定理非在于常(按:此句意反,"非"字有误),是以不可道也。圣人观其玄虚,用其周行(即后文"周行而不殆"),强字之曰道(道,路也。用周行之义),然而可论(此句与下不贯。可道者则非常矣。疑上文"非在于常"四字在此)。故曰道之可道,非常道也。"

又《韩非》说"不敢为天下先"一条亦言理。又一条今本无,其正文亦说道。今并录而加释之,以明"道理"二字之定义。

"凡物之有形者,易裁也,易割也。何以论之?有形则有短长,有小大,有方圆,有坚脆,有轻重,有白黑。短长、大小、方圆、坚脆、轻重、白黑之谓理,理定而物易割也。故欲成方圆而随其规矩,则万事之功形矣。万物莫不有规矩,圣人尽随于万物之规矩,故曰:不敢为天下先。"

"道者,万物之所然也(王先谦曰:"然,可也。"按:疑当作"所以然"),万理之所稽也。理者,成物之文也(言既成)。道者,万物之所以成也(故曰:"道生之")。故曰:'道,理之者也。'(顾广圻曰:"此疑解

'是谓道纪'。")物有理,不可以相薄(王先谦曰:"薄,迫也"。按:谓近而相入)。物有理,不可以相薄,故理之为物之制(王先谦曰:"制上之字衍。"按:疑为上之字衍。万物各有制限,是之谓理)。万物各异理。万物各异理而道尽。稽万物之理,故不得不化(王先谦曰:"不变则不通")。不得不化,故无常操(王先谦曰:"言不执一")。无常操,是以死生气禀焉,万智斟酌焉,万事废兴焉。天得之以高,地得之以藏,维斗得之以成其威,日月得之以恒其光,五常得之以常其位,列星得之以端其行,四时得之以御其变气,轩辕得之以擅四方,赤松得之与天地统(孙诒让曰:"疑当作终"),圣人得之以成文章。道与尧、舜俱智,与接舆俱狂,与桀、纣俱灭,与汤、武俱昌(此诸事皆理之所在)。以为近乎,游于四极;以为远乎,常在吾侧;以为暗乎,其光昭昭;以为明乎,其物冥冥。而功成天地,和化雷霆,宇内之物,恃之以成。凡道之情,不制不形(制形则为理与德),柔弱随时,与理相应(此下诸语,又似指气)。万物得之以死,得之以生,得之以败,得之以成。道譬诸若水,溺者多饮之即死,渴者适饮之即生;譬之若剑戟,愚人以行忿则祸生,圣人以诛暴则福成。故得之以死,得之以生,得之以败,得之以成(王先谦曰:"故"下当有"曰"字。此四句《老子》各本无,盖佚文也)。"

按:道家述说形容道体者,《庄子·大宗师》《淮南·原道》及此段最详。而此尤能明道之周物,及分为理德,合而为道之义。

《大宗师》曰:"夫道有情有信,无为无形,可传而不可受,可得而不可见。自本自根,未有天地,自古以固存。神鬼神帝,生天生地。在太极之先而不为高,在六极之下而不为深。先天地生而不为久,长于上古而不为老。"

《天地》曰:"夫子曰:夫道,渊乎其居也,漻乎其清也。金石不得无以鸣,万物孰能定之。故形非道不生,生非德不明。其与万物接也,至无而供其求,时骋而要其宿,大小、长短、修远。"

《天道》曰:"夫子曰:夫道,于大不终,于小不遗,故万物备广。广乎其无不容也,渊乎其不可测也。"

《渔父》曰:"道者,万物之所由也。庶物失之者死,得之者生。为事逆之则败,顺之则成。"(此较《韩非》说为稳)

《淮南·原道训》曰:"夫道者,舒之幎于六合,卷之不盈于一握。甚淖而滒,甚纤而微。累之而不高,堕之而不下,益之而不众,损之而不寡,凿之而不薄,杀之而不残,凿之而不深,填之而不浅。"

《老子》所谓道,并指有理之气,说详《内书·道气篇》,今不更详。至于道德之分,则宋人江袤言之最明。

彭氏《集注》引衷《严谷集》曰："无乎不在之谓道，自其所得之谓德。以水为喻，水犹道也，无乎不之，而湖海坳堂，江河沟浍，自其所得。道散而德彰，德成而道隐。道无方体，德有成亏。"

《管子·心术》曰："天之道，虚其无形，虚则不屈，无形则无所抵牾，无所抵牾，故遍流万物而不变。德者道之舍，物得以生。故德者得也，得也者，谓其所得以然也。无为之谓道，舍之之谓德。故道之与德无间。"《庄子·天地》曰："物得以生谓之德。"《徐无鬼》曰："德总乎道之所一。道之所一者，德不能同也。"《缮性》曰："德，和也。道，理也。德无不容，仁也。道无不理，义也。"

《庚桑楚》曰："道者，德之钦也。"（俞读"钦"为"廞"，陈也。近是。疑当作"德者，道之钦"。）

《淮南·齐俗》曰："率情而行谓之道，得其天性谓之德。"《缪称》曰："道者，物之所导也。德者，性之所扶也。"

《鹖冠·环流》曰："所谓道者，无己者也。所谓德者，得人者也。"

贾谊《道德说》曰："物所道始谓之道，所得以生谓之德。"

吕惠卿注曰："凡天下之道，其可道者，莫非道也，而有时乎而殆，则非常道也。凡天下之名，其可名者，莫非名也，而有时乎而去，则非常名也。常道者，固不可道也，故曰道乃久，没身不殆。常名者，固不可名也，故曰自古及今，其名不去。不殆不去，是之谓常道。方其无欲也，则涤除玄览，而无疵于此，观其妙；方其有欲也，则万物并作，而芸芸于此，观其徼。此两者，其出则同，顾其名异而已。其名异也，其实未常异。"

《庄子·则阳》曰："有名有实，是物之居。无名无实，在物之虚。道不可有，有不可无。"《庚桑楚》曰："始无有，既而有生，俄而死。是三者虽异，公族也，昭景也，著戴也，甲氏也，著封也，非一也。"此皆明无与有之本一也。

焦竑《笔乘》援佛理以论有无，亦与本旨合，其言曰："《老子》实非舍有以求无。苟其舍有以求无，则是有外更有无，安得为无？盖当其有时，实未常有，此乃真无也。不然，其所谓无，为对有之无；而所谓有者，为对无之有，亦恶得谓之常无常有哉。"

二章

天下皆知美之为美至斯不善已。

《淮南·道应训》言道不可闻，不可见，不可言，闻、见、言皆非，即引此二语证之，其意盖明无善之善也。无善之善之说，古道家及宋、明儒家皆有之，盖超相对之善恶，以求绝对之善，不得不归于此。周濂溪所谓诚无为，几善恶，亦如是也。此说固有病，使人疑绝对之善兼包恶于其中，与相对之善不同，而相对之善，反似不足为善。吕惠卿注谓善美皆离道，恶与不善皆出于道，即是说也。实则相对之善，即承绝对之善，而恶乃失道也。此章之意，本未及无善之说，其意但谓自皆知善之为善，斯有恶与之相对。盖一本是善，但以无恶相对，其善不显，及其善显，而恶亦遂有矣。奚侗曰："既标美善之名，必先有恶不善之实。"是也。此正如有无之相生，如难易之相成也。王注《大道废章》，所谓"甚美之名生于大恶"，是也。（"六亲不和有孝慈，国家昏乱有忠臣"，亦此意。）

此章之旨本以明相对，故次于上章之言绝对，但常道兼有无而非兼善恶耳（说详《原善恶》）。说者泥于此文，不知所谓"斯不善者"，乃谓斯有不善，于是以善变为不善说之。谓善恶无别，是不惟不知一本善之旨，且不知无善之善也。通观全书，曷常谓善恶无别，古今贤哲无谓善恶无别者。果善恶无别，乃是自破之论，学者自误于庄周之反言耳（"善复为妖"，"善之与恶，相去何若"，皆非谓善恶无别，说详后）。惟此章误解，故争引释氏超越之论以入《老经》而失其本旨矣。

夫惟不居,是以弗去。

《淮南·说山》曰:"善射者发不失的。善于射矣,而不善所射。善钓者无所失。善于钓矣,而不善所钓。故有所善,则不善矣。"此又《庄子·齐物》所指此是彼非之旨。又曰:"求美则不得美,不求美则美矣;求丑则不得丑,不求丑则有丑矣。不求美,又不求丑,则无美无丑矣,是谓玄同。"此又《庄子》自美不美之旨。

魏源《老子本义》曰:"有名之善美,每与所对者往来兴废,以其有居则有去。"此说居去甚是,不居即《易》之"变动不居"。《吕氏春秋·圜道篇》引黄帝曰:"帝无常处也。有处者,乃无处也。"

三章

不尚贤,使民不争。

《淮南·齐俗训》论因其贵贱而贵贱之曰:"故《老子》曰不上贤者,言不致鱼于木,沉鸟于渊。"按:贵因之说,固是道家宗旨,然此章非言此义,盖因其所贵固是贤也。王弼注曰:"贤,能也。"宋翔凤《老子说》曰:"贤,多也"。魏源曰:"贤,指瑰材奇行。"高延第《老子正义》曰:"贤谓智勇。"此四说盖得《老子》本旨。贤字本训多,凡能言尤异皆曰贤也。自慎到由此说推衍,遂开法家,人遂以之说《老子》。然自慎、韩之外,道家皆主人治,固非纯弃人而用法也。

虚其心,实其腹,弱其志,强其骨。

> 说者虽多,究不知本意何指,惟《淮南·原道》曰:"得道者志弱而事强。所谓志弱者,柔毳安静,藏于不敢,行于不能。"《管子·心术》曰:"人能正静者,筋肕而骨强。"是弱志强骨之确训。盖《老子》贵气不贵心,说详后"心使气曰强"句下。腹,实气者也。黄茂材曰:"《老子》深戒强,强其骨者,自强也。"此说是。世知《老子》贵柔,嫌其乏刚,不知刚之贵在自立,不在及人。故曰"自胜者强","果而勿强","勇于不敢"。

四章

道冲而用之,又不盈。

> "冲"本作"盅",虚也。吕惠卿以冲气为和解之,非也。道体本虚,而用之又能柔退。盈为是书之大戒,戒盈为是书之总旨。故曰:"持而盈之,不如其已。"又曰:"保此道者不欲盈。"盖知盈之必亏,故处于虚也。虚与盈对。

渊兮似万物之宗。

> 奚侗谓:"道固万物之宗,不当言似,似当作以。"其说未审。严复曰:"当玩或字与似字,盖道之为物,本无从形容。"此说是也。是书每言似、言若、言或,

皆拟议之词。此言"似万物之宗"，后言"可以为天地母"。后世直言道为天地母、万物宗。去似与可，以固亦无害。但若泥视之，则直似道是一物而生天地万物，如母之生子，母体又在子外，则失道之实状矣。

挫其锐，解其纷，和其光，同其尘。

此亦说者甚多，而皆不简该。高延第说和光为光而不耀，同尘为受天下之垢，甚是。吾谓挫锐者即无隅不割，解纷者即少则得。盖此四语，即道贵圆、贵简、贵暗、贵平也。《管子·心术》曰："纷乎其若乱，静之而自治。"

吾不知谁之子，象帝之先。

严曰："以道为因而不为果，故不知谁之子，使帝而可名，则道之子矣。故又曰众甫。众甫者，一切父也。"

五章

天地不仁，以万物为刍狗四句。

《庄子·天运》曰："刍狗之未陈也，盛以箧衍，巾以文绣，尸祝斋戒以将之。及其已陈也，行者践其首脊，苏者取而爨之。"高延第引此，谓喻天地但使自遂其生死之情，不必有心爱之。引柳子厚《郭橐驼传》"勿虑勿动，去不复顾。其莳也若子，其置也若弃"为证，甚善。与《庄子》本义不甚合。种树之若弃，固非若刍狗之竟弃也。惟王道注谓刍狗喻圣人过化之妙，学者不得其言，遂疑有土芥斯民之意。此说亦有义，盖此即所谓善贷万物皆在道中，一似宇宙之主乃以万物显道，若以刍狗行礼者。然物之春而生，秋而死，正如刍狗之未陈与已陈。生生之气，贯乎春秋，万物乃如显生气之具。顾此止譬况之词耳，固非如西方人之直拟大自然为有目的计划，而以万物为其手段材料也。

刍狗之义固明矣，而不仁之说终可疑。王弼止谓"天地任自然，无为无造"，苏辙引申之，谓："万物自死自生，死非吾虐之，生非吾仁之，如刍狗之始奉终弃皆适然，虽未尝仁之，而仁亦大。"王安石则曰："爱者仁，不爱亦仁，秋冬物凋，非天地之不爱。"吕惠卿则曰："仁，人心而已。天地体此道，无所事仁。万物与天地同体，天地自视犹刍狗，则其视万物亦若是。"曹道冲则曰："不自以为仁。"黄茂材则曰："若无顾爱。"高延第则曰："不仁即《吕览·任数》所谓至仁忘仁。"夫自视如刍狗，乃正文所无，未尝仁之而仁大。数说虽可通而无解于正文之直言不仁，惟"仁，人心也"一说似之。盖仁为有心爱之，而天地则无心也。然圣人固亦人也，且仁之爱亦是自然，何尝不可谓之无心？天地之生生，即人之仁所由出。生生之自然，何尝不可谓仁耶？道家虽主自然，实以自然贯乎当然,为以天贯人,天亦当然,人亦自然也,不可泥此言而离之也。此为道家说之一危险易误处。

《庄子·大宗师》曰:“有亲,非仁也。”《天运》曰:“至仁无亲。”

天地之间,其犹橐籥乎? 虚而不诎,动而愈出。

程大昌曰:“橐,冶鞴也。籥,其管也。”高曰:“橐籥,所以鼓火铸物。”奚曰:“《淮南·本经》‘鼓橐吹埵,以销铜铁’,高注:‘橐,冶炉排橐也。埵,铜橐口埵筒。’”其体至虚,其用不穷。《后汉书·杨厚传》所谓“天地之道,其犹鼓籥,以虚为用,自近及远”也。按:《释文》引顾欢曰:“诎,竭也。”

六章

谷神不死,是谓玄牝。玄牝之门,是谓天地之根。

近人多以音训说谷为浴、为养,实多事也。是书固多言谷,如“谷得一以盈”“上德若谷”,是固以喻虚耳。严读“谷神不死”为三逗,曰:“以其虚,故曰谷;以其因虚无穷,故曰神;以其不屈愈出,故曰不死。”是也。宋翔凤曰:“谷以受水。坤为地,水所留。坤为牝,乾坤合为易门,归藏以坤包乾,故曰玄牝之门。坤为柄,柄即根也。”按:此说有意。是书“玄”字本兼有无,而此乃以“牝”字连文,知是偏重乾上之坤也。

用之不勤。

王本*之*作*而*。《淮南》*之**而*二字俱有。此兼两义，一言其体用之不劳，一言体道者用之当勿勤。

七章

天地所以能长且久者，以其不自生。

"不自生"三字，旧说俱未明。盖谓天法道如受他律，故谓之不自生。然道法自然，他律即自律，亦无分也。

八章

上善若水。

道家每以水表道，详《管子·水地篇》《淮南·原道训》。其取水者，以平与柔。此章说平，后七十八章说柔。然水懦弱，民狎而玩之，多死。道家末流法之，遂成阴险。

居善地。

奚氏曰："善地，犹言善下。"

九章

持而盈之，不如其已。揣而锐之，不可长保。

王曰："揣末令尖，又锐之使利。"苏、焦说为盈而持之，锐而揣之。又"锐之"句赘，苏、焦说亦非。持与揣不为非，盈之锐之乃非。高延第、孙诒让训"揣"为捶，是也。人本身固有所持，而处世不能无揣也。

十章

载营魄抱至能无知。

　　"载营魄"见《楚辞·远游》，屈子固道家也。马叙伦《老子覈诂》乃从明皇改本为哉，连上句，非也。其说不过以诸句皆四字，是书文例固参差，岂可拘守？宋徽宗《专气》曰："《易》曰：其静也。"按：《管子·内业》曰："抟气如神，万物备存。"抟即专。涤除玄览，旧说为两事。马叙伦谓如两事，何不云洗心玄览，乃更说为能所双遣。李嘉谋、焦竑说同。焦曰："学者之疵，微而难遣，道之所谓疵，则学者狃之为独见者也，故当涤除。"按：《庄子·在宥》曰："说知邪，是相于疵也。"即此疵。奚侗读玄为眩，谓是妄见。《庄子·庚桑楚》曰："有乎生，有乎死；有乎出，有乎入。入出而无见其形，是谓天门。天门者，无有也。万物出于无有，有不能以有为，有必出乎无有，而无有一无有，圣人藏乎是。"按：无有即常，而下继以雌，亦犹玄之下继以牝也。

　　卷子本上三句"能"作"而"。马谓"而"即"能"，下三句"不能"作"而"。严复评谓六问皆相救之言，然上三句又非相救也。

　　《庄子·庚桑楚》记老子告南荣趎卫生之经曰：
"能抱一乎？能勿失乎？能无卜筮而知凶吉乎？能
止乎？能已乎？能舍诸人而求诸己乎？能翛然乎？
能侗然乎？能儿子乎？"《管子·心术下》曰："能专
乎？能一乎？能毋卜筮而知凶吉乎？能止乎？能已
乎？能毋问诸人而自得之于己乎？"

十一章

三十辐三句。

　　《考工记》曰："毂也者，所以为利转也。利转者，
以无有为用。"毕沅《考异》据此读"当其无有"为句。
《淮南·说山》曰："物莫不因其所有而用其所无。以
为不信，视籁与竽。"

有之以为利，无之以为用。

　　钟会曰："明有无相资，俱不可废。无赖有为利，
有藉无为用，二法相假。"顾欢曰："利物在有，致用在
无，俗学未达，皆谓老君全无为之道。道若全无，于
物何益。"按：此皆魏晋人通达之论，裴逸民《崇有论》
旨亦如是。薛蕙解曰："虽互举有无而言其意，实即
有而发明无之为贵也。盖有之为利，人莫不知；而无
之为用，则皆忽而不察，故借数者以晓之。"此论最得
全书之旨。《庄子·在宥》曰："睹有者昔之君子，睹
无者天地之友。"因世人多不睹无，故偏详于无也。

陋儒不知，乃以《老子》为止主无而排斥之矣。

十二章

五色令人目盲三句。

　　《庄子·天地篇》曾衍此说。鸠摩罗什注谓："不知即色之空与声相空，与聋盲何异。"此非《老子》意也。《老子》但谓徇物之过，失其本耳。

驰骋田猎，令人心发狂。

　　此谓蹴趋动心。

难得之货，令人行妨。

　　行妨，旧说甚多，皆于文不合。盖行，为也；妨，害也。盗曰贼，亦害也。行妨即为盗耳。

是以圣人为腹不为目。

　　旧说甚多，皆不安。李约注谓目无厌，腹知足。吴澄注谓染尘逐境，皆在于目，故四勿先视。此说虽成理，似非本旨。吾谓此即俗语所谓好吃好看也。好吃，实也。好看，华也。即三十八章"居实不居华"之意。故下文云"去彼取此"，亦与三十八章同。

故去彼取此。

　　《淮南·道应》引孔子言"诚于此者形于彼"，以此句证之，乃引申之义耳。自《韩非》《淮南》说《老子》已有此种，未可据为本义。

十三章

宠辱若惊_{云云}。

严曰："此章乃杨朱为我、庄周养生之所本。"是也。惟"贵大患若身"句，文义难明，旧说皆不安。"惊宠"与"贵身"同义，及"吾无身"二句，明贵患贵身之当同耳。贵者，谓重之慎之也。《庄子·让王》曰："天下至重也，而不以害其生，又况他物乎？惟无以天下为者，可以托天下。"《淮南·诠言》曰："能不以天下伤其国，而不以国害其身焉者，可以托天下也。"《道应》引太王事而证以此言，亦明贵生之义，此皆相传古义。贵者爱之，重之，慎之，吝之，不轻为也。

上文有"大患"云云，正明身之当慎。旧说以忘身说之，非也。

十四章

故混而为一。

言不见、不闻、不得，止一而非三也。混而为一，即谓混成，不可泥为本三而合。旧说多增转折，虽妙无取。

执古之道_至是谓道纪。

道无时间之别也，而偏主古者，重本也。

十五章

豫兮若冬涉川七句。

> 自《文子·上仁篇》以下，多为衍说，实则本文自
> 明，衍说反多凿。

孰能晦以理？口之而徐明。孰能浊以止？静之而徐清。
孰能安以久？动之而徐生。

> 马叙伦校定如此，甚是。晦、明，浊、清，安、生，
> 皆相对。安者，仍旧状也。生者，变新态也。晦非明
> 也，而理则明。浊非清也，而止则清。安非生也，而
> 久则生。吕惠卿引《庄子·庚桑楚》"欲静则平气，欲
> 神则顺心。有为也欲当，则缘于不得已"，亦是。

故能敝不新成。

> 碑作"能敝而复成"。易顺鼎、马叙伦谓当作"敝
> 而复新成"。王道曰："能读如耐，谓耐旧。"

十六章

归根曰静至曰明。

> 马叙伦谓曰犹则也，则是有次第矣，实则此止一
> 状耳。凡自然本然之态，如有命令限制之者，即
> 曰命。

知常容至没身不殆。

> 马叙伦据王弼注谓"王"当作"周"，义极长。又

疑"天"当作"大",则不必。然容、公、周皆横言,久则纵言。吕惠卿曰:"久而不殆,常之谓矣。"

十七章

太上下知有之至侮之。

马叙伦谓《韩非》言"太上之下,民无说也",是谓太上之下,民知有之。吴、潘本作"不知有之",于义为长。奚侗亦从吴本。按:陆希声注"太上无为无迹,故下民知有上而已",《韩非》之意与此同。其"下"字亦谓民耳。马说非。"不知有之",乃元人臆改,义太径挺。陆希声以知有为道德,亲誉为仁义,畏为刑法,侮为权谲,亦切。"信不足"句承"侮之"言。吕惠卿竟谓亲誉已出于信之不足,亦太径抗。古今说《老子》者多此类,皆所谓推之使高,凿之使深者也。

十八章

大道废,有仁义。

苏注曰:"大道之隆,仁义行于其中,大道废而后仁义见矣。"此说已足。

六亲不和二句。

《慎子》曰:"孝子不生慈父之家,忠臣不生圣君之下。"即说此。《淮南·道应》引蹇重对魏文侯语而证以"国家"句,重曰:"有命之父母不知孝子,有道之君不知忠臣。"王弼曰:"甚美之名,生于甚恶。"钟会曰:"若九族皆睦,则爱敬无施;六亲不和,则孝慈斯著。"河上曰:"尽无欲,不知廉;各洁己,不知贞。大道之世,仁义没,孝慈灭,犹日月盛时,众星失光。"皆得是义,然言皆有过者。九族皆睦,正由爱敬,何云无施?仁义孝慈包于大道之中,特不显,岂遂灭没?宋人说者,惟苏辙云:"六亲方和,孰非孝慈;国家方治,孰非忠臣。尧非不孝,而独称舜,无瞽瞍也;伊尹、周公非不忠也,而独称龙逢、比干,无桀、纣也。"此说最明。余益挺抗失真,遂使《老子》为人诟病矣。王介甫说尤妄,直以孝慈为不和之故。而寻常读此章者,亦若《老子》贱孝慈,然于下文"民复孝慈",又以孝慈为贵,非矛盾乎?

十九章

绝圣弃智四句。

苏曰:"非圣智不足以知道,然世人不知圣智之本而见其末,以为巧胜初,不胜其害矣。仁义所以为孝慈,然及其衰也,窃仁义之名,以要利于世,于是子有违父而父有虐子。"此说已足。或谓《老子》本贱圣智仁义,何为强为圆之?夫《老子》果贱圣智仁义,则何屡以圣人为标,而言上仁上义乎?

二十章

绝学无忧。

> 《文子》引此句在"绝圣弃智"上。晁氏《读书志》引明皇本，此句连上章末。姚鼐、马叙伦从之。奚则谓此当有偶语而挩之。《后汉书·范升传》升上奏曰："《老子》曰：'绝学无忧。'绝，末学也。"

唯之与阿四句。

> 此所谓相去几何、何若，言相近易混，转相易观耳，非言其无别也。而说者皆以为善恶俱离，道无所择，则谬矣。其误由见上文唯阿之一。刘师培谓"阿"当作"诃"，其说可从。陈景元及苏注谓唯恭阿慢，说无稽据。李嘉谋曰："方其向背之间，相去几何，及其为善与恶，则相去远矣。圣人常观其始，知其本同，故反恶而为善，在俄顷之间耳。"此说独精。

众人皆有余二句。

> 焦引马涓曰："性无余，欠有余，皆分外也。"奚谓"遗"借作"匮"，不足貌。

二十一章

孔德之容二句。

> 奚侗曰："德出于道，故曰惟道是从。"是也。旧说滞。

道之为物至有信。

邓锜注曰："忧惚便是物，非忧惚中更别有物。窈冥便是精，非窈冥之中更别有精。"按：此说亦通。但所谓忧惚窈冥，自是指占空间之一状耳。李嘉谋曰："无中无不有。有中之有，众皆以为有，不知有本不实，有中反无；无中之有，人所不知，而不知无本是实，无中反有。盖有中之有，有之粗者也，唯无中之有，然后为有之真。不以有而存，不以无而亡，是谓有信。"按：《庄子·大宗师》曰："夫道有情有信。"即此信。

其名不去。

严曰："所谓常名。"

以阅众甫。

《庄子·天地》曰："有族有祖，可以为众父，而不可以为众父父。"高延第、俞樾据以说此。然彼所谓众父若为一，则不可云阅，殆所谓众父者乃少者耶？奚训"阅"为"具"。

二十二章

曲则全。

姚鼐曰："曲者，一曲也。"此说与上下文一例。如此说，则后文"全而归之"，必如钟会说诚能守曲，全必归之。马其昶说"自处于一曲，而留余以处人，不惟不争，人亦且奉于我，是之谓全”。然此说与“全而”之“而”字不合。

少则得，多则惑，是以圣人抱一以为天下式。

> 王弼曰：“自然之道，犹树也，转多转远，其根转少，转得其本。”此说最明。《庄子·人间世》曰：“道不欲杂，杂则多，多则扰。”王曰：“一，少之极也。”严曰：“一者，天下之至少，而亦天下之至多。”

二十三章

飘风不终朝至况于人乎。

> 王弼曰：“谓暴疾不长。”是也。《庄子·天下篇》称《老子》曰：“其行身也，徐而不费。”旧说强连“希言”句说之，非也。伪《牟子理惑论》乃以“天地尚不能久”句非长生之说，实则此止指飘骤耳，上文明言天长地久矣。

二十四章

跂者不立，跨者不行。

> 王弼曰：“物尚进则失安。”按：此语最精。《老子》主坤，主安也。观于今日中西之异，而知进安之大判矣。薛曰：“立欲增高，反害其立；行欲增阔，反害其行。”

余食赘行，物或恶之。

陈景元、司马光读"行"为"形"。苏曰："饮食适饱则已，有余则病；四体适完则已，有赘则累。"

二十五章

有物浑成，先天地生。

辨详《气道篇》。

独立而不改，周行而不殆。

钟会曰："廓然无偶曰独立，古今常一曰不改，无所不在曰周行，所在皆通曰不殆。"按：无外故曰独立，充满故曰周行。

大曰逝，逝曰远，远曰反。

顾曰："诸物虽大，大有极性，此道往行无际。万物逝行，皆有停住之处，此道逝行，寻之弥远。"按：逝者，《庄子·天地篇》所谓"沛乎其为万物逝"也。反者，《天地篇》所谓"时骋而要其宿"也。

人法地至道法自然。

唐李约注曰："盖王者法地天道之三自然也。学者谬妄相传，皆云人法地，地法天，天法道，道法自然。则域中有五大，非四大矣。岂王者得法地而不得法天、法道乎？天地无心而亦转相法乎？是道为天地之母，自然之子，支离决裂矣。"按：李氏谓道、人、天、地与自然不当分，固是。然未明法地、法天、法道之义，与道法自然之语势，而遂欲改正文，则非也。法者,受其安排为所决定之谓。熊元锷说为有所范围而不过之谓,是也。人法地者,人生近地,受气于天,成形于地也。若"地法天"以下则有二义。道若专指理,则天旋地化,地固承天,天又不过率自然之理,此一义也。若道乃指有理之气,则地统于天,地、天皆形,皆出于气,此又一义也。若道法自然,则不过顺上文言之,道又何所法耶? 亦自然而已。钟曰:"莫知所出,故曰自然。"河上曰:"道性自然,无所法也。"曹道冲曰:"道无可法,自然而已。"高延第曰:"道者,循其自然之谓也。"此皆得其旨。自然者,不受谁之安排,不为谁所决定之谓,即所谓不被动之第一主动者也,是即所谓莫使,义详《庄子·齐物论》。道与自然本不可分。世之读是书者,乃泥于文,谓一为道子,道又为自然子,是绝对之上更加二绝对,支离已甚,宜为李氏所诃耳。

二十六章

重为轻根,静为躁君。

《韩非·解老》曰:"制在己曰重,不离位曰静。"《管子·心术上》曰:"动则失位,静则自得。位者立于阴,阴则能制阳矣,静则能制动矣。"苏曰:"不行者使行,不动者制动。"

是以圣人终日行至燕处超然。

魏源曰:"车行日五十里,师行日三十里,以辎重在后,不敢远离,是轻之本乎重也。"奚侗曰:"虽有荣华之观,至于燕处,遂觉超然,是静可以治躁也。"此二说较苏、吕注明。

二十七章

是谓袭明。

高云:"袭,因也。各因所明。"按:高氏于《老子》"袭"字皆训为"因",是也(严复亦然)。因本一要义,周末道家尤重之。《管子·心术上》专言静因之道。司马谈论道家,其子迁论《老子》,皆以虚、因二义为要。王弼注是书"不自见"等语,皆以因为说。

故善人者至是谓要妙。

善人之资,亦是相形之义,然止言其势如此,非如西方唯心家不能圆其目的之论,而以不善为善之手段也。爱其资,即以欲救之之故,《韩非·喻老》竟说为利人之不善以成己善矣。奚侗说为劝诫之资,亦可。

二十八章

知其雄,守其雌云云。

即所谓负阴而抱阳也。"知"即《易传》"乾知大始"之"知",坤以藏之,故云守云负。吕惠卿谓守之以为母,知之以为子,是也。雄雌白辱,即阴阳之异名。前人随文为说，多而无用。

朴散而为器至故大制不割。

> 俞樾据王注谓"用之"之"用"当作"因"，与"大制不割"义合。不割者，因其自然之分理也，与荀卿言制割大理恰相反。

二十九章

吾见其不得已。

> 魏曰："已，语词。"是也。不得者，不可得也。奚侗说为不自得，似增加。

故物或行或随至去甚，去奢，去泰。

> "或行"以下，皆相对之极而反也，与上下文义贯。惟相对之无常，故不可执；惟极而反，故止去甚、奢、泰而不极也。远曰反，与物反，皆往而后反，此则先为不往，皆逆道也。去甚、奢、泰，即得中矣。可知《老子》之学，非以此极端矫彼极端也。陆佃注曰："去甚，慈也。去奢，俭也。去泰，不敢为天下先也。"亦通，而非本义。

三十章

其事好还。

> 凡相对之反覆皆好还，不独兵也。李嘉谋曰："杀人之父，人亦杀其父；杀人之兄，人亦杀其兄。"

善者果而已_至果而勿强。

> 果者,诚之必也。强者,用力过度也。盈即强之
> 所致。此全书总旨之大戒。此节不止言兵,旧说皆
> 以兵言之,失其旨。焦曰:"不得已,为之难也。"《庄
> 子》曰:"不得已而后动,又一宅而寓于不得已,又托
> 不得已以养中。"皆与《老子》合。严曰:"凡事至不得
> 已而后起而应之,则不中理亦寡矣。"按:《庄子》又云
> 缘于不得已。

物壮则老_至不道早已。

> 《老经》之壮、老、已,如佛言成、住、坏、壮,即矜
> 强也。壮则必老,故贵复归于婴儿,是为逆道。

三十二章

道常无名。

> 焦曰:"道常,首章所谓常道;无名,首章所谓无
> 名也。"按:常之义本谓不变之本态。常本兼无有,而
> 此专言无,以人知有而不知无也。

始制有名_至所以不殆。

> 苏曰:"圣人散朴为器,因器制名,岂其徇名而忘
> 朴,逐末而丧本哉?"林东曰:"正所谓逝曰远,远
> 曰反。"

道之在天下,犹川谷之于江海也。

> 李嘉谋曰:"物不以道散而亏,道不以物生而散。

川谷之气，未常不通于江海；江海之气，未常不通于
川谷。"按：此道亦指气。

三十三章

强行者有志。

此语与"知足者富"意同，皆似反之语也。下二
句亦然。世人止知求富，知足似不能富而实富；世人
止知大其志，惟勉强于行者，志似不足而实有志。盖
老子处实不处华，故尚行不尚志，所谓"弱其志、强其
骨"者也。旧说皆未达。

三十四章

大道泛兮，其可左右。

严复曰："左右之名，起于观道者之所居，非道之
可左右。"按："左右"二字乃动词。

可名于小，可名于大。

严曰："大小之名，起于观道者之比较，道之本体
无小大也。"

三十五章

安平泰。

"平"亦道家一要词，详《庄子释滞·德充符篇》。

三十六章

将欲噏之_至是谓微明。

《韩非·说林》引"固"作"姑",意实无异,皆谓势之自然,非谓存心如是。苟存心如是,则非自然无为矣。王道说此章最善,其文曰:"将欲云者,将然之词也。必固云者,已然之词也。造化有消息盈虚之运,人事有吉凶倚伏之理。故物之将欲如彼者,必其已常如此者也。能据其已然而逆睹其将然,则虽若幽隐而实至明白矣。故曰'是谓微明'。韬此理以自养,优游自得,如鱼之不脱于渊是也。炫此理以示人,借寇诲盗,如以邦之利器示人是也。《庄子·胠箧》一篇,盖明此意。微明之理,圣人用之则为大道,奸雄窃之则为纵横捭阖之术,故喻之以利器。"释德清说首八句,亦与王旨同,谓"天下之物,势极则反"。范应元曰:"河上公以权道为利器,韩非以势为渊,以赏罚为利器,苏子由以柔弱为利器,王雱以刚强为利器(严复以兵刑为利器),遂使后世疑此章为权谋之术,皆不得老氏之意也。"

三十七章

道常,无为而无不为。

"道常"为句,旧读皆同。《淮南·原道》曰:"所谓无为者，不先物为也。所谓无不为者，因物之所为。所谓无治者，不易自然。所谓无不治者，因物之当然也。"按：无为者，非方非圆，非短非长也。无不为者，亦方亦圆，亦短亦长也。参看首章。

无名之朴，亦将不欲。

亦将不欲，即是朴之状。《老子》文固多复说咏叹之词。宋人说为并朴亦不欲，凿矣。

三十八章

此章韩非说最善，后世说者多妄，不如非远矣。今录韩说而加释之。

德者，内也。得者，外也。上德不德，言其神不淫于外也（杨树达曰："据此，《老子》本文'上德不德'当作'上德不得'。"是也）。神不淫于外，则身全，身全之谓德。德者，得身也。（二"德"字，王先谦据《御览》引改作"得"，谓"得身也"句正承上文"得者"言之。杨树达谓当作"德"。按：杨说是。此乃解正文"是以有德"句。）凡德者，以无为集，以无欲成，以不思安，以不用固，为之欲之，则德无舍（王先谦曰：舍，止也。无舍，言不能安其止）。德无舍则不全，用之思之则不固，不固则无功，无功则生有德（一本作"生于德"。王先谦从"有"字，曰："本无而致有之之谓生"）。德则无德（王先谦曰："德"上当有"生有"二字），不德则有德（《藏》本上"不德"二字作"不得"，是也）。故曰："上德不德，是以有德。"

按：韩非于《老经》"德"字皆以精神和气为说，甚精而实。

所以贵无为无思为虚者，谓其意无所制也。夫无术者，故以无为无思为虚也（王先慎曰："有意为虚，所谓故也"）。夫故以无为无思为虚者，其意常不忘虚，是制于为虚也。虚者，谓其意无所制也。今制于为虚，是不虚也。虚者之无为也，不以无为为有常。不以无为为有常则虚，虚则德盛，德盛之谓上德。故曰："上德无为而无不为也。"

动静皆虚，斯谓之常，不止静乃虚，故曰无为而无不为。今本作"无为而无以为"，非也。奚侗已改正。

下德为之而有以为，古本、传本作"为之而无以为"，陶鸿庆《老子札记》谓当作"有不为"，马其昶谓当作"无为而有以为"，奚侗谓当作"为之而无不为"。陶说为长。盖下德者，一曲之德，有所限制，故有不为也。

仁者，谓其中心欣然爱人也。其喜人之有福，而恶人之有祸也。生心之不能已也，非求其报也。故曰："上仁为之而无以为也。"

按：下仁则止有其迹，其仁伪矣。

义者,君臣上下之事(一本"事"作"礼"),父子贵贱之差也,知交朋友之接也,亲疏内外之分也。臣事君宜下怀上,子事父宜贱敬贵,知交朋友之相助也,宜亲者内而疏者外。宜者,谓其宜也。宜而为之,故曰:"上义为之而有以为也。"

按:下义无以为则失其准,其义乱矣。

礼者,所议貌情也(王先谦曰:"貌,饰也。"按:貌止是表出)。群义之文章也,君臣父子之交也,贵贱贤不肖之所以别也。中心怀而不谕,故疾趋卑拜以明之;实心爱而不知,故好言繁辞以信之。礼者,外饰之所以谕内也,故曰礼以貌情也。凡人之为外物动也,不知其为身之礼也。众人之为礼也,以尊他人也,故时劝时衰。君子之为礼,以为其身。以为其身,故神之为上礼。上礼神而众人贰,故不能相应。故曰"上礼为之而莫之应"。众人虽贰,圣人之复恭敬、尽手足之礼也不衰,故曰"攘臂而仍之"(王先谦曰:"仍,王弼作'扔'。仍,因也。扔亦因也。字异义同。"按:《韩非》说"攘""即""让"。马叙伦曰:"扔,捆也,就也")。

按:礼为身者,情之自然,而形之天则也。众人不知为身,以礼为对人而设,其礼虚矣,是下礼也。旧说以攘臂仍之为强之,强之又何以为上礼乎?

道有积而德有功(顾广圻曰:"'德'当作'积'")。

德者，道之功，功有实而实有光。仁者，德之光，光有泽而泽有事。义者，仁之事也，事有礼而礼有文（二"礼"字疑作"理"。《管子·心术》曰："礼者，因人之情，缘义之理，而为之节文者也。故礼者，谓其有理也。理也者，明分以谕义之意也。故礼出乎理，理出乎义，义因乎宜者也"）。礼者，义之文也，故曰"失道而后失德，失德而后失仁，失仁而后失义，失义而后失礼"（卢文弨曰："'而后'下俱不当有'失'字。"此据今本以正《韩非》也。刘师培则据《韩非》以正今本。马叙伦谓《庄子·知北游篇》与今本同，当从今本。吾谓有"失"字与无"失"字义同，要皆言其先后之次第耳）。

积，体也；功，力也。道止统名，散而为德，乃见其力。道犹气，德犹形也。德发而有所施为仁。德犹日，仁犹日光也。《庄子·庚桑楚》曰："道者，德之钦（读"廞"，陈也）也。生者，德之光也。仁施而有节为义，义著而有文为礼。"《礼运》曰："义者仁之节，礼者义之实。"正与此同。此节义最精，盖有所受之矣，惜前人之都不察也。

《淮南·缪称》曰："道者，物之所导也。德者，性之所扶也。仁者，积恩之见证也。义者，比于人心而合于众适者也。故道灭而德用，德衰而仁义生。故上世体道而不德，中世守德而弗怀也，末世绳绳乎惟恐失仁义。君子非仁义无以生,失仁义则失其所以生。"又《齐俗》曰:"率情而行谓之道,得其天性谓之德。性失然后贵仁,道失然后贵义。是故仁义立而道德迁矣,礼乐饰则纯朴散矣。今世之为礼者,恭敬而忮;为义者,布施而德。君臣以相非,骨肉以生怨,则失礼义之本也,故搆而多责。"

礼为情貌者也,文为质饰者也。夫君子取情而去貌,好质而恶饰。夫恃貌("恃"当作"待")而论情者,其情恶也;须饰而论质者,其质衰也。何以论之?和氏之璧,不饰以五采;隋侯之珠,不饰以银黄。其质至美,物不足以饰之。夫物之待饰而后行者,其质不美也。是以父子之间,其礼朴而不明(父党无容),故曰礼薄也。凡物不并盛,阴阳是也;理相予夺,威德是也;实厚者貌薄,父子之礼是也。由是观之,礼繁者实心衰也。然则为礼者,事通人之朴心者也(王先谦曰:"通人谓众人,缘众人之实心而形之于事,则为貌。"孙人和曰:"'通'当读为'挏',推行也。"按:此"事通"二字当有误,意谓漓其朴心耳)。众人之为礼也,人应则轻欢(顾广圻曰:"'欢'当作'劝'。"案:"轻"字亦有误),不应则责怨。今为礼者,事通人之朴心,而资之以相责之分,能毋争乎?有争则乱,故曰,失礼者,忠信之薄,乱之首乎(按:"首"字,《汉书·酷吏传》注引作"始"。二字义同,首亦始也)?

礼之失责，《淮南》言之矣。礼烦则乱，儒者亦言之矣。礼有本有文，此所谓忠信之薄者，即《记》所谓礼有余而哀敬不足者也。礼字专指文言，有文者质固不皆薄，此止言质薄者，所谓下礼也。取情而去貌一语则误，既云貌所以谕内，则有实心不能无貌，何可去耶？径挺之言，不觉自相背矣。

先物行、先理动之谓前识（王先谦曰："与物来顺应异"）。前识者，无缘而忘意度也（先谦曰："'忘'与'妄'通"）。何以论之？詹何坐，弟子侍。有牛鸣于门外，弟子曰："是黑牛也，而白在其题。"詹何曰："然。是黑牛也，而白在其角。"使人视之，果黑牛而以布裹其角。以詹子之术，婴众人之心，华焉，殆矣。故曰道之华也。尝试释詹子之察，而使五尺之愚童子同功，是以曰愚之首也。故曰前识者，道之华也，而愚之首也（今本"首"作"始"）。

此说前识则误，前识非尽妄度。是书固贵微明、见小、为未有、治未乱，道家固贵见始知终。能知取与倚伏，岂得谓非前识？圣人谓为道之华，是固道之所宜有，特圣人不恃前识，犹之不恃礼耳。其解愚首则甚是，恃前识之无益，正如恃礼之无实也。

宋翔凤说"乱之首"之"乱"为"治"，谓由忠信既薄，而礼为治国之首。汪宗沂则谓"夫礼者"当作"失礼者"，《老子》书无"夫"字发端者。宋说既与下句不一律,汪说亦无稽,皆觉礼之不可斥贱,而未察此文之非斥贱礼也。知前识之本非不善,则知礼之本非不善矣。前识非绝与道反,则礼非绝与道反。然礼固流于乱,前识固流于愚,天下事孰不有末流之弊。《诗》之失愚,乐胜则流,岂遂谓《诗》、乐可废乎?

所谓大丈夫者,谓其智之大也;所谓处其厚不处其薄者,行情实而去礼貌也;所谓处其实不处其华者,必缘理,不径绝(王先谦曰:"径绝则妄意度也。""径绝"与"经绝"同义。顾广圻释下文"事径绝"曰:"陆行不缘理为径,《周礼》云'禁径踰者'是也。水行不缘理为绝,《尔雅》曰'正绝流曰乱'是也")。谓去彼取此者,去貌径绝(顾曰:"'去'下当有'礼'字"),而取缘理、好情实也。

处厚处实,谓反本也。此未能发明。

三十九章

昔之得一者云云。

陈景元曰:"一者,元气也。"黄茂材曰:"盈天地之间,何可以数计,皆不离乎一。万物即万一也。是一也,非特贵者高者有之,贱者下者亦有之。"《庄子》曰:"道在屎溺。"

天无以清至将恐发。

清者,运行之灵,浊则不能行矣。运行者充周,裂者不充周也。宁者固定，发者不固定也，如山崩川沸。刘师培、奚侗读"发"为"废"，义隔矣。

故致数舆无舆。

　　吕惠卿、宋徽宗本"舆"作"誉"。吴澄、高延第皆作"至誉无誉"。高辨甚详。据《庄子·知北游篇》。马叙伦谓"数"字即"致"之误，是也。

四十章

反者道之动二句。

　　旧说皆繁衍而不明，惟焦氏引刘辰翁曰："反者，动极必归也。是其反也，正以其动也，非动无反。"王安石曰："言动则知反之为静，言弱则知用之为强。"二说得其反言之意。盖动者逝而静反，体弱而用强。人知动为动，而不知反乃真动；人知强为用，而不知弱乃真用也。

天下万物生于有二句。

　　详《内书·气道篇》。

四十一章

故建言有之至质真若渝。

　　此节皆反言相对，旧说互有得失，今合之。纇，王本作"纇"，曰："纇，坳也。其平不见，反若纇坳。"魏曰："《左传》'刑之颇纇'，注谓不平也。"辱，传本作

"顯"。"辱"即"顯"之省。建,俞樾曰:"当作'健',与喻惰对。"质真,刘师培曰:"'真'当作'惠'。"马叙伦曰:"渝,变汙也。"

大音希声,大象无形。

> 王曰:"有声则有分,有分则不宅而商矣。有形则有分,有分者不温则炎,不炎则寒。"按:此节与《韩非》首章同。

夫唯道善贷且成。

> 赵志坚曰:"贷者,暂借,非长与。且者,权成,非久固。欲使速归于道。"按:此说凿甚。"贷且成",谓贷而成之,道固所以成物,岂欲其速毁耶?"贷"即"资",《庄子·知北游》所谓万物资焉而不匮也。

四十二章

道生一至三生万物。

> 此义详《气道篇》。

万物负阴而抱阳,冲气以为和。

> 负者,后所依以为安,固如人之负墙。抱者,前所持以为用,如御者之执辔。宋徽宗、李嘉谋谓冲气为阴阳之交,是也。《庄子·田子方》述《老子》曰:"至阴肃肃,至阳赫赫,两者交通成和而物生焉。"《列子》曰:"清轻者上为天,重浊者下为地,冲和气者为人。"刘骥谓自然冲和之气,非阴非阳,不离阴阳,则

欲超而反幻矣。和即后文"和之至也"之和。《老》《庄》书皆以和为精气之称，犹今言生命，其征其多，乃一名词，非动词、状词也。

四十四章

甚爱必大费二句。

此亦言极反之势，非止戒爱与藏也。

四十五章

躁胜寒。

马叙伦谓，推义当作"寒胜躁"，非也。此二句止言物之二态相胜。

四十六章

天下有道四句。

龚自珍曰："天下有道，大智大勇，无所用之。天下无道，群雄并起。"

四十七章

不出户至其知弥少。

《韩非·解老》说上四句曰："言神明之不离其实也。"（杨树达谓"实"疑作"室"，是）。《淮南·精神训》说下二句曰："以言夫精神之不可使外淫也。"皆甚精。严复说下二句则谓："不可作反对看,知弥少者以为道,固日损也。"此说于正文文势终不合。

四十八章

为道日损,损之又损,以至于无。

程明道曰："今之学者无可增,只有减,减尽便无事。"与此意同。鸠摩罗什说"损之又损"为忘恶忘善,《老子》无此意也。

故取天下常以无事。

《开元疏》曰："取,犹摄化也。"

四十九章

善者吾善之至皆孩之。

善之信之,固是善救无弃。然其能善救,必由先不以不善不信待之。此善之信之,乃谓以为善,以为信。黄茂材谓未尝有疑物之心,是也。夫不善不信矣,何可以为善信耶?以其初本善信也,故曰孩之。高延第谓教之使复其初,见此旨矣。此章之言,乃与法家末流大异处。道家固主性善,而又主齐物,以人为皆善者也。若《韩非》之以不肖待人,正与此反。苏氏说"浑其心"为"善恶信伪,方各自是以相非,故无善恶,无信伪,皆以一待之"。此则过求超越而成妄论。上文明言善之信之,德善德信,是浑者正浑之于善信也,岂谓浑善与不善、信与不信哉?

五十章

出生入死至以其生生之厚。

当依《韩非》及古本作"人之生生而动,动之皆死地"。《庄子》以出为生,以入为死。吴澄注引之甚详。十有三,《韩非》以四肢九窍为说,宋黄茂材注以水六火七为说,王弼则云十分有三,诸家皆从之而说则各异。司马曰:"十人之中,柔弱以保其生者三,刚强以速其死者三,虽志在爱生而不免于趋死者三。"苏曰:"自养者生之徒,自戕者死之徒。知作而不休,以趣于尽,则所谓动之死地者也(《韩非》亦云:"动不止则生尽")。生死之道,以十言之,三者各居其一,岂非生死之道九,而不生不死之道一而已。"吕惠卿则曰:"由生得生非幸生,由死得死非幸死。生之死地,则不得其道。生生之厚,以生为事,而反之死地。"高延第引李光地说,谓各得其三,则十分尽矣,盖举成数而约计之(魏源同),而说之曰:"生之徒,谓得天厚;死之徒,谓得天薄。动之死地,谓本厚而不自保持。"按:《老子》本贵生,此章之旨亦贵生,未尝言不生不死。既知柔弱即不生生之厚,刚强者亦未尝不爱生。得天厚薄,乃生之长与短,不得谓为生与死。诸说皆不稳,吕说较稳,惟十有三则当如李说耳。

盖闻善摄生者至以其无死地。

> 《韩非·解老》《淮南·诠言》说此最详。《韩》曰:"无害人之心,则必无人害。"《淮南》曰:"有使人不能用其智力于己。"

五十一章

道生之,德畜之,物形之,势成之。

> "之"字指万物。《庄子·天地》曰:"形非道不生。"又:"物得以生谓之德。"生之者即是道,其所畜即是德。物形、势成亦然。物固合物质以成形,不止有形,而且能动,动则有势,而此物之为此物成矣。即其有形者即是物,其成此物者即是势,亦非别有一物、别有一势形此物、成此物也。云生之、畜之、形之、成之者,文词不得不然,谓非此无以为此物耳。王雱曰:"德者道之分,物者德之器,势者物之理。"甚确。

五十二章

既得其母四句。

> 王弼曰:"母,本也。子,末也。"宋翔凤曰:"母,坤也。子,乾也。"

塞其兑,闭其门。

陈景元谓兑为目，门为口。焦氏谓兑指口，引《参同契》"耳目己之宝，固闭勿发扬，兑口勿以谈"。俞樾则谓"兑"与"阅"同，穴也。孙诒让谓"兑"当读"隧"。按:《兑卦》之兑，即取穴阅义。《管子·心术篇》:"洁其宫，开(张文虎疑作"关")其门。"后文解之曰:"门者，耳目也。"

见小曰明。

《韩非·喻老》以纣为象箸而箕子唏为说。《淮南·道应》以孔子论子贡不受赎人金为说。此亦道家一要义，《淮南》屡明之，见《缪称》《齐俗》。

用其光，复归其明。

高云:"知白守黑。"

是谓袭常。

"袭"一本作"习"，高训为"因"，皆通。

五十三章

使我介然有知至唯施是畏。

王与罗什皆云:"介，小也。"是也。孟子曰:"介然用之而成路。"王念孙读"施""迆"，邪也。

五十四章

善建者不拔二句。

《韩非·解老》曰:"玩好变之，外物引之，引之而

往,故曰拔。圣人不然,虽见所好之物不能引,不能
引之谓不拔。虽有可欲之类,神不为动,神不为动之
谓不脱。"按:《韩非》言德,专指精神,平实而切合。
后世说《老》者所不能及。

修之于身,其德乃真云云。

《韩非》曰:"身以积精为德,家以资财为德,乡国
天下皆以民为德。今治身而外物不能乱其精神,故
曰:'修之身,其德乃真。'真者,慎之固也。治家者,
无用之物不能动其计,则资有余,故曰:'修之家,其
德乃余。'治乡者行此节,则家之有余者益众,故曰:
'修之乡,其德乃长。'治邦者行此节,则乡之有德者
益众,故曰:'修之邦,其德乃丰。'莅天下者行此节,
则民之生莫不受其泽,故曰:'修之天下,其德乃
普。'"按:资财与民何可为德?《韩非》之言支矣。

五十五章

知和曰常。

此语甚要。常者,合无有而不变之道也。和者,
交阴阳而成之德也。惟知此和德,乃为常道。然则
常道非徒一概念而已。世以空谈重玄,而以色空双
遣附会之者,其果为《老子》之本旨乎?

益生曰祥。

《庄子·德充符》曰:"常因其自然而不益生。"苏

曰:"祥,妖也。"高延第曰:"益生,即生生之厚。"(孙诒让同)王安石曰:"祥乃灾异之祥。"易顺鼎曰:"祥即不祥。"奚侗曰:"祥,眚也。"马叙伦曰:"疑借作'戕'。"

心使气曰强。

按:旧说皆云《老子》旨不取强,书中凡言强者,皆所不取。"自胜者强",亦止就常人以胜人为强而反言之耳,非果以强为是。此章"心使气"当是贬词,是也。王安石曰:"强乃强暴之强。"陈景元、曹道冲、奚侗说同。马曰:"'强'借为'僵'。《老》《庄》'气'字有视'心'字义为胜者,如《庄子·人间世》曰:'无听之以耳,而听之以心;无听之以心,而听之以气。气者,虚而待物者也。'《应帝王》曰:'汝游心于淡,合气于漠。'本书:'专气致柔''冲气以为和',皆是也。此亦然。"按:此说尤透。《庄子·达生篇》引关尹曰:"是纯气之守也,非智巧果敢之列。"即此义。智巧果敢,正《老子》所恶,盖此皆生于心,不若气行之自然也。苏氏说上文谓无执而握固,无欲而峻作,乃精有余而非心;终日号而不嗄,乃心不动而气和,亦得此旨。专气致柔,虚心实腹,亦皆此旨。《孟子》言志帅气,言其乾也;《老子》言气藏心,言其坤也。

五十八章

祸兮福所倚,福兮祸所伏至善复为妖。

《吕氏春秋·制乐篇》引"所伏"下云:"圣人所独见,众人孰知其极。"马叙伦从之,是也。王弼本"其无正"下无"耶"字,曰:"无可正,是其极。"高曰:"无定也。"马叙伦从傅奕本作"其无正衰",属下读,谓上有脱文。杨树达则曰:"其,岂也,属下读,'善'上脱'其无善'三字。"按:杨说近是。

《韩非·解老》曰:"人有祸则心畏恐,心畏恐则行端直,行端直则得事理,无祸害。得事理则必成功,无祸害则尽天年,故祸兮福所倚。人有福则骄心生,骄心生则行邪僻,行邪僻则动弃理。行邪僻则身死矣,动弃理则无成功,故福兮祸所伏。"按:此乃可知者也。《列子》塞翁失马之喻,则不知其极者也。

五十九章

治人事天莫若啬至无不克。

《韩非·解老》说此章详而冗,其要语曰:"众人之用神也躁,躁则多费,多费之谓侈;圣人之用神也静,静则少费,少费之谓啬。啬之谓术也,生于道理。夫能啬也,是从于道而服于理者也。思虑静则故德不去,孔窍虚则和气日入,故曰重积德。积德而后神静,神静而后和多,和多而后计得,计得而后能御万物,能御万物,故曰无不克。"

宋翔凤曰:"坤为吝啬。""服"字,王本作"复",姚鼐、高延第则训"服"为"事",谓早从事。朱晦翁曰:"早已有所积,复养以啬,是又加积。若待已损而养,则方足以补损,不得谓为重积矣。"

六十章

治大国若烹小鲜。

《韩非》谓勿数挠。高延第引《诗·毛传》:"烹鱼烦则碎,治民烦则乱。"吕惠卿曰:"烹小鲜尤当全之而不割。"

以道莅天下至德交归焉。

《韩非·解老》曰:"人有祸则畏鬼。圣人在上则民少欲,民少欲则血气治,气血治则举动理,举动理则少祸害。其轻恬,鬼也甚,故曰其鬼不神。鬼祟疾人之谓鬼伤人,人逐除之之谓人伤鬼;民犯法令之谓民伤上,上刑戮民之谓上伤民。民不犯法,则上亦不行刑,故曰圣人亦不伤民。凡所谓祟者,魂魄去而精神乱,精神乱则无德。鬼不祟人则精神不乱,精神不乱,是谓有德。上盛蓄积而鬼不乱其精神,则德尽在于民矣,故曰德交归焉。"奚引《庄子·天运》曰:"一心定而王天下,其鬼不祟。"《缮性》曰:"阴阳和静,鬼神不扰。"是也。

六十二章

道者万物之奥至不善人之所保。

    "奥",当从高训为"主",余说皆不安。"不善"
句,苏曰:"非道则不能安。"程大昌曰:"何莫由斯道
也。"奚侗曰:"恃道而生。"此三说是。盖不善人固仍
不能出乎道外也。若吕惠卿言,不善人知其不善,至
于此而玄同,则虽有恶,涣然而释矣。此则难通。善
恶安可主同,若已知不善而恶涣然,则已是善人,不
得谓之不善人矣。

六十三章

为无为三句。

    此即下文"为之于未有"之意。旧说皆支。

大小多少。

    苏、吕以降,多以齐大小多少为说,非也。奚侗
谓:"疑上下有脱文。"是也。其文不可强解。至全章
之旨,明是于相对之中侧主无与细易,此逆反之道
也。说者必欲以超说之,失其旨矣。

报怨以德。

    高曰:"有道者唯以生育覆养为事,自怨者观之,
则以为报之以德耳。"此说是。此即"不善善之,不信

信之”之义。盖唯以仁为主，而义为次也。

六十四章

民之从事至无败事。

　　此即上章所谓“犹难之，故终无难”。

是以圣人欲不欲至复众人之所过。

　　《韩非·解老》曰：“宋之鄙人得璞玉而献之子罕，子罕不受，曰：‘尔以玉为宝，我以不受子玉为宝。’是鄙人欲玉而子罕不欲玉，故曰：‘欲不欲而不贵难得之货。’王寿负书而行，见徐冯。徐冯曰：‘知者常事，知者不藏书。’王寿因焚其书。故知者不以言谈教，而慧者不以书藏箧，此世之所过也，而王寿复之，是学不学也。故曰：‘学不学，复归众人之所过。’”李嘉谋曰：“以不欲为欲，以不学为学。”此说亦明。《淮南·说林》曰：“轮复其所过，故能远。”复过谓循其故，则《韩非》“归”字衍，众人本不学也。旧说皆于本文不合。

六十五章

与物反矣，然后乃至大顺。

　　明逆乃成顺也。反即“远曰反”，旧说为与俗反，非也。

六十七章

天下皆谓我至其细也夫。

> 苏曰："若似一物，则亦一物耳，而何足大哉。"吕曰："物莫非道也，道外无物。若有所有，则道外有物矣。道外有物，则道有所不在，尚得为大乎？"

我有三宝至三曰不敢为天下先。

> 俭即敛。吕惠卿曰："唯慈故俭，俭故不敢为天下先，则慈者三宝之所自始也。"

慈故能勇，俭故能广。

> 《韩非·解老》曰："爱子者慈于子，重生者慈于身，贵功者慈于事。慈母之于弱子也，务致其福；务致其福，则事除其祸；事除其祸，则思虑熟；思虑熟，则得事理；得事理，则必成功；必成功，则其行之也不疑。不疑之谓勇。故曰：'慈故能勇。'圣人之于万事也，尽如慈母之为弱子虑也，故见必行之道；见必行之道，则其从事亦不疑，不疑生于慈。周公曰：'冬日之闭冻也不固，则春夏之长草木也不茂。'天地不能常侈常费，而况于人乎？是以智士俭用其财则家富，圣人爱宝其神则精盛，人君重战其卒则民众，民众则国广，是以举之曰：俭故能广。"按：此说最明。俭即敛也。观此，知《老子》非不欲勇广，但欲其皆根于慈俭耳。世谓《老子》之说为怯懦者，误也。

夫慈，以战则胜，以守则固。

　　吕惠卿曰："军旅之事，爱克厥威，允罔功，则慈宜若有所不行。然自本观之，则所以能立其威者以慈而已。"

天将救之，以慈卫之。

　　《韩非》曰："夫能自全也，而尽随于万物之理者，必且有天生。天生也者，生心也。故天下之道尽之生也，若以慈卫之也。"此节文义不甚明。王先谦说"生心"，谓"有善心，天救而生之"；说"之生"为往生，谓"天下之道皆往生于其心"。说皆甚强。细察之，似谓天心在生，一切道皆归于生。若果如是，则此节义精矣。

六十八章

　　魏氏以此及下章连上章说曰："专以兵明慈之为用，而俭与不敢先皆在其中。老子见当时天下方务刚强，而刚强莫盛于争战。今将救其弊而反以慈俭谦退，则天下必以为不适于用，故即其所明以喻，使即兵以知柔退，即柔退以反于仁慈，非为谈兵而设。"

善胜敌者不与。

　　与，敌也。

六十九章

是谓行无行至执无兵。

　　王弼注谓无与之抗者，高延第谓即"不战而屈人"之义。按：此承上为客、退尺言。言慎于无祸，犹上文言"为无为，事无事""为未有""治未乱"耳。吴澄乃云"虽有敌，如无敌"。若然，则是下文所谓轻敌矣。

七十章

言有宗至是以不我知。

　　此章正如《庄子·天下篇》之自序言：吾言易知而自有宗，非可执其支节也。魏曰："世人不知吾之宗主，而但见所言柔弱谦下之表，则以为卑卑不足贵。此说是辕固所谓此家人言耳，正以为卑卑也。'无知'，王本作'有知'，属人言；此作'无知'，则当属己言。"

则我者贵。

　　范本无"者"字，奚侗从之，谓作"则我者贵"，义与下文不属。是也。

七十一章

知不知，上；不知知，病。

《淮南·道应》作"知而不知，不知而知"。奚侗从之，是也。《吕氏春秋·别类篇》曰："知不知，上矣。过者之患，不知而自以为知。"即此义。苏说同。吕注谓以不知知之，以知知之，反多缴绕。

圣人不病，以其不病，是以无病。

从《韩非》本。俞曰："不病者，不以为病。"

七十二章

无狭其所居二句。

"狭"，一作"狎"。马叙伦曰："皆柙之借，谓无闭距其所止。厌，笮也。此二句即《庄子·则阳》'未生不可忌，已死不可阻'之义。"此说平实。

七十三章

勇于敢至孰知其故。

凡恶皆自敢生。不敢者，义之本，与不忍同重。"或利或害"，即指上二句，古语自不迫耳。旧说谓敢者时而利，不敢者时而害，支矣。"孰知其故"者，谓天之恶敢乃其自然，未有知其所由来也。旧说亦支。

天网恢恢，疏而不失。

程大昌曰："天之覆物也广矣，苟于细小之地而致察焉，则效近而身狭。所谓三年生一叶，则物之有叶者少矣，正其理也。要其终，验其大，则夫一定而不爽者，常可必也。故曰一雀过，羿必得之，则以一人而候一物者耳。以天下为之笼，而雀无所逃，此明于用大者之论也。世之疑天者，殆如夏叶有一黄落，而执之以为不纯乎阳，冬枝有一华实，而指之以为不纯乎阴，岂其可与论大者哉？司马迁发愤于夷、齐以舒其怨，此以一叶焦枯而疑夏，以一枝华实而疑冬者也。"

七十四章

民常不畏死至孰敢。

《尹文子》曰："畏死，由生之可乐也。知生之可乐，故可以死惧之。"此说得反言之意，谓当使民贵其生也。盖不贵生则忘身亡命，无所不敢为，而教化赏罚无所施，此圣人之所危惧也。吕惠卿曰："惟无狭其所居，无厌其所生，则可以使之畏威而重死矣。"

夫代大匠斫。

《淮南·道应》《文子·上仁》皆以君不侵臣事为说，非此章本义也。上虚下实，固是道家常谈，法家所从出，然《老子》书中不见此义。

七十五章

夫唯无以生为至贤于贵生。

《道藏》集注本王弼注此章末曰："此疑非《老子》语。"盖谓《老子》本主贵生也。后世说者则以庄周齐死生之说附之,直谓不贵生矣。吾谓此"贤于贵生",犹言真能贵生,善于贵生耳。

以上四章义一贯。惟厌其所生,故勇于敢,轻死而不畏,盖一切善以生为准。若不贵生,则无所不敢,教化刑罚皆无所施矣。

七十六章

婴儿赤子皆柔弱,壮老则坚强矣。西方之医,谓人之老死乃由身中腺体渐坚强也。仁之体亦柔也,强则不仁矣。此可知《老子》所谓柔乃生生之和之本态,非相对之柔懦也。末二句,王弼谓木之本与枝叶是也。吕惠卿以上无为下有为说之,亦是衍义。

西方物理家谓物质三态,气体、液体、固体之外,又有一态,则胶质也。生命所寄之原形质即胶质物,所谓柔弱即此状。此液体之变,在固、气之间。吾疑"负阴抱阳""冲气为和"亦此义。盖阳散阴凝,而冲气居两者之间也。

七十七章

天之道至不足者补之。

此喻旧说皆未协。马叙伦引陈汉章曰:"高者抑之,言揉弓也。《大射仪》注:'揉,宛也。'下者举之,言扬弓也。《大射仪》曰:'扬弓者,执下末。'有余者

损之，不足者补之，言引弓也。《记》曰：'引之中訾。'
郑注：'张之弦居一尺，引之又二尺。'贾疏据唐、大中
者言，余四者，引之皆三尺，以其矢长三尺，须满故
也。然则王、弧之弓，张之一尺五寸，较唐、大之弓为
有余，而以力损之，使弦居一尺；夹、庾之弓，张之五
寸，较唐、大之弓为不足，而以力补之，亦使弦居一
尺，然后引之，皆中三尺也。"

天之道至以奉有余。

天之道剂其盈虚，逆以成顺，所以成相对而又不
失绝对也。人之道则往而不反耳。

七十九章

和大怨至不责于人。

马其昶曰："和大怨者，不必余怨之悉泯，安可信
其果善我乎？盖私怨在我，怨之忘否在人。"此说最
顺。王雱注曰："《记》：'献牛马者操右契。'《史记》
曰：'操右券以责事。'知左契乃受责者之所执。"

八十章

姚鼐曰："上古建国多而小，后世建国少而大。
国大人众，欲反上古之治，亦愈难矣。"此说有见，但
未尽此章之义，已别具《内书·群治》及《右书》。

吕惠卿曰："周衰，文弊甚矣，故《老子》之言救之

以质，以反太古之治。世去太古也久矣，可以尽复乎？曰：礼不以玄酒太羹措之醴酒和羹之下，乐不以嘒管清声加以朱弦疏越之上者，使人知礼乐之意所不得已者如彼，而所反本复始者如此也。其孰知礼之俭、乐之节为反本复始之意乎？”

八十一章

圣人不积至已愈多。

道原非如物质之必彼亏而此乃成也，于此想见充满之一体。物质移转，此有则彼无。智识亦有累积性，非当下其足也，惟道乃具足而取与无损益。《庄子·天道》论天道、帝道、圣道，皆运而无所积。《天下篇》论《老子》曰：“以有积为不足，无藏也，故有余。”已说于《子疏》首。吕惠卿言道未始有物，故无积，堕空虚矣。

天之道，利而不害。

杀所以成生，义所以成仁，故曰善救物，无弃物。不善者吾亦善之，报怨以德。

为而不争。

龚自珍曰：“为者自为，争者与人争。”

《老子》二钞

古之人浅深难测，而毁誉相绝者，莫如老子。古之书文义多隐，而附会易工者，莫如《五千言》。老子之为人，独出乎诸师之先，视之有数十相，恍恍惚惚，常在人目，而真容竟不可知。《五千言》之为书，盛行于有书以来，说者有数百家，枝枝节节，熟在人口，而本旨竟不可了。古之人既竭其才矣，况以吾之肤微而欲为定论，多见其不知量也，是亦不可以已乎。虽然，承家学，宗祖师，习前之说，心未安也。讲诸子，衷圣者，置而不说，言无本矣。昔采前说入于《旧书别录》，疏略不成篇，今乃揽取群言，略辨评论，粗举测识，名之曰钞，不敢任论也。亦使恍惚者稍明白，枝节者稍统贯而已。直写圣容，具疏经旨，则所未能也。

丁卯二月二十二日刘咸炘记

甲、评论钞

采彭氏耜《集注·杂说》、焦氏竑《老子翼·附录》及诸注本,不具出。

一、横论同异

阮籍《通老论》曰:"道者,法自然而为化。《易》谓之太极,《春秋》谓之元,《老子》谓之道。"

> 所谓极与道者,固不止自然而已。然此语自当,纵不认老、孔之道全同,亦当知其说形上之本无异也。

陆希声曰:"昔伏羲氏画八卦象万物,穷性命之理,顺道德之和。老氏先天地,本阴阳,推性命之极,原道德之奥,此与伏羲同其原也。文王观太易九六之动,贵动尚变,而要之以中。老氏察太易七八之正,致柔守静,而统之以大,此与文王通其宗也。孔子祖述尧、舜,宪章文、武,导斯民以仁义之教。老氏拟议伏羲,弥纶黄帝,冒天下以道德之化,此与孔子合其权也。"

邵雍曰:"老子知《易》之体,孟子知《易》之用。"

晁说之曰:"老氏得《易》之变通屈伸。"

苏辙曰:"孔子示人以器,而晦其道,使中人以下,守其器而不为道之所眩。老子则示人以道,而薄于器,以为学者惟器之知,则道隐矣。二圣人皆不得已也。"

　　此说似是而非。孔子未尝晦其道,道、器本不相离。孔子之言为仁,亦犹老子之言道也。老子固主示道,然亦何尝薄器。又罗从彦《语录》谓老子之书,孔子未尝誉,亦未尝毁。盖谓誉之则后世之士溺其和光同尘之说,而流入于不羁,毁之则清静为天下正之论,其可毁乎? 此说亦似是而非。和光同尘,自有本原,何遽不以和同蔽老子之全,又以不羁为和同,是乃以魏晋以后之道家观老子耳。

　　秦观曰:"道德者,仁义礼之大全。而仁义礼者,道德之一偏。黄老之学,贵合而贱离,故以道为本。六经之教,于浑者略,于散者详。"江袤曰:"道宵然难言。六经之所言,言其略。老聃、列、庄之所言,言其详。详略虽殊,皆有以明道之本。"程大昌曰:"如烧火,薪能生焰,是上形之道,必资下形之器。六经、《论》《孟》说器多而说道少,是蓄薪以求生焰者也。老、庄之书,说无多于说有,是谓六经说薪已多,不必赘言者也。"又曰:"凡六经主于纪迹,而不暇究言者,此书实皆竭告也。"(程氏著《易老通言》,已亡。日本旧本《道德经广圣义》前有一节,略见岛田氏《古文旧书考》)。

　　秦拈详略,江指明本,程氏之言最为明矣。

　　叶梦得曰:"《论语》记窃比于我老彭,《孟子》之于儒,盖秋毫不以少乱。拒杨、墨,排仪、秦,终不及老氏。乃其言尽心知性以至于命,则老氏之所深致意也。"又曰:"老氏之书，其与孔子异者，皆矫世之辞，而所同者皆合于《易》。"

按：矫世者，亦是后世说之过当。

河上公曰："老子言我有三宝：慈，非仁乎？俭，非义乎？不敢先，非礼乎？"

此论最精。义，只是收敛；俭，即该不先之义。

杨椿曰："《易》之坤卦曰：'坤至柔，而动也刚。'则得乎仁者有勇之说。故曰慈故能勇。节卦曰：'节以制度，不伤财，不害民。'则得乎俭以足用之说。故曰俭故能广。谦卦曰：'谦尊而光，卑而不可逾。'则得乎一谦而四益具之说。故曰不可为天下先，故能成器长大。《易》、老氏之言，若合符节。"

宋翔凤曰："班书曰：'秉要执本，清虚自守，此人君南面之术也。'秉要执本，即居敬行简。《论语》称为政以德。又言道之以德，齐之以礼。又言无为而治。《五千言》之文，悉相表里。放者之独任清虚，即居简行简，仲弓亦言其弊，非《老子》本意。处无为之事，行不言之教，即居敬。又曰：'圣人抱一为天下式。'一者，诚也。诚即敬。抱一即居敬。又曰'修之于身，其德乃真'云云，即《论语》修己以安百姓，非独任清虚也。"

高延第曰："无为之说，孔子尝言之，盖修内以治外，执简以御繁。帝王之道，不过如此。"

林东曰："道心惟微，无为而治，吾儒未尝不用《老子》。如我有三宝，不以兵强天下，《老子》未尝不用吾儒。"

　　按：此说似是而非。禹、孔子时本无老、儒之分，何所谓此用彼、彼用此邪？

程伊川曰："道家之说，更没可辟。"又曰："庄生形容道体之语，尽有好处。老氏'谷神不死'一章最佳。"

　　自汉以来，儒者骛于器末，宋儒始知返本。其所得，正从《老》《庄》来。可知《老》之详本，正所以补六经之所略耳。

　　如上所说，圣道之同明矣。然后人犹有不解者。一则曰弃礼，二则曰偏阴，下引辨之。

朱子曰："他曾为柱下史，于礼自是理会得，所以与孔子说得如此好。只是他又说这个物事不用得，亦可一似圣人，用礼时反若多事，所以如此说。《礼运》中'谋用是作，而兵由此起'等语，便自有这个意思。"

姚鼐曰："孔子告曾子、子夏，述所闻老聃论礼之说及老子书，言以丧礼处战之义。其于礼精审，非信而好古能之乎？南行者久而不见冥山，求之过也。夫老聃之言礼，盖所谓求之过者矣。得先王制礼之本意，而观末世为礼者，循其迹而谬其意，苟其说而益其烦，假其名而悖其实，则不胜悁忿而恶之。礼云礼云，玉帛云乎哉！夫礼贵有诚也。老子之初志亦如孔子，而用意之过，贬末世非礼之礼，其词偏激而不平，则所谓君子驷不及舌者与。且孔子固重礼之本,然使人宁俭宁戚,下学上达而已。庸言之必谨,逮七十子之徒推孔子之义,极言之固多高远失中,此亦圣门好古达于礼者之言失也。"

《老子》未尝言礼不用亦可,只是惜其失。姚氏既知重本之义老、孔所同,而又以为惛愁过贬。惛愁之说,无所稽据,孔子言之详,故不觉过,老子言短,故觉过耳。苟取《论语》《戴记》所载孔子重本之言,截而短之,不知与《老子》何殊也?

高延第曰:"老子欲人修其内,勿徒饰于外,故有先道德后仁义之说。名立于此,诈生于彼。人见仁义贤能,贵尚于世,于是假托其名以邀利,故有不尚贤,不贵能,绝仁弃义之说。与下篇上仁上义上礼云云,已不相蒙,义各有在耳。"

按:此说持之者多,而高语最明直。

应扬谦曰:"孔子得《易》之乾,老子得《易》之坤。"

宋翔凤曰:"老子著书以明黄帝自然之治,即《礼运篇》所谓'大道之行'。"又曰:"《礼·祭法》记黄帝正名百物,即黄帝史仓颉造字,《说文》始一终亥,即《归藏》之说。《归藏》首坤,坤之气在亥。惟初大始,道立于一,造分天地,化成万物,即无名天地之始也。坤为母,为地,至哉坤元,万物资生,故曰万物之母。此首坤之义也。"

纪大奎曰:"乾之一何以始,其始于复乎?乾之一何以藏,其藏于坤乎?《老子》曰:'反者道之动。'盖言复也。

曰:'弱者道之用。'盖言坤也。坤复之际,生物之大始也;
有无之间也,动静之根也。"又曰:"归而藏焉斯静,静而动
焉斯反。静极则动,弱极则反,动而反,天下之物通矣。
故曰:复,亨。刚反动而以顺行。"又曰:"坤者,复之机也。
复者,乾之始也。《初九》曰:'潜龙勿用。'藏于坤,故曰
潜。"又曰:"先天之易始于坤,成于乾,而复归于坤。"又
曰:"吾于是知《老子》得《归藏》之《易》者也,故其言皆合
坤、乾之义焉。坤、乾者,乾归于坤,坤藏乎乾之谓也。"
(纪氏著《老子约说》二卷)

宋、纪二人皆以坤卦义说《老子》,极多密合。宋
犹不过以文义证,纪则发明尤深至。纪氏一生致力
于《易》,创言包体,其说可取者,在以《易》明礼本贯
谦、履、咸、恒,而说以坤包乾为主,即《归藏》之义也。

魏源曰:"老子与儒合乎?曰:否。天地之道,一阳一
阴,而圣人之道,恒以扶阳抑阴为事。其学无欲则刚,是
以乾道纯阳,刚健中正,而后足以纲维三才,主张皇极。
老子主柔宾刚,而取牝,取雌,取母,取水之善下,其体用
皆出于阴。阴之道虽柔而其机则杀,故学之而不善,则深
刻坚忍,而兵谋权术宗之,虽非其本真,而亦势所必
至也。"

扶阳抑阴,乃汉儒谬说。阴之当抑者,欲也。老
子之所谓阴,非欲也。言发故言阳,言敛故言阴。负
阴抱阳,岂全不用阳邪?至以柔为启杀,则刚亦启

淫。李贽尝言:"独不曰仁义之后为篡弑乎?"

高叔嗣曰:"大道之归一致而百虑,圣人之旨同情而异言。昔仲尼之门罕言天道,是以后世无得闻焉。然《周易·乾爻》配象,六龙始于勿用,终于穷亢,不以吉凶告人。用九见群龙无首则吉,而仲尼赞之曰:'用九,天德不可为首也。乾元用九,乃见天则。盖刚而能柔,天之道也。'此与老子何异? 故称吾见老子其犹龙乎。夫学者独患不知天人之一。不知天人之一,则其议圣人者陋矣。自古言仁义礼乐有过于老子者乎? 然而非不知天也。言阴阳刚柔有过于孔子者乎? 然而非不知人也。顾圣人示人有不同,其所言者,学者之所信;所不言者,学者之所疑也。"

　　此论最当。老子之言坤,乃自乾而上反也,岂艮、离以下之阴哉?

叶梦得曰:"老氏论气,欲专气致柔如婴儿。孟子论气,以至大至刚,直养而无害,充塞乎天地之间。二者正相反,从老氏则废孟子,从孟子则废老氏。以吾观之,二说正不相反。人气散之而与物敌则刚,专之则反于己而柔。刚不可以胜刚,胜刚者必以柔,则专气者乃所以为直也。直养而无害于外,则所谓持其志毋暴其气,当如曾子之守约。约之至积而反于微,则直养者乃所以为柔也。"

贺贻孙曰:"刚柔迭用,此孔、老所由变;刚柔合一,此孔、老所由化也。后世孔、老玄黄之争,起于《老子》尚柔绌刚,异于《易》旨;而专气致柔之说,异于《孟子》至大至刚、直养无害之旨。不知柔之易废与刚之易折者,皆非其至。至柔非专气不能,至刚非直养不能,然未有不专而能直者。观孔子之言《乾》曰:'其静也专,其动也直。'则是至刚如乾,亦与坤同其静专矣。言《坤》之《六二》曰:'六二之动,直以方也。'则是至柔如坤,亦与乾同其动直矣。"

叶、贺皆有得于道家之学,而贺尤深。

施补华曰:"孔子曰:'宽柔以教,不报无道,南方之强也,君子居之。'老子亦曰:'弱其志,强其骨。'是则孔子之贵刚者,体也,其用未尝不柔也;老子之贵柔者,用也,其体未尝不刚也。《易》乾至刚矣,而《用九》见群龙无首,则寓刚于柔;坤至柔矣,而《六二》直、方、大,不习无不利,则宰柔以刚。"

二、纵论源流

魏源曰:"老子道,太古道;书,太古书也。曷征乎?征乎柱下史也。班固谓道家出古史官,庄周亦谓古之道术有在于是者,关尹、老聃闻其风而悦之。斯述而不作之明征哉。"

钱大昕曰:"周之弊在文胜,文胜者当以质救之。不尚贤,不贵难得之货,不见可欲,清静自正,复归于朴,所以救衰周之弊也。"

魏源又曰:"忠、质、文皆以救弊,而弊极则将复反其初。孔子宁俭毋奢,为礼之本。欲以忠、质救文胜,是老子淳朴忠信之教,不可谓非其时,而启西汉先机也。然删书断自唐、虞,而《老子》专述皇坟以上。夫相去太远者,则势常若相反,故论常过高,乃其学固然,非故激而出于此也。"又曰:"圣人经世之书,而《老子》救世书也。使生成周比户可封之时,则亦嘿尔已矣,自非然者。去甚、去奢、去泰之旨,必有时而信于天下。"(高延第《老子证义》旨与魏氏大同,故不复录。)又曰:"含德之厚比于赤子,致柔之极有若婴儿,乃混沌初开之无为也。及世运日新,如赤子婴儿日长,则其教导涵育有简易繁难之不同,惟至人能因而应之,与民宜之,故尧称无名,舜称无为。夫子以仲弓居敬行简,可使南面。其赞《易》惟以乾、坤易简为言,此中世之无为也。天下之生久矣,一治一乱。如遇大寒暑、大病苦之后,则惟诊治调息以养复其元,而未可施以肥浓脧削之剂。西汉文、景刑措之治,亦不啻重睹太古焉,是古无为之治非不可用于世明矣。"又曰:"上焉者羲皇、关尹,治之以明道。中焉者良、参、文、景,治之以济世。下焉者明太祖诵民不畏死而心减,宋太祖闻佳兵不祥之戒而动色是也。"

　　按:魏氏之论是而有病。如彼之言,则老子之道不可行于今世,而尧、舜之化,易简之说,仅如曹参、汉文,为一时之救而已耶。

　　魏氏又曰:"时不同,无为亦不同,而太古心未尝一日废。"又曰:"吾人视婴儿如昨日也。万物之于母,无一日离也;百谷于其王,未尝一日离也。动极必静,上极必下,曜极必晦,诚如此,则无一物不归其本,无一日不有太古也。"

此则稍近之矣。世虽变,道本不变。老子之言道,本也,所谓阴静者,道之本状也,非徒胜热之剂也。文、景稍得其意,宋、明偶触其言,何足以概其全哉!

杨椿曰:"道家者流,其来最远,逮秦、汉间遂名曰黄老之学。中古以来,盖尝与尧、舜、周、孔之道并行于世而不相戾。"

此能见其入民性之深,与但指曹参、汉文,以为效证者不同。

姚鼐曰:"老子书所云绝圣弃智,盖谓圣智仁义之伪名,若臧武仲之为圣耳,非毁圣人也(宋翔凤曰:"《五千言》屡言圣人尊,圣者至,非真言绝圣")。而《庄子》乃曰:'圣人不死,大盗不止。'《老子》云贵以身为天下者,言不以天下之奉加于吾身为快。虽有荣观,燕处超然,以是为自贵爱也。而杨朱乃曰:'不拔一毛以利天下。'皆因其说而益甚为谬,岂老子所及料哉。"

老子时无著书之事,《五千言》殆出口授,故其文甚简,而一切说皆可附之。盖学术之同异,在其实不在文。如不循其实而徒断其文,则墨、孟亦有同者矣。

魏源曰："无为之道，必自无欲始也。诸子不能无欲，而第慕其无为，于是阴静坚忍，适以深其机而济其欲。庄周无欲矣，而不知其用之柔也；列子致柔矣，而不知无之不离乎有也。故庄、列离用以为体，而体非其体；申、韩、鬼谷、范蠡离体以为用，而用非其用。"

今本《列子》书伪，不可见御寇本旨。谓庄不知柔，亦非。末二语则当。

朱子曰："庄子说得较开辟，较高远，然却虚走了那老子意思。若在老子当时看来，也不甚喜他如此。"

陆希声曰："杨朱宗老氏之体，失于不反，以至于贵身贱物。庄周述老氏之用，失于太过，故欲绝圣弃智。申、韩失老氏之名，而弊于苛缴刻急。王、何失老氏之道，而流于虚无放诞。"

此说杨、庄亦当，申、韩非止失名。

苏轼曰："老子之学，重于无为，而轻于治天下国家，是以仁不足爱而礼不足敬。韩非得其轻天下之术，遂至残忍刻薄而无疑。"

张耒曰："吾尝论黄、老之道德本于清净无为，遣去情累，而其末多流为智术刑名。何哉？夫惟静者见物之情，而无为者知事之要，据其要而中其情者，智术之所从出也。仁义生于恩，恩生于人情，圣人节情而不遣也。无情之至，至于无亲。人而无亲，则忍矣。此刑名之所以用也。"

李贽尝驳苏曰:"以非之才而卒见杀于秦,安在其为善解《老》也。是岂无为之谓哉? 彼以柔弱,而此以坚强;此勇于敢,而彼勇于不敢,已方圆冰炭若矣,而谓《道德》申、韩宗祖可与?"钱大昕曰:"《老子》,救世之书也。周道先礼后刑,其弊至于臣强君弱。老氏知后之矫其失者必以刑名进也,故曰:'天将救之,以慈卫之。'"又曰:"民不畏死,奈何以死惧之。一篇之中,三致意焉。太史公言申、韩惨刻少恩,皆原于《道德》之意,而老子深远矣。此因韩非书有《解老篇》而特辩之,言其托于老氏而实失老氏之旨。后人误会《史记》,乃谓《道德》流为申、韩,岂其然乎?"此论亦是,然犹未能探源。老裔之流传为道家之田、慎、杨、魏,兵家之计、范,纵横之鬼谷,法家之申、韩,渐变渐失,痕迹具在,而向来学者都弗能深考,止大略言之,遂觉老、韩相去不远。不知其相距之远,殆若仲尼之与贱儒也。苏、张二人之说,后人习而和之,皆由不考诸子源流之故。《老子》本无遣情之说,自是后人沿《庄》《列》而误。如使遣情必忍,则《孟子》言寡欲,亦忍之媒。以刑名咎遣情,是见饱死而咎后稷之不当播种也。以权谋咎知要,则科杀人之罪于造刀也。

陈璀曰:"《神考圣训》曰:汉之文、景,唐之太宗,孔子所谓吾无间然者。臣因考三君之行事,知汉文之术得于《老子》,而仁祖之政多似汉文。"又曰:"老异于孔,而其本则同。汉劣于周,而善亦可取。"

朱子曰:"如汉文帝、曹参又只得《老子》皮肤,凡事只是包容因循将去。"

高延第曰:"帝王之遵其学者,无过汉文帝。观其俭以奉己,慈以爱人,谦静自处,终致海宇清平。光武中兴,自谓以柔道治天下,《报臧宫马武书》亦深得老氏之旨,亦可见无为之道非不可以治世矣。"

魏源曰:"后世如东汉光武、孝明,元魏孝文,五代唐明宗,宋仁宗,金世宗,皆得其遗意。"又曰:"汉宣始承黄老,济以申、韩。"

曹参、汉文,诚未尽老子之道。汉宣本学申、韩,全无关于黄老。光武不下孝文,耿况父子、任光等,皆本学黄老。孝明稍杂刑名,正如景之于文。元魏孝文貌好儒术,不似道家。唐明、金世稍有意,而不可与孝文、光武同论。宋太祖实得道家之术,深于唐明、金世。太宗次之而稍谲矣。

高延第曰:"两汉之士宗其学者,类能崇志节,敦朴素,超然不为流俗所污。"

朱子曰:"子房深于老子之学,若以比王仲淹,则不似其细密。"又曰:"扬子云作《太玄》,亦自《庄》《老》来,惟寂惟寞可见。"又曰:"文中议论本原处,亦只《庄》《老》中来。"又曰:"康节学似《老子》。"

魏源曰:"汉人学黄老者,盖公、曹参、汲黯为用世之学,疏广、刘德为知足之学,四皓为隐退之学,子房犹龙,出入三者,体用从容。孔明澹泊宁静,法制严平,似黄老,非黄老,似申、韩,非申、韩。"

> 扬、王皆是,孔明亦黄老分多。若四皓、子房,止是计、范末流策士而已,不足论也。后世误推之。若良可称,则平亦可称矣。

王通曰:"清虚长而晋室乱,非老子之罪也。"

朱子曰:"王导、谢安何曾得《老子》妙处。"又曰:"晋、宋时人多说庄、老,只是借他言语来盖覆那灭弃礼法之行耳。"

> 当时老、庄之学乃专讲庄之名理,后又杂入佛家,非两汉之旧。非借言语也,谓是借以盖覆,乃苛而不审之论。王正是良、平一流,谢尚过之。称张贬谢,乃宋人不善读史而习谬之论。

魏源曰:"有黄老之学,有老、庄之学。黄老之学出于上古。魏晋之世,不言黄老而言庄、老。其言庄也,又不师其无欲,而专排礼法以济其欲,故不勇于不敢,而勇于敢,动行一切之法,使天下屏息待命而已。得以清静自在,与黄老慈俭不敢先天下之旨若冰炭霄壤之相反。"又曰:"《老子》言绝仁弃义,而不忍不敢意,未尝不行乎其间。庄周乃以徜徉玩世诃帝王,盗圣人。至于魏、晋之士，无欲又不及周，且不知无为治天下者果何如也。于是不禁己欲而禁人之欲，不勇于不敢而勇于敢，不忍于不忍而忍于忍。"又曰："后人以急功利之心，求无欲之体不可得，而徒得其相反之机，以乘其心之过不及，欲不偏不弊，得乎？《老子》兢兢乎不敢先人，不忍伤人，而学者徒得其过高过激，乐其易简直捷，而内实决裂以从己，则所见之乖谬使然也。"

　　此论魏、晋为庄学甚是。而以为行一切之法，则又可笑。魏、晋诸人之废事，正是鄙弃法家耳。魏氏之论，恰可移以论韩非。于魏、晋诸人学术，全未审也。

乙、文义钞

　　刘清源《道德经通论》曰："老子之言道德，偶从关令之请，矢口而言，肆笔而成书，未尝分为九九章也。后人分为上下二卷，以象两仪之妙。用九九八十一章，以应太阳之极数。"黄茂材《道德经注》曰："道德虽有二名，实不可离。今世学者乃分上经为《道》，下经为《德》，甚非作书之旨。"邵若愚《老子解序》曰："今以理考《道德》，混说无分上下，此流俗之言，又不知何人分为八十一章，图象易数，此皆戏论，无益于人。"

　　姚鼐《章义序》曰："所谓《河上公章句》者，盖流俗妄人作之。其于老子书宜合而分，宜分而合者，谬故易见。

而行之既久,洎宋苏子由之伦,乃守其分章之失于不可通者,穿凿附会,缴绕其词以就之。余试取更之,或断数字为章,或数百字为章,若老子本意甚明,无待人多说者。"

龚自珍曰:"《道经》《德经》,唐人所分,其不知《老子》与伪《河上公》之强分八十一章一也。《老子》本不分章,亦不分上下篇,亦无《道经》《德经》之名。"

魏源曰:"《五千言章句》以河上公所分及傅奕古本为最疵,而《淮南》所引为最善。"又曰:"《汉书·扬雄传》言老聃著虚无之言两篇,即《史记》所谓上下篇也。唐明皇御注分《道经》《德经》之名。《河上公》八十一章又各立篇名,皆臆造非古。"

孙诒让曰:"分题《道经》《德经》,《河上公》本《经典释文》所载,王注本、唐傅奕校本并同。牟子《理惑论》云:'老氏《道经》三十七篇。'则汉时此书已分《道》《德》二经。其《道经》三十七章,《德经》四十四章,亦与今本正同。今所传王注出于晁说之所校,不分《道》《德》二经(《释文》本分)。于义虽通,非汉唐之旧。"

按:刘说最为谛当。姚、龚破篇章之旧,自以为创,不知宋人已先说矣。至龚、魏以分二经罪唐人,龚氏且谓本非二篇,则太不考。明皇类言道者为上卷,言德者于下卷,非分二经也。然孙氏所说亦未为是。《汉志》收《傅氏经说》三十七篇,似足为孙说之证。然他经说则四篇。《牟子》乃六朝人伪作,未足为据也。姚氏破旧分章次，是也。而长章多牵合，短章又太破碎。魏氏以姚氏为舛，顾好贯说，其不必贯，反蹈姚氏所讥，亦未善也。

魏源曰："《韩非》有《喻老》《解老》，则是以刑名为道德。王雱、吕惠卿诸家皆以《庄》解《老》，苏子由、焦竑、李贽诸家又动以释家之意解《老》，无一人得其真。"又曰："解《老》自《韩非》下千百家。老子不复生，谁定之？彼皆执其一言而阂诸《五千言》者也。取与翕辟，何与无为清静？刍狗万物，何与慈救慈卫？元牝久视，何与后身外身？泥其一而诬其全，则《五千言》如耳目口鼻之不能相通。夫不得言之宗、事之君，而徒寻声逐景于其末，岂易知易行，而卒莫之知且行，以至于今泯泯也。"

魏氏泥诬之论，诚为精卓。顾其所作本义，亦仅以西汉黄老家之见为准，未遂为全得本旨也。又其排斥旧说，亦未免过于一切，其所取仍以王、吕为多，而吕、焦说之近释者亦未尽去。韩非初治老书，后乃为法，《解老》《喻老》，未尝以刑名为说。其解《上德》《三宝》诸章，精纯且过于后人。《河上》自是伪书。王弼之可取者，不少于吴澄、陆希声。程大昌引《易》以说，最为近之。宋人说者最多，长于衍畅，而衍畅之弊则如姚氏所诋之缴绕，且往往因指实而使广义反狭。魏氏所取，大氐如斯。必求近于本旨，不如上求周、汉，不依文作训，而述者之精，时拟于作。管书《心术》《内业》，几与《五千》并峙。庄周虽近纯，则不如《淮南》。惜儒者拘于训解之本，不知广探。近杨树达辑周、汉之说为《老子古义》，极可观览，惜犹止掇明说而未及暗述也。是书固不能有具备之定说，其故有三：一则篇章难定，常有单文孤节不可强贯，如"从事于道者""道者同于道""乐与饵""人之所教"之类。二则训诂难明，如"揣而锐之""扔无敌"及"袭明""教父"诸名词。三则语意难定，或浑言而未详，如"吾不知谁之子""实其腹""绝学无忧"之类。或两说而皆通，如"不见可欲""孰能安以久动之徐生"之类。乃至正言若反，如"刍狗万物""绝仁弃义，民复孝慈"之类。凡此殆居全书之半，虽旧说尽有精正之言，而终无以质定其信。是盖当时本无著述之事，老子为关尹所强，随口而说，时非一日，体非成篇，固无由以文法求。陆象山言《论语》中多有无头柄说话。是书之多无头柄，更甚于《论语》。有欲强全通者，非愚则诬也。吾读是书，亦有零碎之见，乃在以反复为纲，钞文而类贯之。不录全章，以避强附。知其可知，不强通其不可通。间加注说，止居十五。盖类贯则不待解而明。昔人支离缴绕而致失真者，亦可以豁然。昔赵子昂写《老子》正文，谓注皆繁而无用。语虽过当，亦有由也。其枝叶易解之词亦不录。

道之既形皆相对，御之之术则曰退，总名之曰反复。夫道本绝对，非止相对，相对特其既形之势耳。但知相对，而以互矫为用，道家之流皆能之。使老子亦然，则无以异于慎到、惠施。观经言"有物浑成""同谓之玄"。曰"抱一"，曰"知常"，其非止于相对明矣。顾绝对难明，乃因相对而显。是以《易》有太极，而卦象则始乾、坤，此言之所以不离相对也。世界之成，由益而顺进，而所以不穷者，则在损而逆退，反于绝对，固非徒互矫也。古圣人之术，罔不主此，而向来学者皆未察焉。迨西方之风入，而后知其大异在此，深理益以浅明。吾作反复明退之术，今复述《老子》以明所本，至于形容道体，叙述实功之词，则不录也。

　　万物并作，吾以观其复。夫物芸芸，各复归其根。归根曰静，静曰复命，复命曰常，知常曰明。（复即所谓全而归之。）　飘风不终朝，骤雨不终日。（不终朝，不终日，皆必反也。）　大曰逝，逝曰远，远曰反。　始制有名，名亦既有，夫亦将知止。　知足不辱，知止不殆，可以长久。　道乃久。　天长地久。天地之所以能长久者，以其不自生，故能长生。　是谓深根固蒂、长生久视之道。　不失其所者久，死而不亡者寿。（物皆由逝而远，远必反，故曰好还。知止即知反。经屡言知足，即知止，非止谓保富贵也。相对往来皆不常久，必反乃为常，乃能久。常久实《老子》之宗旨，故屡言常道、常德、袭常，此即《易》之恒，佛之真常也。故《庄子》论《老子》曰："建之以常无有，主之以太一。"常，乃绝对也。）

执古之道，以御今之有，能知古始，是谓道纪。（乍观此，似止言泯时间之殊，实则此所谓古，乃最先即绝对也。知始即是知常。阅众甫即知始。阅之乃由有精，可知其为绝对，非徒宛转随相对而观之也。）

道生一，一生二，二生三，三生万物。（奇偶合而数备。二为一之对，三为一之反，故止言三。相对止二，三亦一也。）

有无相生，难易相成，长短相形，高下相倾，音声相和，前后相随。（凡此皆有居则有去。下文曰："夫惟弗居，是以不去。"则明绝对。）

有之以为利，无之以为用。 天下万物生于有，有生于无。 无有入于无间。

善人者不善人之师，不善人者善人之资。

物或损之而益，或益之而损。

物或行或随，或呴或吹，或强或羸，或载或隳。

将欲翕之，必固张之；将欲弱之，必固强之；将欲废之，必固兴之；将欲夺之，必固与之。是谓微明。

躁胜寒，静胜热。

祸兮福所倚，福兮祸所伏。 正复为奇，善复为妖。（以上皆言相对之势。昔人不知其为言势，而以为术，则疑于权谲宛转矣。）

既得其母，以知其子；既知其子，复守其母。（以上言势，皆所谓知子也。得母乃知子，即知古御今，以精阅众甫。守母者,反也,反于绝对也。)

图难于其易,为大于其细。天下难事,必作于易;天下大事,必作于细。 其安易持,其未兆易谋。其脆易判,其微易散。为之于未有,治之于未乱。合抱之木,生于毫末;九层之台,起于累土;千里之行,始于足下。 见小曰明。(为之于未有,即守母之学,不待其远而后反。)

保此道者不欲盈。 是以圣人去奢,去泰,去甚。多言数穷,不如守中。(盈必穷。)

治人事天莫若啬。夫惟啬,是谓早服。(服,事也。即为之于未有。啬,不盈也。) 天之道,其犹张弓乎?高者抑之,下者举之,有余者损之,不足者补之。天之道,损有余而补不足,人之道则不然,损不足以奉有余。(损不足以奉有余者,不知反复而任其盈也。)

为学日益,为道日损,损之又损,以至于无为。(又云:无为而无不为。为者败之,执者失之,无为故无败,无执故无失。皆极言之,非果无为也。损有余即啬。)

玄德深矣,远矣,与物反矣,然后乃至大顺。(昔人以与物反为道与俗反,乃浅疏之。论此即远曰反也。反自是逆,逆而后顺。云然后乃大顺者,明世之顺非真顺也。)

反者道之动,弱者道之用。(不动固无所谓反,反则以弱为道。凡进者,皆刚强也。)

天下之至柔,驰骋天下之至坚。 守柔曰强。 人之生也柔弱,其死也坚强。万物草木之生也柔脆,其死也枯槁。故坚强者死之徒，柔弱者生之徒。强大处下，柔弱处上。　天下柔弱莫过于水，而攻坚强者莫之能胜。柔胜刚，弱胜强。

上善若水。水利万物而不争，处众人之所恶。　不尚贤，使民不争。　江海所以为百谷王者，以其善下之。

大者宜为下。　贵以贱为本，高以下为基。　后其身而身先。　欲上民，必以言下之；欲先民，必以身后之。

知其荣，守其辱，为天下谷。为天下谷，常德乃足，复归于朴。（辱即下与后。）

知其雄，守其雌，为天下谿。为天下谿，常德不离，复归于婴儿。　专气致柔，能如婴儿。　天门开阖能为雌。

牝常以静胜牡，以静为下。　含德之厚，比于赤子。物壮则老，是谓不道。不道卑己。　百姓皆注其耳目，圣人皆孩之。（壮则老，即逝曰远。）

知其白，守其黑，为天下式。为天下式，常德不忒，复归于无极。

处其厚，不处其薄。居其实，不居其华。

俗人昭昭，我独昏昏。俗人察察，我独闷闷。

明道若昧，进道若退，夷道若纇。（不平也。）上德若谷，大白若辱，广德若不足，建德若偷，质真若渝。（变也。）大方无隅，大器晚成，大音希声，大象无形。

大成若缺，其用不敝。大盈若冲，其用不穷。大直若诎，其用不屈。大巧若拙，大辩若讷。

曲则全,枉则直,窪则盈,敝则新,少则得,多则惑。是以圣人抱一以为天下式。(敝谓旧也。)

三言复归曰婴儿,曰朴,曰无极,曰无形,曰抱一,皆绝对可知,非徒以相对矫相对也。

重为轻根,静为躁君。

万物负阴而抱阳,冲气以为和。(负,持也。抱,禽也。)知和曰常。(静为君,故非相对。抱阳,故非废阳。)

以上类而贯之,不烦言而解。昔之说者,拘于章节,不知互证。徒见其名词之多,随文立说,故支离破碎。今再以诸名词统为一表。

逝 远	复 反 止
今 有	古始 无
子	母
盈 奢 泰 甚	冲 嗇 窪
益	损
坚 刚强	柔 弱
上 先 荣	下 后 辱
雄 牡	雌 牝
壮老	赤子 婴儿
白	黑
薄华	厚实
轻	重
躁	静
阳	阴

昔龚定庵作《老氏纲目》,谓老氏之大训九:曰虚,曰柔,曰默,曰静,曰退,曰守,曰慈,曰啬。(不为先即退,知足、知止即啬,俭亦啬。)凡大戒亦九:曰刚,曰盈,曰轻,曰躁,曰敢,曰锐,曰伪,曰争,曰壮。所说缺而不全,且《老》之旨一而已,岂有九哉?

戊辰讲语(七月十一日讲,二十二日修)

凡立言之书,其文词愈详整,宗旨愈小愈显,则明之愈易。诸子书,《墨子》最易明,即以其文详直,而标举宗旨甚显。《庄子》之文参差俶诡,而宗旨甚隐,故较难明,然文犹多且详。其他子书,文虽不多,大氏详直,其旨亦小而显。惟老、孔之书则最不易明。《老子》尤甚。

二圣之书皆出于诸子未兴时,其时尚无著书之事。记言之书,亦无详直之体。其书乃门人随所言而记之,零条短章,言多浑而未指实,故散漫而难得其系统。昔陆子静言《论语》多是无头柄底说话。《老子》书之多无头柄尤甚于《论语》。行不言之教,已自言之矣。且孔子之后有曾、思、孟递相发明,《大学》纵以贯之,《中庸》横以包之,七篇之书简以约之,辨以界之,故直至今日,虽能以短章括孔学之本末者尚少,而能度其大略者已多。《老子》则又无是。关尹、列子近承其教,而书皆不传(今传《关尹子》伪,《列子》残伪)。《庄子》参差,又多过当之言,其他道家则皆不得其全。儒学崇盛之后,又阴取而不肯自名,故直至今日，即道家之说，亦尚无条理完具之书，无论《老子》之全也。

夫其言之浑，亦由其旨之宏。老、孔二圣之道，根极深而枝叶广，本不同于诸子。旨宏则易于依托，故儒、道二家支派分裂之多且远（甚至相反），亦甚于诸子。昔达巷党人称孔子无所成名，老子之无所成名尤甚于孔子。"人皆谓我道大，似不肖。若肖，久矣其细也夫!"已自言之矣。盖孔子所言，多切指显处，老子则多言隐处。隐则词浑，固其势也。隐则易变易亡，浑则易误易附会，故不数传而多失。儒门虽有纷歧，而流失之甚者，仅荀卿之礼变为韩非之法耳。老派则流失最繁，一则自然之道，由慎到之势变为韩非之法。一则阴静之道，变为申不害之术，范蠡、鬼谷之权。兵家、法家，悉归本道家，道家乃为古今诟病。其稍近者，则西汉以降之黄老学，仅得濡弱谦下之表（说见后）。魏、晋以降之老、庄学，又成放恣颓惰之风。此皆自名老学，而老子一身遂有数相矣。

古今说《老子》者，吾皆不信为完善。不揣冒昧，本祖训而审全书，姑妄约言其大旨如下。

道有本有末，本简而末繁。先王遗籍，皆典章制度，详于末度。道不离器，本不离末。不离事而言理，固古人之高于后人。然全不言本，则逐末日甚，道术将裂（参阅《庄子·天下篇》首）。老子本守藏史，见言末者已详，而言本者止一《易》，乃应关尹之请而留此书。特详于本，以辅大《易》，故《老》《易》之义一而不歧。然《易》始于乾、坤相对，衍为六十四卦、三百八十四爻，以尽天地万物之情。司马迁谓之本隐以之显，是由本以推末，仍未详言绝对之本，故《老子》补之。《老子》之言，较《论语》为玄虚。而二圣之道，乍观若相反者，即以此故。夫绝对者果何物耶？讲义理何必求绝对。粗浅言之，似若理障多事，而实不然。盖所谓绝对与相对，即一与多、变与不变（西洋希腊哲学最初问题亦止此）。世间形形色色固是多变，但其中必有一不变。苟无此，则世界无理而亦不能长久（此即所谓"天得一以清，地得一以宁，神得一以灵，万物得一以生。天无以清将恐裂，地无以宁将恐发，神无以灵将恐歇，万物无以生将恐灭"。长久即常，书中屡言之，已详《二钞》。孔子之中贯，佛家之常住，亦即此不变之一）。但绝对超乎相对，而实不离相对（即周于相对）。即道即器，即一即多。既有形名，便是相对。故绝对不可直言，惟有借相对之言交互以名之。故言无，言一，言虚。绝对不可直求，惟有依相对之势逆转以求之。故言阴，言柔，言静，言退。夫无与有对，一与二对，虚与实对，阴柔退静与阳刚动进对，实皆相对，何尝是绝对。故知此乃方法而非目的。此乃其用，而非其体。由是以言，则《老子》之旨可以二言括之，曰反本。本即绝对，为其目的，书中称为常。言相对者，举末以形本耳。反即逆，为其方法，书中称为复。阴柔静退乃其支节散义耳。所谓本者自有境界,所谓反者自有功夫,非徒空言自圆而已。传其说者渐失其真,而流于偏执相对之观,而忘绝对之求。推阴柔静退之节目,而忘逆反之本旨。是故势、法、权、术,依此而生,其能别白势、法、权、术者,亦不免举实有以非虚无,执阳刚以非阴柔,终以老、孔为不可合(宋儒程、张诸子论理气绝对、相对,皆与老庄同,而自谓别于老庄,且排老庄即由未审老经之义)。至于漫用新词,标为非攻无治、激烈革命者,更辽远矣。

　　吾今于古今说《老子》者皆不专信,而别为一说,其能免于臆说武断之讥乎?虽然,吾有证也。论《老子》者莫古于《庄子》,其言亦最详。《庄子》承关尹、列子,于《老子》之传,较他家为近且正,其说虽多过当,要较他人为可信。试取《天下篇》说之如下:

以本为精,以物为粗;以有积为不足,澹然独与神明居。古之道术有在于是者。

　　　　"本"即本篇首段所谓"本数",所谓"皆原于一","物"即首段所谓"末度",所谓"其数一二三四是也"。凡事物及理,初必粗,后乃精。一粗多精,积然后足,固常见也。此则反之,即所谓"少则得,多则惑""其出弥远,其知弥少""圣人不积""知足常足""广德若不足也"。"神明"即首段所谓"神何由降,明何由出",谓天地之生命。

关尹、老聃闻其风而说之,建之以"常无有",主之以太一。

　　此二句即《老子》主旨。前人多读"常无有"为一词，说为常无，非也。此当读"常"为一词，"无"与"有"二字相对，乃"常"之所包，其式为常(无)，盖相对皆多也。超相对以言绝对，则曰一。然一仍多中之一，与二三四对。超此相对之一则曰无，然无仍与有对也。故合言之曰无有，即无即有；分言之曰常无、常有。又恐误为二也，故合言之曰常无有。此《庄子·齐物论》所谓两行也(《齐物论》曰："有有也者，有无也者，有未始有无也者，有未始有夫未始有无也者。俄而有无矣，而未知有无之果孰有孰无也。"又《天地篇》曰："泰初有无无，有无名。一之所起，有一而未形。"《则阳篇》论季真之莫为，捷子之或使，曰："或使则实，莫为则虚。有名有实，是物之居。无名无实，在物之虚。"又曰："道不可有，亦不可无。"皆是义也)。此以对多，亦可曰一。但此所谓一，非与二三四对之一，故名之曰太一(超相对者实贯相对。《庄子·大宗师》曰："其一也一，其不一也一。"此逆推而有此名也。《庄子·齐物论》篇更进推之曰："既已为一矣，且得有言乎？既已谓之一矣，且得无言乎？一与言为二，二与一为三，自此以往，巧历不能计，而况其凡乎？故自无适有，以至于三，而况自有适有者乎？"此说乃顺推之。依此说，岂独言一即成三，即言无亦成三矣。可知常无有太一，亦所谓不可名而强名者。《老子》言"一生二,二生三,三生万物",亦即此旨。此非徒缴绕名言也,要所以明绝对之不离相对,而实超相对耳)。

以濡弱谦下为表,以空虚不毁万物为实。

"濡弱"即柔弱。"表"字甚重要,此止其表耳。"空虚"即虚无。"不毁万物",似即慈俭,但此言实乃其原理,慈俭亦表也。疑"不毁"即常,"万物"二字上下似有脱文。

关尹曰:在己无居,形物自著,其动若水,其静若镜,其应若响,芴乎若亡,寂乎若清,同焉者和,得焉者失,未尝先人而常随人。

有所居必有所去,故《老子》曰:"夫惟不居,是以不去。"有所得必有所失,故《老子》曰:"无执故无失。""形物自著"者,本篇首段所谓"以德为本,以道为门,兆于变化"也。"同焉者和"者,《老子》所谓"同谓之玄""知和曰常"也。"同""和"二字,老子屡言之。不先而后,又谦下之表也。《吕氏春秋》曰:"关尹贵清。"

老聃曰:知其雄,守其雌,为天下谿。知其白,守其辱,为天下谷。

人皆取先,己独取后,曰受天下之垢。人皆取实,己独取虚,无藏也,故有余,岿然而有余。其行身也徐而不费,无为也而笑巧。人皆求福,己独曲全,曰苟免于咎。

以上皆所谓"濡弱谦下"之表。无藏有余,即有积不足。徐,缓也。不费者,简也。曲全者,无祸即福也。此与取后、受垢皆是散义,后世道家传之,《老子》本文足证。《庄子》《淮南》书申之尤详,兹不具引。三知三守,本文下皆云常德,云守复,云知明。是玄同非偏于阴静矣。《庄子·达生篇》述仲尼曰:"无入而藏,无出而阳,柴立其中央。三者若得,其名必极。"

以深为根,以约为纪。

此即本也,一也,简也。

曰:坚则毁矣,锐则拙矣,常宽容于物,不削于人,可谓至极。

"拙"当读绌,"削"谓侵削,此亦表义,本文足证,不具引。

关尹、老聃,古之博大真人哉。

"博大"即无所成名,似不肖之谓。"真人"即本篇首段所谓"不离于真,谓之至人"者也。

能明此段,则知吾言之非诬矣。散义之归于反复,吾于《二钞》已表之。绝对之原理则常无有,太一之义著矣,其详在《老子》首章。人皆知首章为全书之纲,而说者纷歧,得失互见,于文不顺,皆由未明《庄子》所言。今试本《庄子》此语以释之,盖有冰释理顺之快焉。前人之说亦多得者,今不复一一标举,以省繁缛。

道可道，非常道。名可名，非常名。

> 道本一切事理之统称。形而见，名而著，形之名
> 之，亦谓之道。然道之可道者，非常久不毁之道也；
> 名之可名者，非常久不毁之名也。常久不毁之道，天
> 下之大本也，《老子》之所指也。《韩非·解老》曰：
> "理者，方圆、短长、粗靡、坚脆之分也。定理有存亡，
> 有死生，有盛衰。夫物之一存一亡，乍死乍生，初盛
> 而后衰者，不可谓常。唯夫与天地之剖判也俱生，至
> 天地之消散也不死不衰者谓常。"

无名（句），天地之始；有名（句），万物之母。

> "道"与"名"之最简括者曰"无"与"有"。天下万
> 物生于有，有生于无（《庄子·庚桑楚篇》曰："万物出
> 于无有，有不能以有为有，必出乎无有。"即此说。但
> 此非谓原始是无，故其下文破三种说，而以谓始无
> 有，既而有生者为第三。道家皆不言第一因，《齐物
> 论》《庚桑楚》《则阳》诸篇论之甚详）。无之一名，所
> 指尚在天地之先。由多而一，由一而无也。有之一
> 名，则万物由此衍生。由有而一，由一而多也。无言
> 其虚，故止曰始。有言其实，故曰母。犹《易》言"乾
> 知大始，坤作成物"，亦一虚一实也。

**故常无（句），欲以观其妙；常有（句），欲以观其徼（尽处
也）。**

所谓常道者,亦虚亦实,必兼"无"与"有"二名,始足以形容之。故亦曰"常无",亦曰"常有"。言常无者,欲以观其神妙之不滞,书中所谓浑成、寂寥、恍惚、窈冥者也。言常有者,欲以观其边际有尽,所谓"逝曰远,远曰反""万物并作,吾以观其复"也。盖恐人逐末而忘本,故言无;又恐人以为果无,离器而言道,故又言有。

此二者同出而异名,同谓之玄。玄之又玄,众妙之门。

无、有二名本是相对而生,所指又实止一,但异名耳。泯此异名,则谓之玄。玄之又玄,即所谓"玄德深矣、远矣"者也。要须知此皆所谓显示绝对之性质而已。何以得之? 自有功夫。

概闻录

序

　　老授孔受，圣无二道。言绝义乖，流失偏蔽。古儒绪言，多在《吕氏春秋》；道家大义，略具《淮南鸿烈》。庄周颇知大本，汉儒亦有微言。皆所谓概乎尝有闻者也。辑而录之，以资诵说，可以上继《五千言》、四子诸记，俯视《汉儒通义》《近思录》诸书。后世儒者务非道家，宋学概轻汉儒，读此足知其偏谬矣。分为四篇，诚、神、伦、静，各为之说，正道斯明。诚之所施，伦、神一贯，其本在静，柔退亦该，《中庸》一篇备矣，粹矣。老裔言静而不言伦，孔裔言伦而不言静，六代道家言神而不言诚，唐、宋儒者言诚而不言神，遂相水火，终于不全也。误哉！壬戌三月，刘咸炘录记。

诚一

　　孔子标忠恕曰："取人以身，修身以道。"子思曰："率性之谓道""至诚能化"。孟子道性善曰："尧、舜与人同，反身而诚，此大道所以异于田、慎之任不齐，申、商之强齐也。"《吕览》《淮南书》畅言诚感，夫有所受之矣。

《庄子·渔父》曰："真者，精诚之至也。不精不诚，不能动人。"

《吕氏春秋·应同》曰："帝者同气，王者同义，霸者同力。"

又《察今》曰："择先王之成法，而法其所以为法。先王之所以为法者，人也，而己亦人也。"

又《精通》曰："圣人以爱利民为心，号令未出，而天下皆延颈举踵矣，则精通乎民也。"

又《先己》曰："为天下者，不于天下身。其仪不忒，正是四国，言正诸身也。"又述孔子曰："得之于身者得之人，失之于身者失之人。不出门户而天下治者，其惟知反于己身者乎。"（此真《老经》"以身观身"一节之义。"观"即《礼记·仲尼燕居》所谓"示"。）

《淮南书·缪称》曰："慈父之爱子也，非求其报，不可内解于心；圣主之养民也，非为己用也，性不能已也。"

又曰："精诚内形，气通于天。"（纵横皆同气。）

又《泰族》曰："夷狄之国重译而至，非户辩而家说之也，推其诚心，施之天下而已矣。"

又《原道》曰："大道坦坦，去身不远，求之近者，往而复反。"

又《齐俗》曰："人之性无邪，久湛乎俗则易。性亦人之斗极也，有以自见，则不失物之情。"（可见道家高者知性善。）

申公曰："为治不在多言，顾力行何如耳。"（示在恭己。）

董仲舒曰："正心以正朝廷，正朝廷以正百官，正百官以正万民，正万民以正四方。"

《韩诗外传》曰："圣人以己度人者也。"

神二

子思曰："至诚如神""鬼神之为德""诚之不可掩"。汉世儒者犹知天人，宋儒乃讳言鬼神祸福。此乃董无心无鬼之论，墨翟所以反唇也。

《庄子·庚桑楚》曰："为不善乎显明之中者，人得而诛之；为不善乎幽闲之中者，鬼得而诛之。明乎人，明乎鬼者，然后能独行。"

《淮南书·缪称》曰："若行独梁，不为无人不兢其容。故使人信己者易，而蒙衣自信者难。"（皆慎独之义。）

又曰："天之将风，草木未动而鸟翔矣；其将雨也，阴曀未集而鱼已唅矣。以阴阳之气相动也。"

又《诠言》曰："君子行正气，小人行邪气。"

又《原道》曰："无形者物之大祖，其子为光，其孙为水。光可见而不可握，水可循而不可毁。有生于无，实出于虚。"

董仲舒《如天之为》曰："天地之间,有阴阳二气,常渐
人者,如水之渐鱼也。人常渐是澹澹之中而以治乱之气
与之流通相殽也。"

又《王道通三》曰："恶之属尽为阴,善之属尽为阳。"

《白虎通·文质》曰："阳光所及,莫不动也。"

《说苑·修文》曰："积仁为灵。灵之所以为灵者,积
仁也。"

刘向曰："和气致祥,乖气致戾。"

许慎《说文》曰："性,人之阳气,性善者也。情,人之
阴气,有欲者也。"(以董释孟,独标正旨。)

又曰："天神,引出万物者也;地祇,提出万物者也。"
又曰："魂,阳气也。魄,阴神也。"

郑玄《箴膏肓》曰："人死体魄则降,知气在上。有尚
德者,附和气而兴利;为厉者,因害气而施灾。"

伦三

曾子述《孝经》《大学》,治国平天下,通于神明。
儒者教在五伦,其义如是。后儒不明三纲之义,但责
臣、子与妇。法家崇上抑下之说混入正道,遂激邪
说,悲夫。

《吕氏春秋·精通》曰："父母之于子也,子之于父母
也,一体而两分,同气而异息,若草莽之有华实也,若树木

之有根心也。虽异处而相通，隐志相及，痛疾相救，忧思相感。此之谓骨肉之亲，神出乎忠而应乎心。"

又《孝行》曰："务本莫贵于孝，执一术而百善至，百邪去，天下从者其惟孝也。故论人必先以所亲而后及所疏，必先以所重而后及所轻。"

又《长利》曰："群之可聚也，相与利之也。利之出于群也，君道立也。君道不废者，天下之利者也。置君非以阿君也。"

《毛诗序》曰："君能下下，以成其政；臣能归美，以报其上。"

《毛诗传》曰："王者天下之大宗。"（大宗者，长子也。《西铭》本此以上三节者，臣之本义，迥殊后世。媚儒拘说，道家放言。）

《白虎通·三纲六纪》曰："父者，矩也，以法度教子也。"（《说文》同。）

《说文》曰："育，养子使作善也。"

《毛诗序》曰："自天子至庶人，未有不须友以成者。"

静四

道家之旨，柔退虚静出自黄老，而非其全，然已冠九流焉。后世儒者以末流阴险而概排之，然则后儒之拘刻，又可执以排先贤耶？宽柔以教，君子之强，如之何，如之何。孔子亦言之矣。居简行简，乃魏、晋以降之流失。陈平已自言阴谋道家所忌,《淮南书》亦辨无为非废事,皆不得以咎初旨也。秉要执虚,以御物变,是知言、论世、处世之要道也。后儒之弊,坐不讲此耳。

《说苑·敬慎》载孔子观于太庙,有金人三缄其口,铭曰:"无多言,多言多败;无多事,多事多患。勿谓不闻,神将伺人。强梁者不得其死,好胜者必遇其敌。君子知天下之不可上也,故下之;知众之不可先也,故后之。温恭慎德,使人慕之;执雌守下,人莫逾之。人皆趋彼,我独守此;人皆惑之,我独不徙。江海长于百川,以其卑也。"(此盖上世语,颇类《五千言》。又《荀子·宥坐》欹器持盈之说,亦柔退之义。)

《管子·内业》曰:"守礼莫若敬,守敬莫若静。内静外敬,能反其性,性将大定。"(《管书》多道家言,而此乃同于程氏。)

《庄子·应帝王》曰:"至人之用心若镜,不将不迎,应而不藏。"

又曰:"吾示之以未始出吾宗,吾与之虚而委蛇。"

又《天道》曰:"圣人之静也,非曰静也,善,故静也。"(善静合一,后人罕知。)

又《天地》曰:"机心存于胸中,则纯白不备,纯白不备,则神生不定。"又《庚桑楚》曰:"有为也欲当,则缘于不得已。不得已之类,圣人之道。"又曰:"动以不得已之谓德,动无非我之谓治。"又《刻意》曰:"不为福先,不为祸始。感而后应,迫而后动,不得已而后起。"

又《达生》述仲尼曰:"用志不纷,乃凝于神。"

又《知北游》述孔子语曰:"无有所将,无有所迎。"

又曰:"古之人外化而内不化,今之人内化而外不化。与物化者,一不化者也。"

《淮南书·主术》曰:"非淡漠无以明志,非宁静无以致远。"(诸葛忠武,道家之高者也,取此二语。)

又曰:"以不知为道,以奈何为宝。"(奈何即如之何。)

又《诠言》曰:"不能使祸不至,信己之不迎也;不能使福必来,信己之不攘也。祸之至,非求其所生,故穷而不忧;福之来,非求其所成,故通而弗矜。"又曰:"欲福先无祸,欲利先无害。"又曰:"动之为物,不益则损,不成则毁,不利则病,皆险也。"又曰:"尚无祸,不尚有福;尚无罪,不尚有功。"又曰:"未有使人无智者,有使人不能用其智于己;未有使人无力者,有使人不能施其力于己。"又曰:"后之制先,静之胜躁,数也。"

又《缪称》曰:"见其始则知所终,见其所生则知所归矣。"(永终知敝,御变之大义。)

又《说山》曰:"不能无为者,不能有为也。"又曰:"水定则清正,动则失平。故惟不动,所以无不动也。"

又《齐俗》曰:"水激则波兴,气乱则智昏。"

又《说林》曰:"木生蠹,反自食;人生事,反自贼。"

《说苑·说丛》曰:"智莫大乎阙疑,行莫大乎无悔。"

《韩诗外传》曰:"利为害本,福为祸先。惟不求利者为无害,不求福者为无祸。"(道家绪言,散见诸子,无要删者。以上所录,皆合于《老经》之要旨,无放荡之弊,可为经言。)

《论语》孔安国注曰:"无欲故静。"(周濂溪所本。)

《淮南书·主术》曰:"心欲小而志欲大,智欲圆而行欲方,能欲多而事欲鲜。心小者,禁于微也;志大者,无不怀也;智圆者,无不知也;行方者,有不为也;能多者,无不治也;事鲜者,约所持也。"(此节函义深广周备而切,抵无数格言,故以终。)

老孔授受考

老子授孔子，自唐以前无异词。《吕氏春秋·当染》曰："孔子学于老聃。"《白虎通》《潜夫论》皆云孔子师老聃。《高士传》云："仲尼见老子，知为圣人，乃师之。"余不可胜引。唐人因道家流失，归咎老子，遂痛诋之。诸书班班，宁可概目为妄？诸子之说，犹可云异端，汉后之说，犹可云晚出，即《论语》老彭，犹可云非老子。《小戴记·曾子问》《大戴记·五帝德》明言"吾闻诸老聃"，《孔丛·记义》亦有此语，《韩诗外传》《新序·杂事》皆记子夏对哀公言仲尼师老聃，岂有二老聃邪？若云《记》出秦、汉间儒者附会，则尤非情理。周、秦之间，庄、列之徒已自别为道家，与七十子之裔相水火，正以老为孔师，故借老以黜孔。彼方托师以临弟，七十子之裔庸肯无端自承以助之欤？汉世愈不待论，传经之人方尊孔子，何取附会老子。吾先大父已详揭老、孔授受微言，祛诸儒之妄。今更考诸传记，条而说之，又附记化胡之事，与名字之辨，其为诬妄，亦互证而明焉。

《太史公书》言问礼。问礼者，问道，问六艺也。古者不离事而空言道，故不言问道。韩宣子见《易·象》与《鲁春秋》曰："《周礼》尽在鲁矣。"《论语》曰："夏礼吾能言之，杞不足征也；殷礼吾能言之，宋不足征也。"《记》曰："我欲观夏道，是故之杞而不足征也，吾得《夏时》焉；我欲观殷道，是故之宋而不足征也，吾得《坤乾》焉。"由此言之，《易》《春秋》《夏时》《坤乾》，皆谓之礼。盖六艺皆典章，故举礼以该之。古者六艺皆有官守，而总于太史。六艺不偏教人，学者惟诵《诗》习《礼》，大学加以读《书》。余如《易》《春秋》及上世之书，皆非士人所能见。说详《诗为言学论》。老子历为守藏柱下史，守先王之旧典。孔子所以得备观六艺，删订以教人，正以受之于老子。老授孔受，皆非当时常例，破格以传道，而官学变为师学。其所授受，不独周之六艺，盖并夏礼、殷礼亦在焉。故孔子得观帝魁以来之书及《夏时》《坤乾》也。今人江瑔曰："孔子之六经，非孔子之自撰，实由老子传来。六经为上古三代之史，老子世为史官，故得以传于孔子。"朱元晦最诋老子，而于《小戴记》犹不敢疑，但云"老子言礼者，忠信之薄而乱之首，不知何故问他"，彼自未解《老子》语耳。宋于庭（翔凤）《过庭录》曰："乱，治也，由忠信既薄，而礼为治国之首。老子言礼，故孔子问礼。"此说是也。明人有卢舜治者，谓老子蔑礼，孔子往诘问之，问有诘讯之义。又谓

《周礼》尽在鲁，何必远求？此直如未读《礼记》者，尚足与辨也？

《论语》述而不作，信而好古，窃比于老彭。老彭，即老子也。盖古学在官，无私门著述。老子守官，孔子受其教，故删定六艺，不著一书。所谓述而不作，老、孔皆然，故曰窃比。宋于庭《论语发微》曰："老子书屡称圣人，即述而不作也。"又曰："'执古之道，以御今之有，能知古始，是谓道纪。'此信而好古也。此亦其一端耳。"自老、孔授受而官学变为师学，然非特立一教也。诸子纷纷，乃自著书立门户。老子晚而著《八十一章》，乃应关尹喜之求，太史公明言喜强之，盖不得已而有言，非如诸子之著书以自立也。或喜记其所授之词，亦未可知。子贡曰："子如不言，小子何述。"故子夏等六十四人集仲尼微言为《论语》（见《论语谶》）。《八十一章》之流传，亦此故也。不然，述而不作，孔子明言窃比，岂得以诸子列老子哉？今人江瑔曰："老子世为史官，亦述而不作。其《五千言》，或古有此书，而老子为关尹述之。"

《论语》老彭，说者纷纷不一。朱子从包咸《注》，以为商贤大夫。黄薇香式三《后案》考之最详，而未断定。其略曰："老彭，或曰一人，或曰二人。《礼·虞》戴德曰：'昔商老彭即仲傀，政之教大夫，官之教士，技之教庶人。'《汉书·古今人表》有老彭与仲傀同列。《吕氏春秋·执一篇》：'彭祖以寿终'。高《注》：'彭祖，殷贤大夫。'又引此经以证。《释文》引郑君《注》：'老，老聃。彭，彭祖。'《礼·曾子问·正义》引郑君此《注》云：'老聃，周之太史。'则以老聃，周史；彭祖，商史，是二人也。老为老聃无疑，彭祖无所考。《潜夫论·赞学篇》：'颛顼师老彭，孔子师老聃。'《庄子音义》引《世本》云：'彭祖姓篯名铿，在商为守藏史，在周为柱下史。'此以商、周二史为一人。"咸炘按：以为二人者，非也。《大戴礼》称商老彭者，即在商为守藏史也。《吕氏春秋》所指彭祖，是否即老子，或别是一人，未可遽定。郑君之《注》可信，又特著其为周太史，盖发"述而不作"之义，但误以为二人耳。《潜夫论》所说，则葛稚川《神仙传》所谓"无世不出"者也。《吕氏春秋》高《注》且以老子为舜师矣。《世本》所说似误以二史属于彭祖，然以二史为一人，固不谬也。《太史公书·老子列传》称周守藏之史。《庄子》称征藏史。《高士传》云生于殷时，为周柱下史，转为守藏史。《神仙传》云文王时为守藏史，武王时为柱下史。虽先后不同，要之历事商、周，为守藏、柱下史则同。吾必断为一人者，以述而不作，自应属老子，断不能援颛顼时之老彭与彭祖。孔子此语，以明师法源流，安得泛取古人而言。且彭祖之事，散见传记者，绝不可当"述而不作"之目。其曰我者，亲师之词。若泛引古人，何得云我。申朱《注》者曰："孔子殷人，故称殷大夫为我。"曲说不近人情，不足信。若颛顼时之老彭，孔子愈不得我之。若是二人，老可我，彭不可我也。

《太史公书·孔子世家》曰:"鲁南宫敬叔言鲁君曰:'请与孔子适周。'鲁君与之一乘车,两马,一竖子俱,适周问礼,盖见老子云。辞去,而老子送之曰:'吾闻富贵者送人以财,仁人者送人以言。吾不能富贵,窃仁人之号,送子以言,曰:"聪明深察而近于死者,好议人者也。博辩广大危其身者,发人之恶者也。为人子者,毋以有己;为人臣者,毋以有己。"'孔子自周反于鲁,弟子稍益进焉。"又《老子列传》曰:"孔子适周,将问礼于老子。老子曰:'子所言者,其人与骨肉皆已朽矣,独其言在耳。且君子得其时则驾,不得其时则蓬累而行。吾闻之,良贾深藏若虚,君子圣德,容貌若愚。去子之骄气与多欲,态色与淫志,是皆无益于子之身。吾所以告子,若是而已。'孔子去,谓弟子曰:'鸟,吾知其能飞;鱼,吾知其能游;兽,吾知其能走。走者可以为罔,游者可以为纶,飞者可以为矰。至于龙,吾不能知其乘风云而上天。吾今日见老子,其犹龙邪。'"按:此所载老戒孔之语,皆实录也。盖老子既并大道与先王典籍而皆传于孔子,乃非常之事,故戒以议人发人,若虚若愚,去矜气、多欲、态色、淫志,又告以得时不得时之道,此即《中庸》末称不矜不倍,有道足兴,无道足容之旨。圣人终身惟一慎字,道既成而犹以暗然为戒,《易》《中庸》言之详矣。梁曜北玉绳《史记志疑》乃谓矜气诸语非所以告孔子,此出《庄子·天运篇》,不足信。然则丹朱傲游,又可以告舜、禹乎?且《庄子》虽载孔子赞老子为龙,与此无一语同。史公所见书多,必别有本,何可武断为取《庄子》邪?史公家学本道家,故亦信老子,独是于《老子传》既实载其语,而于《孔子世家》乃云"盖见孔子云",又作疑词(史公凡言盖云,皆疑词)。史公书前后歧异,不归一律者甚多,乃失于删正。其何所从,已不可考。《列传》在《世家》后,《列传》盖定论也。

《家语》又曰:"孔子谓南宫敬叔曰:'吾闻老聃博古知今,通礼乐之原,明道德之归,则吾师也,今将往矣。'对曰:'谨受命。'遂言于鲁君曰:'孔子将适周,观先王之遗制,考礼乐之所极,斯其业也。君盍以乘资之,臣请与往。'公曰:'诺。'至周,问礼于老聃,访乐于苌弘。历郊社之所,考明堂之则,察庙朝之度。于是喟然曰:'吾今乃知周公之圣与周之所以王也。'"《孔丛子》曰:"夫子适周见苌弘,言终退。苌弘语刘文公曰:'吾观孔仲尼亦圣人之兴者乎。'既而夫子闻之,曰:'吾岂敢哉,亦好礼乐者也。'"按:《孔丛》伪书晚出,不足据。然谓夫子自言好礼乐则是。近儒谓《家语》乃王肃伪撰,其言皆窃他书。此节不见他书,纵云伪撰,王肃时见书多,亦必有所本,不可以伪撰而不信也。博古,即孔子所称好古,《易》所谓藏往也。知今,则《易》所谓知来也。《史·列传》载老子知周德衰,《周本纪》载伯阳论三川竭,皆知来之证也。《道德经》所谓"前识者,道之华,愚之首"也。太史公载适周于十七岁后,三十岁前。《高士传》《水经注》皆云"十七见老聃"。《庄子·天运》云："孔子年五十一而不闻道,南见老聃,云:'甚矣,道之难行也。'"《索隐》据此以纠《史》曰:"此非十七人语。"阎百诗若璩《四书释地续》及《古文尚书疏证》据《曾子问》"从老聃助葬日食"一条,谓昭七年孔子十七时,南宫敬叔尚未从游;定九年孔子五十一时,又不日食,因定于二十四年日食适周。冯山公景《解春集》又驳阎,谓昭公世凡七日食,不止二十四年。二十四年二月,孟僖子卒,五月日食。此时僖子甫葬,敬叔不得适周。孙颐谷志祖《家语疏证》曰:"昭七年,孔子年十七时,敬叔固未生,即三十四年敬叔未能从师。且明年昭公即孙于齐,安得请于鲁君? 敬叔从学,断在定公之世。"《家语正论解》云:"南容说仲孙何忌既除丧,而昭公在外未命也。定公即位,乃命之辞。以僖子遗命,使事孔子而学礼,以定其位。"其言可信。据《庄子》则在定公十年。是时方仕鲁为大司寇,又安得适周? 以愚断之,当在定公五年阳虎囚季桓子时。《史记·世家》所云不仕,退修《诗》《书》《礼》《乐》,弟子弥众,即《家语》所云自周反鲁,道弥尊矣。且是年日食,亦与《曾子问》合。梁曜北曰:"史固误,论史亦误。《史记考要》谓适周之沛非一时事。孔子于老聃,不但周沛一再见而已。此语甚合。观《庄子·天运篇》称孔子藏书周室,因子路言,往见老聃可见。盖适周问礼,不知何时。敬叔生于昭公十一年。孔子十七时,不但未从游,且未生也。若孔子二十四时,不特僖子方卒,敬叔生才十四岁,恐亦未见于君。"咸炘谓梁说极是,必非如孙说不仕乃见老子也。孔从老学,必非一年之功,未可以日食定其年。与南宫敬叔适周,必非初见老子。《家语》所言本杂凑,晚而之沛见老子,亦容有之事。若初见孔子,当如《史记》在三十以前,但不与敬叔同行耳。

《尚书疏》引《尚书纬》曰:"孔子求书,得黄帝玄孙帝魁之书,迄于秦穆公,凡三千二百三十篇。"《公羊疏》引闵因叙曰:"孔子制《春秋》之义,使子夏等十四人求《周史记》,得百二十国《宝书》。"《艺文类聚》引《庄子》曰:"仲尼读书,老聃倚灶觚而听之,曰:'是何书也?'曰:'《春秋》也。'"按:观帝魁以来之书、《周史记》、百二十国《宝书》,斯皆得之老子。苟无老子,孔子一介陪臣,焉得发太史之藏邪?但言求书,求史记,而不及《诗》《礼》《乐》,愈可见《诗》《礼》《乐》乃学士通习也。其所问于老子之礼,盖上世之礼与礼之变。《曾子问》可证也。若《易》则得《坤乾》焉,亦必得之于老子。

老子告孔子语,莫详于《庄子·天地篇》"夫子问于老聃曰"一段、《天道篇》"孔子西藏书于周室"一段、《天运篇》"孔子行年五十有一"一段、"孔子见老聃而语仁义"一段、"孔子谓老聃曰"一段、《田子方篇》"孔子见老聃"一段、《知北游篇》"孔子问于老聃曰"一段,凡七段。庄子之书,自言"寓于十九"。老、孔皆其所尊,故往往假以为言。庄生之言,又本多放而离,宗古诸子书,往往其徒之说,入其师书中，不加分别。《外篇》中多云"夫子曰"，显系其徒所述。故其所述不皆真老子之言，当分别观之。《田子方篇》"至阴至阳"数语，《知北游篇》"昭昭冥冥"数语，皆精义微言，似是相传之实，而古语不著竹帛。庄生述之，不免以己意增衍，或过其当。余篇所述，弥有疵病。《天道篇》孔子言"离坚白，若悬寓"。名家坚白之辨，孔子时未有也。《天道篇》言："孔子西藏书于周室。子路谋曰：'由闻周之徵，藏史有老聃者，免而归居。夫子欲藏书，则试往因焉。'孔子曰：'善。'往见老聃，而老聃不许，于是繙十二经以说，老聃中其说曰大谩，因问仁义，孔子告之，而老聃谓揭仁义为乱人之性。"此义固过当，事亦不合。孔子受六艺于老子，归而删定，非既删定欲藏之周而乃见老子。此显与诸书不合，又他无证据。且孔子一介小臣，修书但以私授弟子，何得藏于周室？老聃既免而归居，又乌得为孔子藏书？孔子问礼时，老子未免官，亦不待子路介绍。他篇所记，老子皆呼孔子名，是师弟之道也。此独称夫子，亦显不合。此如果出庄生，亦必是纵言，恐是庄氏之徒之言也。《天运篇》言："孔子行年五十有一而不闻道，乃南之沛见老聃。老聃曰：'子来乎！吾闻子，北方之贤者也。子亦得道乎？'"此亦与诸书不合。孔子问礼，老子未免官。南之沛，或有其事，必非初见也。其义言仁义可一宿而不可久处，亦过当之论。第二段亦然。而中云"吾子亦放风而动"云云数语，与《天道篇》同。末又言：

"孔子见老聃归,三日不谈,曰:'吾乃今于是乎见龙。'"此乃因问礼后犹龙之叹而附会之。末又言"子贡往见老聃",义亦相同。第三段孔子谓老聃曰:"某治《诗》《书》《礼》《乐》《易》《春秋》六经,自以为久矣,以奸者七十二君,一君无所钩用"云。老子答以六经皆先王陈迹而归于化,此节颇似。而言奸七十二君则谬。孔子未尝干人,且亦未遇七十二君。干七十二君乃周、秦间诸子诮孔子为热中者之谤说。可知此亦出于庄氏之徒也。夫老子既授孔子以道与典籍,自必虑其拘守形迹而进之本原,略于见显而告以隐微。故如《天运篇》第三段所说,及《天地篇》所言,尚不害道。如《天道篇》前一段之说,说虽过当,犹可云增衍之失。而其述事牴牾如是,则不可信也。《田子方》《知北游》二篇所述,曷尝牴牾邪?

《说苑·反质》曰:"仲尼问于老聃曰:'甚矣,道之于今难行也。吾比执道,委质以当世之君,而不我受也。道之于今难行也。'老子曰:'夫说者流于听,言者乱于辞,如此二者,则道不可委矣。'"按:此盖已仕后,晚而见老子,老子戒其无多言,致失言也。殆即南之沛之时乎?

古书载仲尼所学所师,又有四人。《国策》曰:"项橐生七岁而为孔子师。"《吕氏春秋》曰:"孔子学于孟苏、夔靖叔。"《韩诗外传》载学琴师襄子。咸炘案:《淮南·修务训》曰:"项托为孔师,孔子有以听其言也。"《说林训》高注:"项托穷难孔子,而为之作师。然则托盖幼慧善辨,孔子有取其言。所谓师，如后世一字之师耳。若学琴师襄问答之语，具见《外传》。襄称孔子为夫子而避席再拜，斯盖友朋之谊，以其为太师而从之学，如问官于郯子耳。孟苏、夔靖叔盖亦此类，皆非若老子之传微言、授六艺为终身师法，自言窃比者也。"《太史公书》曰："老子见周之衰，乃遂去至关。关令尹喜曰：'子将隐矣，强为我著书。'于是老子乃著书上下篇而去，不知所终。"《列仙传》曰："关令尹喜与老子俱游流沙化胡。"《高士传》曰："周德衰，乃乘青牛车去。入大秦，过西关。关令尹喜望气先知焉，乃物色遮候之。已而老子果至，乃强使著书，作《道德经》。"《神仙传》略同。《后汉书·襄楷传》曰："或言老子入夷狄为浮屠。"梁曜北驳《史》"不知所终"句曰："《庄子·养生主》：'老聃死，秦失吊之。'则老子非长生神变，莫知所终者。自有此言，而道家遂有化胡成佛之说。释道宣《广弘明集·辨惑篇·序》云：'李叟生于厉乡，死于槐里。庄生可为实录，秦失诚非妄论。'又道宣《跋孙盛〈老子疑问·反讯篇〉后》云：'老子避于西裔，行及秦壤，死于扶风，葬于槐里。'《水经注》：'就水北径大陵西，世谓之老子陵。'《路史·后记七》注：'鄠县柳谷水西有老子墓。'"咸炘谓化胡之事，传之自古，义有可信。盖既以中国之教付孔子，乃之西域，此圣人体天之大公也。庄生寓言，未足凭信。僧流极讳化胡之说，道宣之据《庄子》，不足为怪。且即如僧流之说，谓道家忌僧造言化胡，则刘向、襄楷之时，道佛未相水火，其时帝方合祠黄老、浮屠，而楷谏之也。且庄生之言，安知非自西归而死。《史》言不知所终，盖或以为未死，或据西出时为言耳。若行及秦壤，死于扶风，不见前典。道宣晚出唐世，何从知之？老子陵者，谓陵阜为老子遗迹，未必指墓。若鄠县之墓，更未必真。圣贤冢墓，附会多矣。且出宋人记载，何足为信。俞理初（正燮）撰《释迦文佛生年生日决定具足论》，定佛生在汉成、哀间，备引《襄楷传》《魏略》《魏书·于阗传》，确证化胡之说。谓化胡之事，止是渐教。释迦文佛未出世之先，西域行老子教，于释迦文佛何害？故东汉时佛国自承之。迨《化胡经》出，同于恶詈，僧徒亦伪造《周书》《异记》等书。道诈而悍，僧拙而很，此言甚是。但必定为渐教，未见确实。若《南史·顾欢传》引《道经》称："维卫国王夫人名净妙。老子乘日精入其口中，剖左腋而生。"则不必信也。要之，老子开佛之先，释迦文佛前固有佛也。理初又撰《彭祖长年论》，据古书以老聃、彭祖为一人。谓《神仙传》言，老子或隐或见，彭及殷末，老即生殷时。彭祖自舜至盘庚，时八百五十余年。事见《大戴》《国语》《汉志》，显然尽在。入周为老子，为伯阳父，为柱下史，随东迁至敬王四十二年。上溯尧举，千八百年，适流沙。其所征引，亦有足证化胡之说者。今采录之，略曰："《抱朴子·释滞篇》曰：'彭祖为大夫，八百年然后西至流沙。'"又引《黄石公记》："彭祖去后七十余年，门人于流沙之西见之。"《史记·楚世家》引云："殷末遂之流沙之西。"《神仙传》止言至商而止溯，少遇犬戎之乱，流离西域百有余年。诸书载彭祖冢者，俗饰典故，故死非其实家，不足据。彭适流沙，老传化胡，僧徒极恶老子化胡之谈。释法显《佛国记》言佛生当殷年。道宣《感通记》言夏桀时见佛，则是彭祖少流离西域，正当夏时，复入中国，又之流沙，是为殷世。至周敬王时，又入西域化胡。是彭老化行为六佛之一，其事至确，僧徒不当讳也。咸炘按：理初笃信古书，并其不合者而一概合之。其言彭老三入西域，老子即彭祖，均未为确定。盖自昔古书多混彭老西域之说，属此属彼，固为歧异，年代不符，尤难考定。然如理初所说，专据古书，固无俗传彭祖妖妄之说。则谓彭即老，亦尚可信。

  《太史公书》曰："名耳，字伯阳，谥曰聃。"梁曜北曰："老子是号。生即皓然，故号老子（见三国葛孝先《道德经序》），耳其名（《神仙传》名耳），聃其字（《吕览·不二》《重言》两篇作"老耽"。）非字伯阳。而曰谥者，读若王褒赋'谥为洞箫'之谥，非谥法也。盖伯阳父乃周幽王大夫，见《国语》，不得以老子当之。又《墨子·所染》《吕氏春秋·当染》并称舜染于许由，伯阳则别是一人，并非幽王时之伯阳父。乃高诱注于《当染篇》，以伯阳为老子，舜师之，而于《重言篇》以老聃为论三川竭之伯阳，孔子师之（《周纪集解》引，唐固亦云伯阳甫，老子也），岂不谬哉？但《索隐》本作'名耳，字聃'，无'伯阳谥曰'四字，与《后书·桓纪》注引《史》合，并引许慎云：'聃，耳漫也，故名耳，字聃。'有本字伯阳，非正老子号伯阳父。此传不称，则是后世惑于神仙家之傅会，妄窜《史》文。"咸炘按：梁氏所引详矣。而老子、伯阳之为一人，不足怪也。梁于《史》文"百六十余岁""二百余岁"下，已旁引诸书载老子年者，谓得道之士恒多寿，固不足异矣。而必限定其年，以合伯阳父为非，何邪？商史、周史既是一人，则历幽王时何足为怪？若谓伯阳之称乃道家附会，则高诱、唐固皆汉人，将不可信乎？无世不出，则为颛顼师、舜师，皆不足怪。《开元占经》引《风俗通》云："太白星精，黄帝时为风后，尧时为务成子，周时为老聃。"此则无世不出之说，非始于葛稚川矣。若聃之为谥，则郑注《曾子问》，谓老聃，古寿考之称。谥者，号也。郑君之言，不尤足据乎？即云聃是字，孔子之称老聃，亦犹子思之称仲尼，古贵字也。

老徒裔

　　大道散而后有子术，未散，则止有官学；空论兴而后有子书，未兴，则惟有记载。此庄周、章学诚所以详论者也。虽然，子术、子书非突生也，前必有所因矣。详考而后知子术未兴，已有道家之大概，但止称为道，而不与后之道家同耳；子书未兴，已有说理之书，但止名为语，而不与后之子书同耳。

　　道者，普泛之称，何乃为老裔之专名邪？史为古者智识之总，何乃为道家之所独承邪？子书始于《老子》《论语》，何道家所传乃有《黄帝》《鬶子》之文邪？凡此诸疑，昔之人已有说者，或则概以《黄帝》《鬶子》之文为伪，或则谓出史官之说不足信，或则谓一切古书皆出道家，道为九流之祖，皆不免武断。审知古之所谓道与语者，而此诸疑乃可冰解矣。

　　盖道术也者，人之生活法也，有人而即有之。古初之时，自有其原始之理，学虽粗略而大体有所成，华夏古圣聪明胜常,观于《大易》,其高深可见。然其施于行为之节者,则大氐为老者经历所得之成训而已。道不离事,故智归于老(详《反复》)。更事既多(五更即取更事之义),则明于平陂往复(循环相对)之理,而以濡弱谦下为归,固自然之势也。立身处世之道,惟此而已。首出庶物之先王,亦即明于此者也。此于华人民性,亦有因缘,盖定居最早,农化已成,农国之民,固宜柔静,与异族之久为游牧,性好斗动者殊。华人以黄帝为远祖,道术托始焉,直至于今,民性不变,普及民间之格言,犹此道也。特其言平通不似后来道家之深严。道家之专名,则在诸子既分之后,与儒正同。因诸子各标宗旨皆反先王,于是守周道者,袭术士之通称,而名为儒;传原古之说者,袭道术之通号,而名为道家耳。

再考著述源流。诸子未兴,古无言理之书,仅有老人所传之成训格言,所谓"自古在昔,先民有作,古训是式"者也。养老乞言,书之惇史,即记言书之所由成。是类之书,多名为语,今存《国语》即是其体。与相近者,厥惟《周书》。《论语》肇开子家,犹沿其号(说详《旧书别录》)。道家古惟存《黄帝》诸铭,又有《鬻子》,人疑其伪,实即《国语》之类,皆称述先王之政训。贾谊书中《修政语》,亦述政训,亦名为语,可以互证。此类成训守于史官。史官者,当时独能多见典籍、通知故事之人也。道家出于史官,此亦一因也。

华夏学术,以儒、道二家为主干。道家源最远,流最长,变迁亦最大,支派亦最多,深如数理,浅如田夫野老之人生观,皆不出道家范围。特老子之道,传者渐失其全,言超者宏大而放荡,言逆者平实而浅薄,皆执相对而忘绝对。宏大者自庄子以来,至东汉而盛,至六朝而和会佛说,乃成文士娱老之清谈。平实者自西汉以来,流传民间,与儒术无形调和,成为寻常格言。道家形上之说,则至隋、唐而入佛学(天台、华严),复流入儒(程、张)。盖吾华本止此一说也。

今欲明道家之说,当辨明道、势、法三义之变迁,排斥申、韩,修正庄周,表章淮南,和合宋儒,以完中华之学。绝对为理学之的,相对为史学之识,反本之学,于道术最为高,即平实之格言,亦处世救时之良药也。

黄老者,自秦、汉以降,一术之名。彼托于黄老,非黄帝、老子本如是也。《淮南鸿烈》曰:"世俗之人多尊古而贱今,故为道者必托之神农、黄帝而后入说。"朱元晦曰:"黄帝聪明神圣得之于天,天下之理无不知,天下之事无不能,上而天地发育之原,下而保神练气之术,洞然胸次,是以其言有及之者,世之言此者因自托焉,以信其说于后世。至战国时,方术之士遂笔之书以相传授,盖必粗得遗言之仿佛者。"按:《七略》有《黄帝四经》四篇、《铭》六篇、《黄帝君臣》十篇、《杂黄帝》五十八篇,列于诸子之后,盖以其为战国道家之作也。其逸文今可考者,《六韬》引一

条。《吕览·应同》《去私》《圜道》《遇合》《审时》《序意》，
贾谊书《宗首》《修政语》各引一条。《应同》之与元同气，
见道体之浑一；《圜道》之帝无常处，见道体之周遍；《修
政》之道若川水，见道体之流行；《序意》之大圜大矩，则为
天圆地方之说，为后来儒家乾坤礼乐，道家虚因上下诸义
之所本，信乎其为道术之宗也。六《铭》惟《巾》《几》引见
《路史》，严可均据《御览》引《太公阴谋》《金匮》，定《说
苑·敬慎篇》所载《金人铭》为黄帝作，颇似。其文曰："孔
子之周，观于太庙，右陛之前，有金人焉，三缄其口，而铭
其背曰：'古之慎言人也。戒之哉！戒之哉！无多言，多
言多败。无多事，多事多患。安乐必戒，无行所悔。勿谓
何伤，其祸将长。勿谓何害，其祸将大。勿谓何残，其祸
将然。勿谓莫闻，天妖伺人。荧荧不灭，炎炎奈何。涓涓
不壅，将成江河。绵绵不绝，将成网罗。青青不伐，将寻
斧柯。诚能慎之，福之根也。曰是何伤，祸之门也。强梁
者不得其死，好胜者必遇其敌。盗怨主人，民害其贵。君
子知天下之不可上也，故下之；知众人之不可先也，故后
之。温恭慎德，使人慕之。执雌守下，人莫逾之。人皆趋
彼，我独守此。众人惑惑，我独不徙。内藏我智，不示人
技。我虽尊高，人莫害我。夫江河长百谷者，以其卑下
也。天道无亲，常与善人。戒之哉！戒之哉！'孔子顾谓
弟子曰：'记之，此言虽鄙而中事情。'"按：此文多与《老
经》同，若果远有所受，可证《老经》多述古。既采入《家

语》,儒者多诵习之,而不知实道家初旨也,故具录之。

鬻子书

《七略》:道家二十二篇,《意林录》一卷,六篇,今存唐逢行珪《注》十四篇。叶梦得谓《意林》所载与行珪本先后不同,恐行珪有附益。王先谦谓今本标题甲乙,数目杂乱不可晓,又短僿不成章,而《列子》、贾谊所引皆本书所无,今本其糟粕耳。按:今本短节盖后人妄分(宋陆佃本十五篇,乃多分一篇。严可均谓以《群书治要》校仅三篇,非也。《治要》亦零条,无由知是几篇),篇目亦出后加,其文则不见为附益。谭献(《复堂日记》)谓以贾子《新书》所载校之,不至有砥砆之叹,是也。按:鬻熊时无子书,此乃后人追述绪论。《贾子》所引每段答语,皆云"请以上世之政诏于君王政曰"云云,今逢本则"政曰"在每段之首,其书所说纯正,无悖义,盖皆述先王之绪论,称引五帝,从黄帝以下,舜、禹以上。其谓:"君子非人不出之于辞,而施之于行,非非者行是,恶恶者行善,而道谕矣。"又曰:"民者,吏之程也。民者至卑也,而使之取吏焉。"皆精。至其逸文,若《列子》引"天地密移""损益成亏""欲刚必以柔守之""欲强必以弱保之"诸条,则颇类《老经》,但不深耳。《七略》入之道家,盖以此。《提要》谓《列子》所引乃道家说,今本乃小说家之《鬻子》,非也。陆心源谓熊为文王师,其言宜足与谟、诰相发明,乃多泛然无当之言,盖出于后人依托。此乃后人过高之论。又谓《列子》、贾谊书非秦、汉之旧，所引不足信，尤过矣。严可均谓《鬻子》非鬻子一人之语，文王师为鬻熊，成王问为熊绎，中间隔熊丽、熊狂两世，非专记鬻熊之语，故其书于文王、周公、康叔皆曰"昔者"。昔者，后乎鬻子言之也。古书不必手著，盖康王、昭王、后周史臣所录，或子孙记述先世嘉言为楚国令典，即《史记·序传》所谓"重黎业之，吴回接之，殷之季世，鬻熊牒之。周用熊绎，熊渠是续"者也。此说甚确。是书本《国语》之流。道家者流，出于史官。楚多道家，盖始于鬻子欤？虽为官书，亦私书之滥觞矣。故论列于首，可以见道家之源焉。《老子》书别有说，大旨略见《二钞》。前人论老、孔之同异者亦多，兹略采二家之说以示概。贺诒孙《激书·专气篇》曰："刚柔迭用，此孔、老所由变；刚柔合一，此孔、老所由化也。后世孔、老、玄黄之争，起于老子尚柔绌刚，异于《易》旨，而专气致柔之说，异于《孟子》至大至刚、直养无害之旨，不知柔之易废与刚之易折者皆非其至。至柔，非专气不能；至刚，非直养不能。然未有不专而能直者，观孔子之言《乾》曰：'其静也专，其动也直。'则是至刚如《乾》，亦与《坤》同其静专矣；言《坤》之《六二》曰：'六二之动，直以方也。'则是至柔如《坤》，亦与《乾》同其动直也。'"宋翔凤曰："《汉书·艺文志》曰：'道家者流，盖出于史官，秉要执本，清虚以自守，此人君南面之术。及放者为之，则欲绝去礼乐，兼弃仁义，独任清虚。'按:秉要执本,即居敬行简,故曰南面之术,老、孔道同。《论语》言'为政以德,譬如北辰居其所',又言'道之以德,齐之以礼',又言'无为而治'。《五千言》之文悉相表里。孔言《诗》《书》《礼》《乐》,所谓文章可得而闻,道德则为性与天道,不可得闻。放者之独任清虚,即居简行简,仲弓亦言其弊,非《老子》本意。《老子》曰:'处无为之事,行不言之教',即居敬。又曰:'圣人抱一,为天下式。'一者,诚也,诚即敬,抱一即居敬。又曰'修之于身,其德乃真'云云,即《论语》修己以安百姓,非独任清虚也。敬不可见,圣人立之以礼,故曰'礼之用,和为贵''知和而和,不以礼节,亦不可行''居简而行简'者是也。道家者流,但言无为而不言礼,于是乎太简。"

司马谈《论六家要旨》曰:"道家无为,又曰无不为。其实易行,其辞难知,其术以虚无为本,以因循为用。无成势,无常形,故能究万物之情。不为物先,不为物后,故能为万物主。有法无法,因时为业;有度无度,因物与合。故曰:'圣人不朽,时变是守。'虚者,道之常也;因者,君之纲也。群臣并至,使各自明也。其实中其声者谓之端,实不中其声者谓之窾。窾言不听,奸乃不生,贤不肖自分,白黑乃形,在所别用耳,何事不成。乃合大道,混混冥冥,光耀天下,复反无名。凡人所生者神也,所托者形也。神大用则竭,形大劳则敝,形神离则死。死者不可复生,离者不可复反,故圣人重之。由是观之,神者,生之本也;形者,生之具也。不先定其神形,而曰'我有以治天下',何由哉?"其子迁曰:"老子所贵道,虚无因应,变化于无为。"按:汉初道家犹盛,司马氏父子传其学,故其言颇为得要。谈语凡三段。首为总论,"虚者道之常"以下论治国,"凡人所生"以下论养生,以"虚因"二字为纲。道家之说,诚不外此二义。然《老子》之说,实以反本为的,以柔退为功,乃宇宙之大理。修身不止养生,处事不止为政,即所谓虚与因,亦上原天地,下统人物,非止言治国。战国道家渐失其旨,多专言治国,言养生者亦稀,故司马氏父子不言反本柔退而言治国养生,亦已浅短。至刘氏《七略》论道家,则止言人君南面之术矣。以虚因之义专言治国,则为上无为下有为,亦可谓之上虚下实。盖上持虚静,而用循名核实之法以正下。谈所述已有名实之说,此非《老子》所本有也。此说在战国甚盛,《庄子》《吕览》皆载之,下至贾谊、董仲舒犹传之。虚静之说,变为慎到之无知、申不害之窜匿。名实之说,即成刑名。申不害用之,而慎到亦持因势之说。由是下开法家,上虚乃渐流为上尊、上逸、上恣矣。

《太史书》以老、韩为一传,以治术缓急相矫,非谓二者合一。太史固宗道家而恶申、商者也。慎到、鹖冠之法皆不同于商、韩。即申不害之言术,亦未尝如商、韩之一切强齐。所谓申子学本黄老而为刑名,韩非学刑名而归本黄老,皆言其变,非黄老固有刑名之义也。后世动为刑名起于黄老,失史公意矣。

田、慎失老之真,渐流为申、韩。计然、范蠡、鬼谷失老之真,渐流为苏、张、良、平。于是刑名、权谋、纵横皆托于道,兵法纷纷,托之黄帝、太公,而《管子书》道、法兼陈矣(老非权诈,谢无量亦略辨之)。

关尹

姚鼐据庄子、列子问于关尹,及《天下篇》称关尹、老聃,谓关尹在列、老前,非从老子之尹喜,以喜当之者,后人之谬说。《列子》引《庄子》关尹之说为尹喜,乃张湛加入。按:关令尹喜见《史记·老子传》,著书者即喜,见《汉书·艺文志》注,语本《七略》,刘向亲见其书,焉得谬说。庄年辈后列,列后于尹,尹后于老,于年无不合。《庄子》偶先言关尹,不足为疑,下文前言田骈、慎到,而后又先慎后田,足知先后非定。《荀子·非十二子》言陈仲、史鳅,岂得谓陈在史先邪?

《庄子·天下篇》曰:"关尹曰:'在己无居,形物自著,其动若水,其静若镜,其应若响,芴乎若亡,寂乎若清,同焉者和,得焉者失,未尝先人,而常随人。'"(已释于前。)

《吕氏春秋·不二》曰:"关尹贵清。"

《七略》书九篇,今书亦九篇,非真。宋濂《诸子辨》谓:"其书多法释氏,文颇流于巧刻。"谭献曰:"句意凡谓间有精论,已在唐译佛经之后。"二说皆当。是书旨多同

《列子》，乃以佛理衍《庄》说者。《庄》所引关尹语亦在其中，而与全书不类，然亦依仿其义，所言既多，不尽贵清之本旨矣。

列御寇

《庄子》称列子师壶邱子林，又称师伯昏无人，又言问于关尹。本书又言师老商氏，友伯高子，友伯昏无人，其事《庄子》多载之。

《尸子·广泽》曰："列子贵虚。"

《战国策·韩策》曰："史疾为韩使楚。王问曰：'客何方所循？'曰：'治列子圉寇之言。'曰：'何贵？'曰：'贵正。'"

《七略》书八篇，今书亦八篇，自来多疑其伪。今人马叙伦著《列子伪书考》详辨之，以为《叙录》亦伪。其所举十六事，或举一事一言见他古书。古书晚出，谓此剽之。或举其所载之事与言为列子所不及见。斯皆不足以相难。他书所载，安知非古说本有，不必为此剽窃晚出之书；旧本有之，安知列子不见？若疑事、言非列子所及见，则又未知诸子书成于徒裔，非所自著也。惟汪继培谓其于《尸子》《吕氏春秋》所称贵虚之旨持之不坚，会萃补缀之迹，诸书见在，可覆。按：此说最中。张湛《序》曰"大略明群有以至虚为宗，万品以终灭为验，神惠以凝寂常全，想念以著物自丧，往往与佛经相参"云云。宋濂、陈澧皆尝举其与释氏同旨者，盖亦依仿贵虚之义。自《汤问》以下则义无循准，杂乱支离。汪氏之说允矣。若谓即张湛所伪为，则又无稽。按：湛《序》云："所存仅《杨朱》《说符》目录三卷，后在刘正舆家得四卷，赵季子家得六卷，参校有无，始得全备。"据此则数本参合，未必原书，湛盖无深识，不觉其伪。若湛伪为，则何不整之使顺，而任其殽杂邪？今传古子书，如《邓析》《尹文》皆此类，其文多真古书，但非此书耳，是不可以伪托论而全置之也。吾疑《列子》真书亦在此中，但多增衍耳。如杨朱之说不见他书，非必尽伪造也。虽或真书，亦有与他书同者，不足致疑也。今条其篇义，可知其纯驳（宋林希逸谓："其间有绝到语，非汉后所可及。此书晚出，或者因其散佚不完，故杂出己意以附益之。"此说与吾说同，书成乃知之）。

《天瑞》（言生死、有无、委运。）

《黄帝》（言忘。末"纪渻"一段义不承，"惠盎"一段愈支。）

《周穆王》（言梦觉。铺陈穆王事太多。）

《仲尼》（末引公孙龙事，无关。）

以上四篇，不失贵虚之义，中引黄帝、关尹、鬻子语，必有所受，亦或衍书者所引。《说符》前半亦然。

《汤问》（铺陈怪异，无关本旨，中杂《墨经》"均发均悬"一条，末又专言歌乐技巧，皆无谓。伪刘向《叙录》亦以为迂诞。）

《力命》《杨朱》(此二篇皆杨朱书,列之贵虚与杨本异,此乃衍《天瑞篇》,遂牵入杨说耳。)

《说符》(此篇义最杂,前半颇不似伪书,言先识持胜本身及涉世之道,不得谓《列子》不容有此。"爰旌目"一条则似尹文书中之说,又引杨朱语数条。末枯梧、撮金两喻见《吕氏春秋·去宥》,乃宋、尹之说。聚敛无理,此篇最甚。)

尹、列二家,承老而开庄,老、庄之间嬗变之迹,必于二家求之。而其书既亡佚,仅有《庄子》所述,亦甚简略,贵清、贵虚究为何说,不可知矣。以意度之,殆老子言虚浑,而传者误以和光同尘为真同于浊,故尹以清正之,列则又因虚之说而更求超越,故下启庄周形容道体多过甚而失纯静欤?儒门曾、思、孟子递变相发之迹,今犹粲然,独道家以二家书缺,不可考见,惜哉。

太史公《孟子荀卿列传》曰:"齐之稷下先生慎到、环渊、接子、田骈之徒各著书。慎到,赵人;田骈、接子,齐人;环渊,楚人。皆学黄老道德之术,因发明序其旨意。故慎到著《十二论》,环渊著《上下篇》,而田骈、接子皆有所论。"按:田、慎别详下篇。《七略》:《蜎子》十三篇。老子弟子,即环渊(《列仙传》称《蜎子》有《琴心》三篇,盖脱十字)。《接子》一篇。渊书无传。《庄子·则阳篇》称季真之莫为,捷子之或使。捷即接。此说为论宇宙因者之一争端。莫为之说,近于自然,季真盖亦道家。成玄英谓季真亦游稷下，则不知何据。又《七略》道家有《长卢子》九篇，楚人。《郑长者》一篇，郑人。《列子·天瑞》及《御览》引《吕氏春秋》均引《长卢》语。《韩非·外储说》引郑长者语，均不见宗旨。

江瑔、谢无量皆谓《论语》所载长沮、桀溺、荷蓧、石门丈人、接舆皆道家之流，颇似原壤，则魏、晋放达之先声。宋人陈善《扪虱新话》已言之。棘子成之主质，亦道家之类。《说苑·敬慎篇》言叔向年八十而称诵老聃之言，然其下又引孔子《易传》，殆未可信。《战国策·齐策》颜斶引《老子》"贵以贱为本"云云，则足证老说盛行于当时，或斶亦老之徒裔与？

庄周

韩退之曰："子夏之学，其后有田子方。子方之后，流而为庄周。故周之书喜称子方之为人。"此说谬也。《庄书》称子方只一条，且是子方称东郭顺子。以人名篇者多，若庚桑楚、徐无鬼、则阳，岂皆师邪？《庄书》称子桑户、子琴张、孟子反；孔子称子反退让，以子桑为太简；孟子称琴张为狂，是皆庄之类也，则其于孔门不无渊源。又书中称列子为子列子。加子者，先师之称。又记子列子问关尹，而以关尹、老聃并称，其于老门渊源，亦略可见焉。

《荀子·解蔽》曰："庄子蔽于天而不知人，由天谓之道，尽因矣。"

太史公曰："庄子散道德放论，要亦归之自然。"

朱元晦曰："庄子知道体。自孟子后，荀卿诸公皆不能及。"又曰："庄周是个大秀才，他都理会得。"又曰："庄子说得较开阔，较高远，然却虚走了老子意思。若在老子当时看来，也不甚喜他如此说。"

书三十三篇

陆德明曰："后人增足，渐失其真。故郭子玄曰：'一曲之才，妄窜奇说，若《阏弈》《意修》之首、《危言》《游凫》《子胥》之篇，凡诸巧杂，十分有三。'"《汉书·艺文志》：《庄子》五十二篇。即司马彪、孟氏所注是也。言多诡诞，或似《山海经》，或类占梦书，故注者以意去取。其《内篇》众家并同，自余或有《外》而无《杂》。唯子玄所注，特会庄生之旨，故为世所贵。今以郭为主。

内篇

《逍遥篇》（大小各适）　　《齐物论》（莫使因是）

《养生主》（养身）　　《人间世》（处世）

《德充符》（忘形）　　《大宗师》（齐死生）

《应帝王》（出治）

外篇

《骈拇》   《马蹄》

《胠箧》

以上三篇皆斥仁义，排儒、墨。

《在宥》(首二段与上三篇同义，以下则与下三篇同。)

《天地》(首段言君道，连上篇首末段，又似《骈拇》三篇文。)

《天道》(首数段言虚静、君道，与《在宥》末、《天地》首同，颇长。)

《天运》

以上三篇多论虚静及道体，称"夫子曰"者三段，盖道家古说，少纵肆之言，又多记老子告孔子语，则多排斥仁义之意。

《刻意》(与《天道》首同。)   《缮性》

此二篇言养神守德，去知反性，义甚平实。

《秋水》(同《齐物论》义。)   《至乐》(多论生死，同《大宗师》义。)

《达生》(同《养生主》义。)   《山木》(同《人间世》义。)

《田子方》《知北游》(此二篇又杂而非一义，多论浑一，与《齐物论》《大宗师》同。)

杂篇

《庚桑楚》（"道通其分也"以下，乃《齐物论》之异文。）

《徐无鬼》

《则阳》　　《外物》

《寓言》（亦有《齐物论》错文。）

以上诸篇，皆零条，较《外篇》尤多短碎，且有杂记言行如古传记，不关道家旨义者。

《让王》　　《盗跖》

《说剑》　　《渔父》

此四篇俱首尾一义。

《列御寇》（此篇又《庚桑》以下三篇之类。）

《天下》

马叙伦疑司马本五十二篇，并解说数之，或非庄生之旧文，《汉志》之陈篇。此疑过也。解说皆徒裔所为，固在刘向前，《管子》亦并解说数之，无足怪也。

诸子书皆其徒所集，师徒之说不别，是书尤显。有徒之说，有徒述其言，有庄子述古事。外、杂《篇》称夫子曰者，盖即指庄子。昔人或以为老，或以为孔，皆非也。其述老、孔语，不尽寓言，必有所受，但由口耳而著于竹帛，不无失真，故文势不似《老子》《论语》。其所言或非老、孔所宜有，即庄徒述庄，亦必有失真者。又有述昔语而后加申说，后人解者每误以加说为昔语者，亦一失也。《胠箧》

《在宥》《知北游》篇称"故曰"者,乃《老经》之文,而《天道》篇称"故曰"者,则不知所出。《刻意》篇称"故曰"者,则多《天道》篇语。是显有庄徒之言矣。

苏轼谓《庄子》阳挤孔子而阴助之,《渔父》《盗跖》真若诋孔子,《让王》《说剑》皆浅陋,不入于道,因谓此四篇为伪作。以《寓言》篇末与《列御寇》篇首文义恰相接为证。近苏舆又谓《骈拇》《马蹄》《胠箧》别无精义,文气直衍,疑不出《庄子》。明郑瑗,近王夫之、姚鼐、王闿运更直谓外、杂《篇》皆不出《庄子》,是皆由误认《庄子》为庄周所自著也。庄周文纵奇,义纵纯,其徒岂皆纯奇邪?且庄周言固多放,是书抑孔子处固多,《内篇》直以为天刑矣,何独疑于《渔父》?《盗跖》篇后段驳前段,固未尝以跖言为是也。是书文固不一例,《刻意》《缮性》及《天道》《至乐》《达生》中数段亦皆平衍,何弗疑之邪?惟《说剑》篇诚与全书不类,马叙伦亦疑之。马氏且据《盗跖》篇首段郭注,谓后二段乃别一篇,此篇既混入,乃以《说剑》足之。其说尚无确证,吾疑此自是郭氏以其无大害于义而不删耳。盖郭所删者,巧杂者也,非浅陋者也。又苏轼疑《盗跖》《渔父》虽过,而疑《寓言》与《列御寇》相接,则有所见,非独其义适相同。《列御寇》篇文体正《庚桑》以下之类,不应隔在《让王》诸篇之后,疑是次序颠倒也。陆德明谓众家无《杂》,马氏谓考《释文》于《杂篇》亦引众家说,则是无杂者徒分内、外,不列杂名,非郭所谓《杂篇》众皆无之。

此说是也。《杂篇》或平衍，或丛碎，诚有异于《外篇》处。然《外篇》非绝无是，亦无以定其界别也。

马曰："《史记索隐》曰：'《庄子·畏垒虚》，篇名也。'《北齐书·杜弼传》曰：'弼尝注《惠施篇》。'此亦篇目之可考者。《惠施篇》或即《天下篇》末。"按：《索隐》所言，即《庚桑楚》耳。《索隐》说诸子篇名固多误，如其解《商君·开塞》是也。

诸子书皆其徒属所纂集，非自执笔为文。本零条，少完篇。其分篇不过量简册以为之，非首尾完整。《庄子》书自《骈拇》《马蹄》《胠箧》《刻意》《缮性》《说剑》《渔父》《天下》八篇外，皆是零条，惟《达生》《山木》《知北游》《让王》《盗跖》五篇首尾一义，余皆不然。《外》《杂》诸篇皆取篇首为名，而前篇之末与后篇之首义每相连，正与《荀子》书同。《内篇》独以义名篇，《逍遥游》且以篇末语为名，似完整矣，然亦不尽然，如《逍遥游》大瓠、大树止言大之用，与前半大小各适之义微殊。《齐物论》自南郭子綦论莫使之义及因是之义为一长段，"道未始有封"以下五段，皆各明一义，不相连属，与《外》《杂》篇同，余篇皆然。而世之说者昧于古书体例，辄以后世文法强贯说之，误矣。

《天道》末条，《外物》末条，《寓言》首条，皆可作是书序。

《庄子》书吾别有详说，此但总论之。其书约可分为四类：一曰形容道体。以《大宗师》（"夫道有情有信"一节）《知北游》《则阳》（"少知问"一节）为主，如《天地》（"夫子曰"二节，"泰初无无"一节）《天道》（"夫道于大不终"一节）《徐无鬼》（"故德总乎道大之所一"一节）皆是也。道体有二义：一曰超物，二曰周物。故非无非有，离一切状，而无内无外，遍一切状。庄书论之甚详，可申《老经》。其形容真人之处，亦可参观。然道本难容，多言滋弊，庄之多为形容，已稍稍失老意，且其形容多由旁侧，所谓厄言曼衍者，后世乐称之，弊乃益多矣。二曰指示道术。以《养生主》《刻意》《达生》为主，如《在宥》（"黄帝立为天子"以下）《天道》（首段）《庚桑楚》（"彻志之勃"以下，"出怒不怒"以下）皆是也。此则实指何以体道，大要无过养神与气。黄帝乃道家之宗祖，关尹则周之师承，而《在宥》述广成之告黄帝，归于抱神处和，《达生》述关尹之告列子，旨在一性养气，道家之实功可见。三曰辨析名理。以《齐物论》《秋水》为主，如《则阳篇》（"少知问于大公调"）及《天运》首、《知北游》（"冉求问仲尼"一节）《庚桑楚》（"出无本"一节）皆是也。此类汪洋，最为读者所喜，而非明于其言道体，则亦不能得其意。四曰讥斥儒、墨。以《骈拇》《马蹄》《胠箧》《在宥》（前半）《渔父》为著，《天运》《徐无鬼》亦有之。此则显而易知。凡此四者，三生于一，二较四重，但言道体形容真人，而不言体道之术，则虽能破人而无以自立，徒增言而不足以达行矣。不幸庄书一三最多，二则最少，故使论者沦于虚幻，惜哉。

世之言庄周之学者，皆张大其"死生为一条，可不可为一贯"之说（《德充符》），实则此乃劲挺过度之词，不可为信，且不能自圆者也。盖道家言形上，惟主一气，即此一气，亦无亦有，无乎不在，是谓道体。《知北游》曰："神奇化为臭腐，臭腐复化为神奇，通天下一气耳。"此即其本旨。由此推之，既通为一气，则死与生不过变化。万物出于机，入于机，虽为鸡、为弹、为虫臂、为鼠肝，总在此气中，故曰"藏天下于天下，而不得所遁"。古人所谓囊漏贮中者也，是万物虽有得丧，此一气无得丧也。故生不足悦，死不足悲。如此说，则人物为一等，无高下。故曰"以道观之，物无贵贱"。说至是则一切固皆存于世间，更无高下，复何价值之可言乎？然《庄子》又有说道本自然，自然皆善，万物之性固无不善，其高下不在人与物，而在失性不失性。鹏、鹦虽有大小，而各适其适，惟勿落马首，牵牛鼻。此其说固可自圆，然既以失性与否为高下，则安得等得丧乎？得丧固以一物言，而岂以一气言邪？万物之性不齐一，苟非不失人性，则何至为虫鼠？吾观《德充符》言常心不与生死变而未尝死，《在宥》述广成子言直曰"长生"，且曰"人尽死而我独存"。然则齐德丧之言，乃庄周纵言之过明矣。且庄周言自然之性，亦复有过。彼以自然为天，非自然为人，极分人、天，而其终仍不得不言人亦天。又以骈拇枝指喻失性，而又言骈枝出于性，是皆自相违。盖言自然太宽,亦陷于无价值也。夫无价值之论,固不可持也。无价值则圣、凡亦当等视,尚可詹詹焉说且教邪?世之述《庄》者,乃更直言无善恶是非,既主无善恶是非,即以无善恶是非为善与是矣。果皆无,则当先杜其口,其不可持甚明。世之持此滑论者,出于《庄子·齐物》《秋水》诸篇。《秋水》《至乐》诚有无善之放言,《齐物》则不然,其齐是非者,乃破彼我之相非而明其皆是也,此道家自然善之论也,岂谓无善乎,而说者皆误(说详《庄子释滞》)。《齐物》之归,则在于明与庸,曰:"彼是莫得其偶,谓之道枢。枢始得其环中,以应无穷",故曰"莫若以明"。此明浑一之义耳,而说者曰是非两化而道存焉,游乎空中,不为是非所役;或则曰如户枢旋转环内,退进与时(章炳麟)。夫既空,何枢之可得,若此进退,则不过宛转以从,曾不能两忘,是与慎到同矣,庄之意信止此乎?《论》又曰:"为是不用而寓诸庸,庸也者,用也。用也者,通也。通也者,得也,适得而几已。"归于平常,是庄子之柢也。其非惠子,亦以何庸为说,固知荒唐宏大不过应解而已。《天道》篇言道为大本、大宗,而《天下》篇自言于本深闳,于宗上遂,若泥于《秋水》之言,则其归也不过曰当其时,顺其俗,勿落马首、穿牛鼻而已,浅哉。此遂足为本与宗乎?乌乎,《庄子》已言之矣:"天下沉浊,不可与庄语。""意不可以言传,而世因贵言传书,贵非其贵也。"(《天运》末)"忧乎知,而所行恒无几时,其有止也,若之何!""师天而不得师天，与物皆徇（言欲法本体自然，而人事皆当然）。其以为事也，若之何！未始有天，未始有人，与世偕行而不替。所行之备而不洫，其合之也，若之何！"（《则阳》）观此则世徒贵庄周之言，传庄周之书，高言自然，而不顾于行与事之能合其言与否者，亦可以自警矣。

庄周之斥下形名，人知其高，而斥下仁义，则人以为疑。此特拘于《骈拇》《胠箧》诸篇之放言耳。周自有完具平实之论，如《缮性》篇曰："夫德，和也，道理也。德无不容，仁也。道无不理，义也。义明而物亲，忠也。中纯实而反乎情，乐也。信行容体而顺乎文，礼也。礼乐遍行则天下乱矣。"《在宥》曰："贱而不可不任者，物也；卑而不可不因者，民也；匿而不可不为者，事也；粗而不可不陈者，法也；远而不可不居者，义也；亲而不可不广者，仁也；节而不可不积者，礼也；中而不可不高者，德也；一而不可不易者，道也；神而不可不为者，天也。"《天道》篇曰："天地至神而有尊卑先后之序，而况人道乎？语道而非其序者，非其道也。是故古之明大道者先明天而道德次之，道德已明而仁义次之，仁义已明而分守次之，分守已明而形名次之，形名已明而因任次之，因任已明而原省次之，原省已明而是非次之，是非已明而赏罚次之，赏罚已明而愚知处宜，贵贱履位，仁贤不肖袭情，必分其能，必由其名。以此事上，以此畜下，以此治物，以此修身，知谋不用，必归其天。此之谓太平，治之至也。古之语大道者，五变而形名可举,九变而赏罚可言。骤而语形名,不知其本也。骤而语赏罚,不知其始也。倒道而言,迕道而说者,此之谓辨士,一曲之人也。"此言道德、仁义、形名之高下次第甚明。由是以观,可知老、庄反本,非果与儒殊。而道体周流,亦与排除形名之义不相矛盾矣。

《老经》第一章言绝对,第二章言相对,世误说绝对为偏于无,以相对为无所主,非也。今观庄周状体合绝对之真人,如《德充符》述仲尼曰:"平者,水停之盛也,其可以为法也,内保之而外不荡也。德者,成和之修也。"《大宗师》曰:"游心于德之知,喜怒通四时,与物有宜,而莫知其极。"《在宥》曰:"守其一以处其和,一上一下,以和为量。"《徐无鬼》曰:"神者好和而恶奸。"《达生》述仲尼曰:"无入而藏,无出而阳,柴立其中央。"《田子方》篇述老子谓仲尼曰:"至阴肃肃,至阳赫赫,两者交通成和而物生焉。""终始相反乎无端而莫知其所穷,非是也,且孰为之宗。"然则周之所谓大本、大宗(《天道》),亦即"冲气以为和"而已。其言相对者,《人间世》言"以巧斗力者,始乎阳,常卒乎阴,大至则多奇巧。以礼饮酒者,始乎治,常卒乎乱,大至则多奇乐。凡事亦然,始乎谅(俞校为"诸",读都),常卒乎鄙。其作始也简,其将毕也必巨,而终之以无溢养中"。《山木》言万物之情,人伦之传,"合则离,成则毁,廉则挫,尊则议,有为则亏",而先之以"以和为量"。然则所以明相对者,亦去泰去甚以就中和而已,非流滑也。

《庄子》之言虽瑰玮参差,而其旨亦无多,莫激于摈仁义,莫浅于轻荣利,莫脱于通是非、齐死生。此人之所咸知而乐道若他家所未有,而《庄子》所独专也。实则是皆曼衍之说,恣纵之言,其宗本亦不外于反无为之性,明自然之皆是,以平静为本质,此其柢也。于《老子》之已发其端者,申而详之而已。人之述《庄子》,每举《齐物》《秋水》与《骈拇》《胠箧》,而吾则举《天道》与《刻意》《缮性》,以为明乎此而后彼可明也。盖道家之所谓道者,万物之自然也。故曰"道无不在"(《则阳》《天下》),"自然者,无为为之"(《天地》),"不知其所为使"(《齐物》)也。无物不然,无物不可,皆真而无伪,皆是而无非,《齐物》一篇所详论也。自然之状曰虚静恬愉,淡漠无为,而要之曰平,是道德之质,万物之本也(见《天道》《刻意》,诸词又见《在宥》《应帝王》诸篇)。"虽虎之杀,亦由逆之使然"(《人间世》)。"自然固无不善也。其有不善者,由失其性命之情"(《骈拇》)。"人生为强阳之气"(《知北游》)。"人心偾骄而不可系"(《在宥》)。"性动而为,为而失"(《庚桑楚》)。"失者为溢与过度"(《人间世》)。"智巧果敢"(《达生》)。"大喜大怒,乔诘卓鸷,崘卷抢囊"(《在宥》)。"乃失其平而灭其天""故道在去知与故""循天之理,因其固然而不益生"(《养生主》《德充符》《达生》)。"平气顺心"(《庚桑楚》),"托于不得已"(《达生》《缮性》《人间世》《庚桑楚》),"乃得处乎不淫之度"(《达生》)。凡其书言修身,言治世，举不越乎斯旨；通是非，摈仁义，即由是而衍。自《老子》言守柔、守弱、去泰、去甚，道家诸子深浅不同，而罔不守此。《庄子》言之最详，《淮南》申之甚显。其言之过，则直谓悲乐、喜怒、好恶为道德之失（《刻意》），动无非邪（《外物》），无为之旨遂成不动，亦道家末流之常然无足怪者。而其本则在于自然全善，此固中国圣哲之所共承，儒道二家之所同据也。世人眩于《庄子》瑰玮参差之言，诧其奇而忽其实，是非见水上之波涛而忘水底之平准乎？

古书之言养德反性者，惟《庄子》为详，故赵宋儒者之发明莫不资焉。是有五旨，诚要而不可越也。一曰清，二曰平，三曰通，四曰大，五曰初。道家言性德，每譬于水，《刻意》曰："水之性，不杂则清，莫动则平，郁闭而不流，亦不能清，天德之象也。"《天地》曰："性修反德，德至同于初，同乃虚，虚乃大，与天地为合。"此言最要。《德充符》曰："平者，水停之盛也。"《盗跖》曰："平为福。"《外物》曰："凡道不欲壅，天之穿之，日夜无降，人则顾塞其窦。"此平与通之义也。《德充符》曰："眇乎小哉，所以属于人，謷乎大哉，独成其天。"《缮性》曰："反其性情，以复其初。"此大与初之说也。天本大也，初本善也，欲形容天之善，莫过于平。人之合天，由小而合大，由末之不平而反于初之平也。故凡中国圣哲之言人道者，莫不以能大反初为准。大之义，《老子》详之；初之义，《孟子》详之，其实功则在于守神（《刻意》）养气（《达生》）。神气之妙，则不外于清与通。盖凡万物之恶,莫非生于浊与塞也。周茂叔始发明儒者养性之义,其形容性德,亦曰明通公溥,是即清通平也。凡此所陈,乃先圣贤共明之大义,不独庄子。以庄子言之颇详也,故举发之于此。

《庄子》之学之所由起,具于《天下》篇。其超然而自立者,具于《齐物论》篇。书中对针诸子之言尤多,《胠箧》篇曰:"天下大乱,罪在于好知,皆求其所不知,而莫知求其所已知。"《在宥》篇曰:"世俗之人,皆喜人之同乎己,而恶人之异于己,以出乎众为心。"《天道》曰:"有知治之具,非知治之道,可用于天下,不足用天下。此之谓辨士,一曲之人也。"《徐无鬼》篇曰:"学一先生之言,暖暖姝姝而私自说,自以为足。"此皆刺诸子也。又诸篇屡言知,知之所不能。知之拙,知止乎其所不知之贵。《知北游》篇、《则阳》篇末叹人生之不久,与多言多知之非道,举不言不知之真。《外物》篇论无用为用,得意忘言,是皆自超于诸子之说也。

夫道有本有末,本者,天也,一之无为;末者,人也,万之有宜。六艺之于有详矣,故老子五千言多言无,恐逐末而忘本,故其进孔子曾反于本。孔子既受六艺于老子,述而明之,更言为仁之功,所以存本也。儒之末流但拘于末而不知本,七十子之裔已有知礼而不知性者,百家又起而乱之,故子思作《中庸》,明本末之一贯,神奇平常,交互言之,所以救偏也。庄周者,得老氏之绪,而放言离宗,激于言末,反而多言本,故自言于宗稠适而上遂,然上遂而不下推,但言无为而不言有宜,故于诸子最为近道,而终于一偏。其《天地》篇曰"治内而不治外",如自言其偏矣。荀卿谓《庄子》"蔽于天而不知人"是也。然荀卿又蔽于人而不知天。荀卿知礼而不知乐,庄周知乐而不知礼(《天运》篇言乐最详)。荀卿知分而不知和,庄周知和而不知分。二子者之说,以御百家有余矣。虽然,周非不知人也,特矫之过直耳。观《在宥》篇末条、《缮性》首条、《天运》篇中北门城一条,固非废礼义也。荀之于天,则竟不知,此荀之不及庄也。然放言多失,不可为教,当思之弊,不以学矫之,而偏为奇恣,适足以助之耳。周之贻祸后世亦不浅哉!

鹖冠子

《汉志》注曰:"楚人,居深山,以鹖为冠,因号。"王闿运曰:"当齐威、魏惠之世,稍在孟子前,而其书颇见赵、燕,未尝称楚。"按:《王铁》篇言政制,皆用秦制、秦官名。

书十九篇

《博选》　《著希》(言观人)

《备知》(慨世乱,感不用)　　《夜行》(言道)

《天则》　《环流》

《道端》　《泰鸿》

《秦录》　　《天权》

《能天》(以上皆言政)　　《近迭》

《度万》　　《王鈇》

《兵政》　　《学问》(以上皆称庞子问)

《世贤》　　《武灵王》(二篇赵王问庞煖,殆是庞书)

《世兵》(此篇杂乱)

《七略》一篇,在道家,韩愈见十六篇,今十九篇,盖后人析之。王闿运曰:"《汉志》,《庞煖》二篇,在纵横家。《隋志》则《鹖冠子》三卷,无庞煖书矣。庞煖为燕将。云其弟子,则《隋》三卷者,因合《庞煖》二篇欤。"按:书中言《庞煖》者二篇,皆短促,恐非全书;且皆论兵,述其师说。胡应麟、沈钦韩以为《汉志》兵家之庞煖是也,非纵横家之庞煖也。《近迭》以下称庞问,恐未是庞书。

韩愈、陆佃皆以为杂黄老、刑名,愈又称其四稽有设施,柳宗元则以为鄙浅,黄震以为词繁理寡。王闿运曰:"其书多言王政四稽,特观人之术,不足见其蕴蓄。柳以为浅薄,则未知所谓深厚者何也。"此说近似矣,而未尽也。今撮其大要,足以知之。其书屡称君子术数之士,《天则》篇言"法章物而不自许者天之道",又言"德与身存亡者未可以取法",此似主法不主人,如法家之说矣。然其言法皆主于法天地。《天则》篇曰:"天地之无极,以守度量而不可滥。"《度万》曰:"天者然物而无胜,地者均物而不可乱。"《王鈇》称天曲日术,天诚日德,天信月刑,天明星稽,天因时则,又以秦制略述法天,而集伍扁之治以至于柱国、令尹。又言法主于因,《天则》言"化不因民,不能成俗",此即庄、慎之所同也。《天则》称"九皇之制",《王铁》称"太上成鸠之道""素皇内帝之法",是道家称古帝之说也。《环流》曰:"道之用法。"《度万》曰:"法也者,守内者也。"《泰鸿》曰:"素次以法,物至辄合。法者,天地之正器。"其所谓法者如此,乃持一之术,非慎、商、韩之所谓也。又《度万》称神化、官治、教治、因治、事治五正,等级最明,而归于在人。故《泰鸿》曰:"生法者,命也。命者,自然者也。"《天则》曰:"一人乎,一人乎,命之所极。"是所谓命者,君也。故《道端》曰:"本出一人,故谓之天。一国之型,具在乎身。"《泰录》曰:"致治在己。"又多责君以求贤。《博选》篇言:"帝者与师处,王者与友处。"《博选》《道端》皆极言观人之法。《道端》言"明主治世,急于求人",《泰录》言"代继之君不贤,犹不果亡者,能受教于有道之士",而《著希》《备知》《学问》诸篇,皆慨贤人之不见知,盖道家初说本主人,与儒家同也。《泰鸿》篇举道德泰一之说,其言曰:"毋易天生,毋散天朴。"又曰:"众者我而众之。"《泰录》曰:"积顺之所成。"《学问》篇释礼乐仁性,其言皆纯粹。虽《备知》一篇远想盛德,亦不似庄书《胠箧》诸篇之悖。盖老子所言治国,皆本于治身以顺其性,非但言因任;慎到虽但言因任,要非如申、商之刻贼,略似荀卿定分之说。而因任天然,不加矫强则异。后世猥谓黄老流为刑名,遂以是书为杂,是不考老门徒裔之言法者为何说也。《鹖冠》之说,与庄、慎大同而小异,但多虚理,少实指,不免迂阔之诮。盖隐居深山,未与时流相触,故其说疏浑,未有以自立。然道家老辈之所持,此可见矣。其书词语多奥,颇似礼家,尤近《管子》中诸古道家言。故刘勰谓"《鹖冠》绵绵,亟发深言"。其旁出他义者,以礼义忠信为兵,又论六国之弊,亦甚明确。惟《世兵》一篇称引曹沫,又说兵法,后又语同《鹏赋》,文义不属。胡应麟谓昧者剿入,王闿运谓钞者误入,盖可信也。王氏又谓《夜行》引《老经》语为盗道家言,则苛矣。

文子书

《七略》:"《文子》九篇。"《汉志》注曰:"老子弟子,与孔子同时,而称周平王语,似依托。"唐李暹以为姓辛,号曰计然。沈钦韩谓李说乃因计然亦字文子而误,是也。《别录》称《墨子》书中文子乃子夏弟子,又别为一人。江瑔以此文子为文种,谓楚多道家,故文种执业老子之门。种于荆平王时为宛令,书中称平王,本无周字,班氏误读。杜道坚云楚平王不用文子之言,可正班误。其说颇辨。然班注本《七略》,《七略》不应误楚为周。今书非真,杜即据今书为说,不可据也。

汉世多以《老子》《文子》并称(《论衡·自然篇》),而今书十二篇,非《七略》之旧,柳宗元首疑为驳书,谓:"其浑而类者少,窃取他书以合之者多。凡孟子辈数家,皆见剽窃。其意绪文词,查牙相抵而不合。不知人之增益之欤,或者众为聚敛以成其书欤。"马骕、沈钦韩则信为真,谓为《淮南》所袭取。陶方琦谓是魏、晋以后人剽《淮南》书而成,举五可疑,章首多冠《老子》语,不应章末引《道德经》语,复加"故曰"。且所引《道德经》语皆不外《淮南》所援,又用《淮南》文颠倒割裂,自相矛盾。《淮南·道应》篇多先引旧事,末系老言,此悉删旧事,并传为老语。又文子既与孔子同时,而《自然》篇言孔、墨,《精诚》篇引六国地名,要之全取材于《淮南》,中不无《文子》旧说,然依傅成书,则《淮南》异词者第十之一。况《淮南》书采群籍,断不尽出《文子》。西汉时《文子》书具在,而子政、孟坚皆不言《淮南》出此。按:此辨最明。今人章炳麟谓是张湛所伪造,与《列子》同,此则无以定之。若李暹谓计然受业老子,录其遗言,则大谬也。其称周平王问文子,与《汉志》合者仅一条,余称"文子曰"者少,称"老子曰"者最多,皆《淮南》衍说老语者也。其义多纯正,详于仁义,无权诈之说,以自然为顺性守义,以无为为正己,以下仁义为不外饰仁义,皆不偏放。亦偶见放辞,故柳以为相牴,然纯美者多,可见道、儒二家相同之处。陈澧乃谓以仁义礼申老为遁辞,又谓文子子夏弟子,故依违二者之间,谬也。汉世多言黄老,少言老庄,盖不宗庄周,可知其时老学之不放(洪亮吉、魏源谓汉末始不称黄老而称老庄,陈澧谓始于马季长。按:《汉书》记严君平、班嗣事,已云老庄,但未盛耳)。汉世黄老学甚盛,而大旨全具于《淮南》书,其专说《老子》者又具此,故虽伪本,亦录而论之。

《道藏·希夷志》考辨

希夷先生陈抟字图南（不题代者，五代及宋均不能有之也。希夷之号，宋太宗所赐，而题之者太宗兄弟，固先生所许也）。

> 先生出处本末，邵伯温所记详确，朱子《名臣言行录》即据邵述而加他书。《宋史》乃不能发明，略邵所详。其所书，止是石隐道士之常态，谬也。元张辂撰《太华希夷志》，采缀诸书，记先生事最详，而亦有遗漏，且叙事载诗多鄙俚，盖衍说非实，道士所传耳。然《宋史》及《志》，亦皆有一二要语，为邵、朱书所无者。今取诸书集句录之，惟取足以明其学行，其诸杂事则不复录；其诸书相同者不详注，但辨其异，他日广采，别定详传。先生弟子传授，已别有详考，亦自来所未留意者也。

读经史百家之言，一见成诵，悉无遗忘，颇以诗名（《宋史》）。

先生之学，岂徒诗耶？诗学传于田告，详《宋初三派学者考》。

后唐长兴中，举进士不第（《宋史》及《名臣言行录》引《谈苑》）。负经纶之才（《名臣言行录》引邵氏《易学辨惑》），有大志（《邵氏闻见录》）。历五季乱离，游行四方，志不遂（《辨惑》），隐武当山九石岩，辟谷炼气二十余年（《谈苑》）。诗云："他年南面去，记得此山名。"（《闻见录》云："本朝张邓公改'南面'为'南岳'，题其后云：'薛壁题诗志何大，可怜太华老图南。'盖唐末时诗也。"）后居华山云台观，多闭门独卧，至百余日不起（《谈苑》）。自晋汉以后（《希夷志》作"之际"，非也），每闻一朝革命，辄颦蹙数日，人有问者，瞪目不答（《辨惑》）。每揽镜自照曰："非仙而即帝。"其自任如此（《希夷志》）。尝乘白骡，从恶少年数百，欲入汴州（《志》无"欲"字，非也）。中途闻艺祖登极，大笑坠骡，曰："天下于是定矣。"遂入华山为道士（《闻见录》《言行录》引《辨惑》云："一日，方乘骡游华阴，市微异。"盖讳从恶少事也），诗曰："躢躢四十年来睡，不觉东方日已明。"（《希夷志》）

先生出则欲南面，不成则沉隐，踪迹甚奇，实亦因时而已。五代之乱，势在于兵，拥兵则可为乱，收兵则可为治。上无天子，贤无由进，欲改弦更张，必匹夫崛起，保民而王。其时之病，在于躁动，拨乱矫枉，柔静为先。先生乘骡入汴，盖欲控兵取势，以图治平，苟其得之，岂不胜于篡夺孤寡？然此乃暂安之术，非遂为行道之资，以道必世而后仁暂安，固不必一径。宋祖能行柔静之术，先生盖夙知之。彼能为之，何必自我。既非睥睨高位，自不别树徽帜，故见几而遂决于高卧也。然竟不出任匡辅者，非志在于王，不屑于佐也，势不可也。阴谋之家，忌同术之逼己，欲求苟容，必工媚谨，赵普之事太祖，亦屡遭轻辱矣。器小志短，得名已足，先生岂有屑效之哉？

《谈苑》仅云举进士不第去，隐武当。《宋史》则云举进士不第，遂不求禄仕，以山水为乐。是则先生之隐，乃寻常愤世之流耳。《辨惑》曰："太祖方潜龙时，抟尝见天日之表，知太平之有自。"此不过谓太祖初尝与先生交耳。他书乃传见太祖而笑，称为真人。斥赵普为紫微垣一小星。此乃宋之臣子增饰之耳。苟初已定太祖为真人，则何必骑骡欲入汴耶？天位不能预定，世多惑于此义。

遁迹之初，有诗曰："十年踪迹走红尘，回首青山入梦频。紫陌纵游（《辨惑》作"荣"，误）争及睡，朱门虽富不如贫。愁闻剑戟扶危主（此五代实相。主可扶，而危主不可扶。危主亦可扶，而不可以剑戟扶），闷听笙歌聒醉人（唐末之乱，实由士大夫沉酣于诗酒游宴。卑则狎妓，高则谈空）。携取琴书归旧隐，野花啼鸟一般春。"岂浅丈夫哉！（《辨惑》《志》以为太宗召见辞朝诗，误也）

周世宗召至阙下，令于禁中扃户以试之，月余始开。抟熟寐如故，甚异之，因问以黄白之术。抟曰："陛下为天下君，当以苍生（《史》作"致治"）为念，岂宜留意于为金乎？"（《谈苑》《宋史》云："世宗好黄白术，有以抟名闻者，命华州送至阙下。"）命为谏议大夫，固辞不受。既知其无他术，放还所止，诏岁时存问（《宋史》）。

> 《志》引胡氏曰："陈抟所蕴，非世宗所知也。飞升黄白之间，不亦陋乎？抟以治天下对，已发其端，世宗不能访以治道也。"

艺祖召，不至（《闻见录》）。太宗即位，再召之（《谈苑》）。至阙，求一静室休息，乃赐馆于建隆观。扃户熟寐，月余方起（《辨惑》）。服华阳巾、草屦、垂絛，以宾礼见。赐坐（《渑水燕谈录》）。太宗从容曰："先兄太祖功高德厚，宣先生不至。寡人功卑德薄，烦先生降临。"抟曰："先帝不烦贫道来，陛下不免臣一朝耳。"（《志》）

> 《志》语鄙俚非实，然有意，故存之。太祖同道而反不出，不必出也。太宗更阴忌，故不得不出耳。
> 《宋史》止云来朝。非召，何遽来耶？

太宗问曰："昔在尧、舜之为天下，今可致否？"对曰："尧、舜土阶，三尺茅茨，不翦其迹，似不可及。然能以清静为治，即今之尧、舜也。"（《谈苑》）

> 此是学本道家之征。

留阙下数月，多延入宫中与语。谓宰相宋琪等曰："陈抟

独善其身，不干势利，真方外之士。"遣中使送至中书。琪
等问曰："先生得玄默修养之道，可以授人乎?"曰："抟遁
迹山野，无用于世，练养之事，皆所不知，无可传授。然即
使白日升天，何益于治。圣上龙颜秀异，有天人之表，洞
达今古治乱之旨，真有道仁圣之主。正是君臣合德，以治
天下之时，勤行修练，无以加此。"琪等表上其言，上览之
甚喜，未几放还山(《谈苑》《闻见录》略同)。后复再召，辞
曰："九重丹诏，休教彩凤衔来；一片野心，已被白云留
住。"(《辨惑》《希夷志》入之《初召辞表》中。误也)

        语多巽隐，太宗固不足与深言也，故一出而止。
《宋史》曰："抟居华山已四十余年，度其年近百岁。
自言经承五代离乱，幸天下太平，故来朝觐。与之
语，甚可听。"此亦或然。但太宗固非徒以老而召之，
先生亦非不召而以来朝为诣也。

帝初问以伐河东之事，不答(《渑水燕谈录》及《辨惑》云谏
止)。后师出，果无功。还山数年，再召见。谓帝曰："河
东之事，今可矣。"遂克太原(《谈苑》《辨惑》略同)。

        宋之得河东，持静待敝也。先生谋略，惟见此
言，足征其与宋祖同术。张舜民《画墁录》谓太祖收
藩镇兵，或云希夷之策，亦恐有因。然太祖未尝召见
希夷，他书皆言赵普之策也。

帝以其善相人也，遣诣南衙见真宗，及门亟还。及问其
故，曰："王门厮养，皆将相也，何必见王。"建储之议遂定。

真宗即位,幸云台观,谒其祠,加礼焉。帝知建储之有助也。呜呼,世以先生为神仙,善人伦风鉴,浅矣(《闻见录》)。

> 按:诸书传先生人伦风鉴事最多,今惟著此一事。张舜民《画墁录》云:"有《人伦风鉴》行于世,《直斋书录解题》有《希夷先生风鉴》一卷,云刘康国注。《馆阁书目》作《人伦风鉴》。今三卷本《玉管照神局》中引《陈抟风鉴》,又有《袖里金》及《相歌》,皆短简,似伪作。"

被诏至阙下,间有士大夫诣其所止,愿闻善言以自规诲。陈曰:"优好之所勿久恋,得志之处勿再往。"闻者以谓至言(《倦游杂录》)。康节尝诵希夷语,曰:"得便宜事,不可再作;得便宜处,不可再去。"又曰:"落便宜是得便宜。"(《辨惑》《闻见录》同。又晁伯宇《谈助》载无名氏《圣宋掇遗》曰:"陈抟逃遁山间,有亲者尝访之,问养生之道。抟曰:'得便宜处,莫再去可也。'")

> 康节之学,出于先生,实道家之传,所谓打乖也。深观物变,见始知终,非数之谓。康节真本领不在数,数止其外形,又不可尽信,别有论详之。

先生尝从邛州天庆观道士何昌一学锁鼻术(见《老学庵笔记》)。居武当时,或传夜静焚香读《易》,有五老人至,庞首皓发,曰:"吾侪即兹山日月池龙也。"异日默坐,五龙忽诣,令先生闭目,凌空驭风,终宵至华山。或云:睡法即龙教也。龙善睡,故日多闭门不出(《志》)。《赠金励睡诗》曰:"常人无所重,惟睡乃为重。举世皆为息,魂离神不动。觉来无所知,贪求心愈动。堪笑尘中人,不知梦是梦。"其二曰:"至人本无梦,其梦本游仙。真人本无睡,睡则浮云烟。炉里尽为药,壶中别有天。欲知睡梦里,人间第一元。"

《睡诗》犹《酒颂》也。其睡殊不可测,必有所受。五龙传法,殊不近情。鬼谷子称盛神法五龙,殆因而附会耳。陆放翁诗云:"华山处士如容见,不觅仙方觅睡方。"睡方非可易得,世所传摩腹屈足,不足以当之也。苟无睡方,则南面之资,忽加羽服,能遽安枕乎?苟无睡方,则欲学幼安之穿榻,武侯之抱膝,不可能也。

好读《易》,手不释卷,常自号扶摇子。著《指玄篇》八十一章,言导养及还丹之事。又有《三峰寓言》及《高阳集》《钓潭集》,诗六百余首(《宋史》),《入室还丹诗》五十首(《志》)。

《指玄篇》存,诗集无传,散见他书,别有辑录。

《志》所载多俚俗,疑非真也。

种放立碑,叙希夷之学,曰:"明皇帝王伯之道,康节实传其道于先生。"(《闻见录》)其《观希夷先生真迹墨迹诗》曰:"希夷真可观,希夷墨可传。希夷心一片,不可得而言。"

先生之学不少概见。《闻见录》载其言数条,大都人伦风鉴而已。图数之学,至周、邵而昌,儒者稍知反静,先生之功也。即其他文学,亦流传甚广。穆伯长首倡古文,传《春秋》于二尹,下启欧、苏。又传数学于李挺之,下启康节。挺之又传历学于刘羲叟。种明逸传图学至刘长民。其弟子甚多,如高文悦、高公仪,亦以文名世。田睃叟则受希夷之诗学。宋初北方学者,大氏希夷之再传也。其为道士者,一传张无梦,再传陈景元,亦为道教之宗。昔人不察,则徒以为神幻隐逸云耳。

丙寅三月,假得《道藏·希夷志》,因复考订,重修此篇。

邵尧夫学说

　　刚柔异质，和介殊性，老、孔之传所以裂，庄、荀之蔽所以反。汉世黄老儒术并盛，道家虽不宗庄，而儒家实止祖荀。宋儒之超于汉儒者，以其不偏于方而能圆，不偏于动而能静，此实远源于庄周，而近同于汉之黄老家。顾乃沿韩愈之波，排斥佛、老，不自知其入室而操戈也。所谓五子六先生者，当分二类，吾于《宋学论》中已著之。康节先生邵尧夫者，陈希夷之裔，黄老家之魁桀，与大程子气象相近，而得于道家者尤多。不独宋世所罕，自汉以降，黄老家不绝如线（专宗庄而放诞者不数），一二魁桀，亦未有如邵氏之精者。后世误沿宋儒之说，不探求《淮南鸿烈》诸书，因程、朱之故而盛推邵氏，几以为孔、孟之真，是欲尊之而反诬之，欲援之而反失其美也。今试撷其言及诸儒之评论，合而观之，可以知吾言之非怪矣。康节之学，专在《皇极经世》。经世即纪年，以数推人事，即司马迁所谓"究天人之际，通古今之变"也。道家者流出于史官,即以盈虚消长之理,推成败兴衰之事,特康节不深于史而溺于数,不能知古今之变,而徒以虚数推其大略,又凡事不以二分而以四分,故多陷于穿凿。然其所谓观物,则固道家御变之嫡传也。其说不详于《观物篇》而详于《击壤集》诸诗,道家之术大略具见,可以续《淮南鸿烈》作太史书说。今罗列而贯串之。其大纲则曰:物理窥开后,人情照破时。窥照之术,则《观物内篇》曰:"以今观今,则谓之今,以后观今,则今亦谓之古。以今观古,则谓之古,以古自观,则古亦谓之今。"此即道家观终始之说,庄周已言之矣。又曰:"观物者非观之以目,而观之以心;非观之以心,而观之以理。圣人所以能一万物之情者,谓其能反观。反观者不以我观物,而以物观物。"《外篇》曰:"以物观物,性也;以我观物,情也。性公而明,情偏而暗,以物喜物,以物悲物,此发而中节者也。不我物则能物物,诗曰:'妄意动时难照物,俗情私处莫知人。'"又曰:"自心观物,何物能一? 自物观心,何心不均?"又曰:"爱恶不去,何由是非? 爱恶既去,是非何为?"又曰:"尽物之性,去己之情。"又曰:"诸事固不知,物亦难其拘,一归于臆度,义失乎精粗。"此皆庄周所谓虚而与之委蛇者也。又曰:"易地而处,则无我也。"此虚之通于恕也。此观物之法,为康节一生学术头脑。故欧阳棐作《谥议》,专论此节,谓君以为学者之患在于好恶先成于己,而挟其私智以求于道,则蔽于所好而不得其真。此本之见康节时闻自道立身本末之语也。又曰:"必先详事体,然后论人情。道家之观物,本止观势也。"又曰:"著身静处观人事,放意闲中炼物情。去尽风波惟止水,世间何事不能平。"又曰:"与其行里看,不如坐中观。"又《观性吟》曰:"千万年之人,千万年之事,千万年之情,千万年之理,惟学之所能,坐而烂观尔。"此言持静为本也。又曰:"居暗观明,居静观动,居简观繁,居轻观重。"此十六字精简无遗矣。能观变则知几,故诗曰:"知几心自闲。"又曰:"事贵照到底。"其与章惇论牡丹花曰:"洛人以见根拨而知花之高下者为上,见枝叶而知者次之,见蓓蕾而知者下也。"见根拨即《淮南》所谓见其始则知所终,见其生则知所归也。朱子言康节见一物便成四片,乾卦方中便知有个姤卦来,盖缘他于起处推得来,至交接处看得分明,即谓是也。始生,即几也。故诗曰:"何以谓之几? 天根理极微。今年初尽处,明日未来时。"知几,即知天也。故诗曰:"窥牖知天乃常是,不窥牖见是知天。投吴走越觅青天,殊不知天在眼前。"又曰:"会向人间别看天。"看天者,看天人之际也。莫之为而为者,天也。有为之,则人也。太史迁所指即此也。故曰:"人力尽兮天数至。"又曰:"事既不同时又异,也由天道也由人。"又曰:"天人相与外,大率是虚名。"所谓天者,亦于人见之而已。故诗曰:"事体极时观道妙,人情尽处见天机。"又曰:"天听寂无声,都只在人心。"又曰:"天意不远人之情,知尽人情天岂异。"又曰:"天道远,人道迩。尽人

情,合天理。天人相去不相远,只在人心人不知。"又曰:
"谁云万事广,岂出人情间。"又曰:"千人万人心,一人之
心是。"又曰:"知几都在尽人情。"盖所谓几与天者,止是
自然之势。故诗曰:"天意无他止自然,自然之外更无
天。"又曰:"天意甚分明,人多不肯行。莺花春乍暖,风月
雨初晴。"又曰:"久旱望雨,久雨思晴,天之常道,人之常
情。"又曰:"天人之际岂容针,至理何烦远去寻。凶焰炽
时焚更烈,恩波流处浸还深。长征戍卒思归意,久旱苍生
望雨心。祸福转来如反掌,可能中夜不沉吟。"所谓天者,
不过《孟子》所谓'莫之为而为者'也。《易》所谓往来,《老
子》所谓倚伏,则其著也。故诗曰:"天生天杀何时尽,人
是人非都未休。"又曰:"人言垂钓辨浮沉,辨著浮沉用意
深。"又曰:"否泰悟来知进退,乾坤见了识亲疏。"又曰:
"事体一番新,才新却又陈。"又曰:"却知花烂熳,便是叶
离披。"此皆言往来倚伏也。往来倚伏,所谓势与几者,皆
生于时。因其自然则是,加人力焉则非,故贵知时,戒已
甚。故诗曰:"时来由自己,势去属他人。"又曰:"当时深
可爱,过后不堪看。夏去休言暑,冬来始讲寒。人能知此
理,忧患自难干。"又曰:"止堪初看望,不可久延留。"又
曰:"事过面前难改移。"又曰:"事上偷闲始得闲,我身长
在不忙间。"又曰:"天加一倍寒,我添一重被。不出既往
言,不为已甚事。"又曰:"时行与时止,人力莫经营。"皆言
因时也。又曰:"以少为多,以无为有,力外周旋,不能长

久。"又曰："事到强为须涉迹。"又曰："以至立殊功,无非借巨势。适会在其间,慎勿强生事。"又曰："量力动时无悔吝。"又曰："量力而动,力尽而止。"又曰："半醉光阴人莫知。"又曰："美酒饮交微醉后,好花看到半开时。"又曰:"平生不作皱眉事。"又曰："爽口物多须作疾,快心事过必无殃。"又曰："爽口之物少茹,爽心之行少虑,爽意之言少语,爽身之事少做。"此即贺子翼《快甚篇》之意。道家能不执于一端也。其子伯温记其遗言,有云："为善亦须量力,若不量力,虽善亦不当为。"其诗亦曰："善人无使倦,倦则不能久。"亦此意也。《易》曰："吉凶悔吝生乎动。"《淮南·诠言》曰："动之为,不益则损,不成则毁,不利则病。皆险也。"又曰："尚无祸不尚有福,欲福先无祸。"此皆道家精义也。故其诗曰："天下居常,害多于利,乱多于治,忧多于喜,惟知几甚难,而加力易谬,故莫如无为。"故诗曰："有客无知,惟知自守。自守无他,惟求寡咎。"又曰："有客无知,惟知不为。不为无他,惟求不欺。"又曰:"无疾之安,无灾之福。举天下人,不为之足。"又曰："不行何趑趄,勿药何瞑眩。"又曰："平居慎勿恃无伤,与其病后能求药,孰若病前能自防。"又曰："用药如交兵,兵交岂有宁。求安安未得,去病病还生。"又曰："因饥得饱饱还病,为病求安安未真。"此真深明于往复者矣。无为者,非果不为也,乃慎为也。故曰："自非妄动,乌用多愁。"又曰："轻得易失,多谋少成。"又曰："好胜多辱,过求多忧。"

又曰："多事招忧，多疑招闷。"又曰："争先路径机关恶，退后语言滋味长。"又曰："万事莫于疑处动。"此即《金人铭》所谓"知众之不可先而后之"，《说苑》所谓"智莫大于阙疑"，知止也。能退能复而无疑，则可以为矣。故曰："事贵丁宁，事莫因循。"又曰："未来身上休思念，已入手中须指挥。"又曰："耻把精神虚作弄，肯将才力妄施为。"惧为之妄耳，岂不为哉？《观棋绝句》曰："未去交争意，难忘黑白心。一条无故路，彻了莫人寻。未去交争意，难忘黑白情。一条平稳路，痛惜莫人行。"其无敌者平稳也。又曰："在未定之时，当难处之地。方事之危疑，见人之措置。"此即《庄子》所谓"不得已而后起"也。又曰："钓水误持生杀柄，著棋闲动战争心。"又曰："施为欲似千钧弩。"又曰："欲为天下屠龙手。"又《自述》曰："陆海卧龙收爪甲，辽天老鹤戢毛衣。"彼岂不欲为哉？然而缩手不为，极自幸其安乐。诗曰："能斟时事高抬手，善酌人情略拨头。"又伯温记其常诵陈希夷语曰："落便宜处得便宜。"此则所谓打乖者矣。康节有《打乖吟》，故伊川言伯淳尝戏以乱世之奸雄。打乖之弊，狡巧而废义，道家末流多然，而康节则不尔。其诗曰："小机小数肯轻为。"又曰："知人失后却成害，晓事过时还不醇。"又曰："善事义当为。"又曰："可必人间惟善事。"又曰："待物莫如诚。"夫彼深观物变者，岂但委蛇于两端之间而中无所主哉？道家者流皆多言内，康节诗亦曰："内若能守，外自不受。内若无守，外何能久。"《外篇》曰:"人必内重则外轻。"此即《庄子》所谓外化而内不化也。庄自言有宗,邵则标先天之名,其诗曰:"人间万事苦磨持,丛入枯荣利害机。只有一般无对处,都如天地未分时。"又曰:"春秋冬夏能无累,雪月风光都一连。"又曰:"胸中长有四时花。"此其所恃以历变而不变。苟非然者,则观变而随变,亦何以为道哉? 其诗有云:"非有非无是祖乡。"或疑其近释氏,然康节时颇非禅学,其诗云:"自有吾儒乐,人多不肯循。以禅为乐事,又起一重尘。"又《答诸公不语禅》云:"浩浩长空走日轮,何烦苦苦辨根尘。请观风急天寒夜,谁是当门定脚人。"又曰:"先能了尽世间事,然后方言出世间。"又《学佛吟》曰:"饱食丰衣不易过,日长时节奈愁何。求名少日投宣圣,怕死老年亲释迦。妄欲断缘缘愈重,微求去病病还多。长江一片常如练,幸自无风又起波。"此尤中逃空之弊,可知其非禅矣。其诗又曰:"隐凡功夫大。"又曰:"虚室清冷都是白,灵台莹静别生光。观风御寇心方醉,对镜颜渊坐正忘。"此皆庄周所言也。又曰:"沉珠于深渊,养自己天地。"又状绝对之乐曰:"得自苦时终入苦,来从哀处卒归哀。既非哀苦中间得,此乐直从天上来。"非有实得,乌能道此? 又其诗曰:"泥空终是著,齐物到头争。"非有实得,曷敢为此言乎? 惜乎其于道家末流之弊亦未能免。盛称张良之出处,沿用阮籍"礼乐岂为吾曹设"之言,不免于偏谬耳。自来直言其为道家者惟张皋文。《观物外篇》有云："阳能见而阴不能见，阳性有而阴性无。阳有所不遍，而阴无所不遍。阳有去而阴常居。"又曰："火以用为本，体为末，故动。水以体为本，用为末，故静。天本用，地本体。"皋文论之曰："先阴而后阳，舍奇而用偶，为老氏之徒无惑也。"此论甚谛。然此数语实精，虽止一偏，实圣道之所有，不得排为异端，后世儒者正坐多不明此耳。伯温又记其生时灵异，谓轮回鬼神之说有可信者。康节知而不言，亲为伯温云。又记其语，以《老子》为知《易》之体，以《孟子》为知《易》之用。论文中子谓佛为西方圣人，不以为过。于佛、老之学，口未尝言，知之而不言也。《四库提要》疑此诸语非真，不知其诗固明言"善设惟周孔，能齐是老庄"，固兼宗二流矣。宋世儒者于邵氏毁誉参半。誉者明道一流，毁者伊川一流，毁誉皆有所见。明道尝试用其数，而伊川自谓同居三十余年，未尝一字及数。明道称为振古豪杰，内圣外王之道。伊川则谓为不恭，如空中楼阁。又谓其临终只是谐谑，以圣人观之亦未是。其临终告伊川则曰："面前路径须令宽，路窄则自无著身处，况能使人行也。"又曰："你道生姜树上生，亦只得依你说。"盖伊川近荀，与之异道，故箴之也。伯温亦云："宗丞为人清和，侍讲为人严峻。每康节议论，宗丞心相契，若无所问。侍讲则时有往复。"此实录也。杨龟山称其论古今治乱成败之变，若合符节。谢上蔡则曰："是豪才，在风尘时节便是偏霸手段。"又曰："尧夫见得天地万物进退消长之理，便敢做大,于下学上达底事,更不施功。"杨近明道,谢近伊川,故其言如此。朱子颇偏于伊川一派,然能见邵之长,故其言曰:"康节为人,极会处置事,为他神闲气定,不动声色,静极了,看得天下事理精明。"又曰:"康节本是要出来有为底人,然又不肯深犯手做。凡事直待可做处,方试为之。才觉难,便拽身退,正张子房之流。"此皆平允。若其谓程、邵之学不同,而程之尊邵,以其不杂异端,则蔽论矣。叶水心全为荀徒,知动而不知静,故颇诋康节,斥为山人隐士玩世之流。此则一偏之见,不足论也。夫其闲静豪桀,能知成败治乱进退消长,正道家之长。而架空不恭,无下学功,不肯犯手,则又正道家之短也。上蔡、朱子之论,尤有可深长思者。伯温记希夷为唐长兴中进士,游四方,有大志,隐武当山。诗云:"他年南面去,记得此山名。"常乘白骡,从恶少年数百,欲入汴州。中途闻艺祖登极,大笑坠骡曰:"天下于是定矣。"遂入华山为道士。康节实传其道。伯温亲承父训,所记自不得诬。希夷之志,南面入汴州,即上蔡所谓偏霸气,朱子所谓要有为者也。凡乱世高人,大都负其畸才,不得自展,能以道自御,斯其异于荀流之鸣效希时,急功近利。康节诗曰:"伎量千般有,忧愁一点无。"此道家之所以最为高者欤。康节之徒多传数学,然亦或得其深。宋人亦有知其为道家者,《困学纪闻》曰:"张文饶行成曰:'处心不可著,著则偏;作事不可尽,尽则穷。'先天之学,止此二语。愚谓邵子诗

'夏去休言暑,冬来始讲寒',则心不著矣。'美酒饮教微醉后,好花看到半开时',则事不尽矣。"袁蒙斋甫《赠祝子泾泌序》曰:"康节《观物篇》,其学自老氏乎? 致虚极,守静笃,万物并作,吾以观其复。斯道也,岂独老氏?'《易·系辞》曰:'设卦观象,物皆象也。'"又曰:"圣人见天下之动而观其会通,物皆动也。老氏守静观复,乃动也。《易》观其动,乃静也。何动非静,何静非动。"按:张、袁之语,皆得康节之真,而张、祝二人之传邵学,乃专以数推,盖舍本而逐末矣,然亦康节启之也。

乙丑十二月十七日补记

康节曰:"人之所学,本学人事。人事不修,无学何异。"此可谓知学之范围矣。又语郑夬曰:"山川、风俗、人情、物理有益吾学者,必取诸。"语秦玠曰:"道满天下,何物不有? 岂容人关键耶。"此亦可谓广大也。顾其为学,乃务求形上之原理,而不能详形下之变。好深求而不知广取,好演绎而不知归纳,遂穿凿而不通。盖其所重专在物质之理,若西方古代之自然哲学,于人事历史反略焉。标先天而忽后天,此其所以败也。又尝言"物理之学,或有所不通,不可以强通,强通则有我"。论学之旨本如是,然其言物理则十之九皆强通者也。朱子曰:"康节说形而上者不能出《庄》《老》,形而下者则尽之矣。"此论吾不凭也。

全真教论

　　元好问《遗山集·紫微观记》略曰"古之隐君子,学道之士为多。居山林,木食涧饮,槁项黄馘,自放于方之外"云云。"后世或附之黄老家数以为列仙。陶隐居、寇谦之以来,此风故在也。杜光庭在蜀"云云。"置阶品,立范仪,号称神仙官府"云云。"至宣、政之季,而其敝极。黄冠之流,官给命书,以散郎与大夫之目"云云。"凡冥报之所警,后福之所开,则视桑门所前有者而例举之"云云。"其徒高举远引者,亦厌而去之,故自放于方之外者,犹一二见焉。贞元、正隆以来,又有全真家之教,咸阳人王中孚倡之,谭、马、邱、刘诸人和之。本于渊静之说,而无黄冠禳祓之妄;参以禅定之习,而无头陀缚律之若。畊田凿井,从身以自养,推有余以及之人,视世间扰扰者,差若省便然。故堕窳之人,翕然从之。南际淮,北至朔漠,西向秦,东向海,山林城市,庐舍相望,什百为偶,甲乙授受,牢不可破。上之人亦尝惧其有张角斗米之变,着令以止绝之。当时将相大臣,有为主张者,故已绝而复存,稍微而更炽。五七十年以来,盖不可复动矣。贞祐丧乱之后,荡然无纪纲文章。蚩蚩之民,靡所趋向,为之教者,独是家而已。今河朔之人,什二为所陷没。无渊静之习,无禅定之业,所谓举桑门以自例者,则兼有之。望宣、政之季,厌而去之之事,且不可见,况附于黄老家数者,其可得乎?乌乎"云云。"是何为者,乃人敬而家事之?殆攻劫争夺之际,天以神道设教,以弭勇斗嗜杀者之心耶?抑三纲五常将遂湮灭,颠倒错乱,人与物胥而为一也。"又《清真观记》略曰:"乌乎,自神州陆沉之祸之后,生聚已久而未复其半。蚩蚩之与居,泯泯之与徒,为之教者,独全真道而已"云云。"圣人之忧天下后世深矣"云云。"为之立四民,建三纲五常"云云。"九官而有司徒,仁义礼智、典章法度,与为士者共守之"云云。"其是之谓教"云云。"今司徒之官,与士之业废者将三十年"云云。"岂非天耶"云云。"阳九百六,适当斯时,苻坚、石勒、大业、广明、五季之乱,不如是之极也。人情甚不美,重为风俗所移,幸乱乐祸,勇斗嗜杀,其势不自相鱼肉,举六合而墟之不止也。邱(指长春)往赴龙庭之召,亿兆之命,悬于好生恶死之一言。诚有之,则虽冯瀛王之对辽主不是过。从是而后,黄冠之人十分天下之二。声焰隆盛,鼓动海岳,虽凶暴鸷悍,甚愚无闻知之徒,皆与之俱化。衔锋茹毒,迟回顾盼,若有物掣之而不得逞。父不能召其子,兄不能克其弟,礼义无以制其本，刑罚无以惩其末，所谓全真家者，乃能救之荡然大坏不收之后，杀心炽然如大火，聚力为扑灭之。呜呼，岂非天耶？"

王恽《灵虚观碑》曰："方草昧未判，独全真教大行，所在翕然从风。虽强梁跋扈，性于嗜杀之徒，率徼福避祸，佩法号者皆是也。"

李治《七真传序》曰："自重阳始祖开真筌于金源氏，长春老仙扇真风于我国朝，中间陶铸群生，盖千万数。而俘卤之余齿，冻馁之残喘，狴犴之假息，所以起尸肉骼，膏枯已痛，俾人蒙安乐之福者，又莫得而周知。"

虞集《道园集·真大道教第八代崇元广化真人岳公碑》略曰："昔者金有中原，豪杰奇伟之士，往往不肯婴世故，蹈乱离，辄草木衣食，或佯狂独往，各立名号，以自放山泽之间。当是时，师友道丧，圣贤之学湮灭渐尽。惟是为道家者多能自异于流俗，而又以去恶复善之说以劝诸人。一时州里田野，各以其所近而从之。受其教戒者，风靡水流，散于郡县，皆能力耕作，治庐舍，联络表树，以相保守，久而未之变也。"

世皆知道教盛于金、元，全真为道士之宗，而于元氏所论化世之风，虞氏所谓避世之原，则未知也。其事关于时俗，若此其重大，而论世者乃多不知，此史家不能发明之咎也。按：刘静修《武强尉孙君墓铭》云："金崇庆末，河朔大乱，凡二十余年。数千里间，人民杀戮殆尽，其存者以户口计，千百不一余。”又《易州太守郭君墓铭》：“金贞祐主南迁，而元军北还，是时河朔为墟，荡然无统。强焉凌弱，众焉暴寡，故其遗民自相吞噬殆尽。”观此所书，则知全真保民之功矣。

《元史》据虞、黄诸人文撰《释老传》，历叙全真、正一、真大道、太乙四教之事甚详。然断自邱师，未能发明。盖自宋以来，儒者以觗排佛老为能事。言及二氏，则望望然弃之若浼。有讥范蔚宗《方技传》为多滥者；有诃魏收《释老志》为不当立者。若充其意，将史书全载忠臣大儒然后可耶！史以书当时之势俗，固非道统学案之书，况二教不可尽非耶！栖遁之士，技术之迹，事止一人，偶遗之固不为病。若既成风俗，便不得遗。蔚宗之书，固非好怪，况化民成俗，其事比于王霸者耶！宋景濂特立《释老传》，已为有识。然止以诸道流曾受王者宾礼，参与朝政，未尝重视其力之被于群众也。故元、虞之说，都不采取。后世史家有二大弊，重朝政而轻民风，详实事而略大势。论世者遂不得不求之杂记文集，此其一也。故录之，以示旁求文集之法。

《周官》：“太宰以九两系邦国之民：一曰牧，以地得民。二曰长，以贵得民。三曰师，以贤得民。四曰儒，以道得民。五曰宗，以族得民。六曰主，以利得民。七曰吏，以治得民。八曰友，以任得民。九曰薮，以富得民。"系民之形，固不一类。君臣合而为国，父子兄弟夫妇合而为家，师友亦合而为群。故夫伯夷、太公为天下父，管宁、王烈亦化行殊俗。王道既衰，霸者惟恐民之叛己，有聚民者，则施无将之诛（元之优礼道教，亦所以縻其徒也）。儒者既排二氏，于是稍有奇异，则名之为邪教。夫邪可诛也，教不可诛也。当辨者在其所以为化，非在其能化。若教即为邪，化即为叛，则是汤、武当与秦皇同罪，舜、禹宜共莽、操受诃，而汉高、明祖皆庞勋、朱粲之伦矣。尝论道教之得势者，寇谦之、林灵素特方士之流，挟术媚主，取富贵势利而已，固不足论。若张辅汉之在蜀，王重阳之在河北，则乱世保民，其效不下钱镠，即不信其道之正，岂得没其功之实。乃张氏以与黄巾混淆而受讥谤，元氏之论全真，亦其以复事斋醮而讥之。夫斋醮必为妄耶？周公何为设巫祝之官？若以其子孙徒众有妄行而并讥之，则诗礼发冢，亦当归罪尼父。若谓其父杀人，其子必至行劫，则当先证道教之为杀人。尝笑儒者动拟二氏于杨、墨。杨子为我，纵欲，固不苦行聚民。墨翟则诚苦行聚民矣，然又驱民以赴死。论术课功，何以为拟，偏铟如斯，不可解也。元氏之说尚多，而隔靴搔痒之谈。凡儒家排二氏，十九皆然，固不足辨。元氏之言，欲贬之而适彰其功耳。虞氏能言士不愿事金；元氏金人，固不欲言也。

　　全真之教，显于邱长春。长春谕元祖之事，《元史》载之列传，但不详，今取他书互证，录之于下：

　　《元史·释老·邱处机传》曰："岁己卯，太祖自奈曼命近臣札八儿、刘仲禄持诏求之，处机与弟子十有八人同往见焉。明年，宿留山北，先驰表谢，拳拳以止杀为劝。又明年，趣使再至，乃发，历四载而始达。既见，太祖大悦。时方西征，日事攻战，处机每言'欲一天下者，必在乎不嗜杀人'。及问为治之方，则对以敬天爱民为本。问长生久视之道，则告以清心寡欲为要。太祖深契其言，曰：'天锡仙翁，以寤朕志。'命左右书之，且以训诸子。一日雷震，太祖以问处机，对曰：'雷，天威也。人罪莫大于不孝，不孝则不顺乎天，故天威震动以警之。似闻境内不孝者多，陛下宜明天威以导有众。'太祖从之。岁癸未，太祖大猎于东山，马踣。处机请曰：'天道好生，陛下春秋高，数畋猎非宜。'太祖为罢猎者久之。时国兵践蹂中原，河南北尤甚。民罹俘戮，无所逃命。处机还燕，使其徒持牒招求于战伐之余，由是为人奴者，得复为良，与滨死而得更生者，毋虑二三万人（姚燧撰《长春宫碑》亦书此）。中州人至今称道之。"

　　陈时可《长春真人本行碑》（《道藏·甘水仙源录》卷二）曰："贞祐甲戌之秋，山东乱，驸马都尉仆散公将兵讨之。时登及宁海未服，公请师抚谕，所至皆投戈拜命，二州遂定。"又曰："见皇帝于大雪山之阳，问以长生药，师但举卫生之经以对。他日又数论仁孝,皇帝以其实嘉之。"
又曰:"师诚明慈俭,凡将帅来谒,必方便劝以不杀。人有
急,必周之。士有俘于人者,必援而出之。士马所至,以
师与之名,脱欲兵之祸者甚众。"

右《碑》据李志常所为状。志常乃从邱师西游
者,著有《西游记》,所载与此同。《史》记论雷、谏猎
二事,《记》亦有之。

樗栎道人《金源正宗记·长春真人传》曰:"兵革满河
朔间,宋使泊金使各持诏来宣,北方大蒙古亦使便宜刘仲
禄来宣。人皆以为师当南行,盖南方奉道之意甚厚,而北
方则杀戮太过,况复言语不通,而我师不言。"又曰:"每日
召见,即劝之少杀戮,减嗜欲,前后数千言。耶律晋卿方
为侍郎,录其言以为《玄风庆会录》。"

刘志玄《金莲正宗仙源像传》与《记》略同。

移剌楚材《玄风庆会录》(《道藏》致十一)曰:"真人
曰:'山东、河北,天下美地,多出良禾、美蔬、鱼盐、丝茧,
以给四方之用,自古得之者为大国。今已为民有,兵火相
继,流散未集,宜差知彼中子细事务者能干官,规措勾当,
与免三年税赋,使军国足丝帛之用,黔黎获苏息之安,一
举而两得之,兹一安民祈福之一端耳。自天祐之,吉无不
利也。余万里之外,一召,不远而来。修身养命之方,既
已先言;治国保民之术,何为惜口。余前所谓安集山东、
河北之事,如差清干官前去,依上措画,必当天心。苟授

以非才,不徒无益,反为害也。初,金国之得天下,以创起东土,中原人情,尚未谙悉,封刘豫于东平,经略八年,然后取之,此亦开创良策也,愿加意焉。'"

　　以上三书,皆足以补史之缺。抚谕二州,足见全真教已为众所信;不南行而必西游,知蒙古之必入,而往止其杀也;引刘豫为说,及说雷、谏猎,皆因事纳牖,杂以歆劝,知其悍而因其朴,故言不得不如是耳。《庆会录》无单行之本,即道流亦罕知者,故详录之。

　　姚燧撰《长春宫碑》论还燕招民事曰:"匹夫一言,乡人信之,赴讼其门,听直其家。为有司者,犹罪以豪杰,以武自断,而涣其群。以二三巨万之人,散处九州,统驭其手,帝不疑之,斯必有以,岂屈子所谓名不可以虚作者耶?"樗栎道人《正宗记》赞曰:"仆尝游燕台,见三人相与论邱仙翁之功德。其一人曰:'我以为磻水溪边,七年苦志,宝玄堂上,数载流光,炼金丹大药之基,种火枣交梨之树,出神入梦,斡地回天,此功德之最大者也。'其一人曰:'非也,我以为修宫立观,传教度人,受簪冠者半天下,谈道德者匝世间,无人不饮于重玄,有物尽沾于至化,此功德之最大者也。'其一人曰:'乃二公之所说,见其小不见其大,得其粗不得其精。我则以为当蒙古之锐兵南来也,饮马则黄河欲竭,鸣镝而华岳将崩。玉石俱焚,贤愚并戮。尸山积而依稀犯斗,血海涨而仿佛弥天。赫威若雷,无赦如虎。幸我长春仙翁应诏而起,一见而龙颜稍霁,再奏而天意渐回。诏顺命者不诛,许降城而免死。宥驱丁而得赎,放虏口以从良。四百州半获安生,数百里率皆受赐。所谓展臂拒摧峰之狱,横身遮溃岸之河,救生灵于鼎镬之中,夺性命于刀锯之下,不啻乎百千万亿,将逾于秭穰京垓。如此阴功,上通天意。"

《玄风庆会录》为耶律文正撰,而文正实不喜全真,盖宗佛法,曾受法于万松也。王静庵《耶律文正年谱余记》曰:"公于太祖辛卯壬午驻寻思干,长春真人适以此时至西域。壬午三月,河中西园之游,长春为客,公为主人,二人相与,盖至稔。公在西域所作诗,其用长春韵,皆不著长春名。"案:公所作《西游录序》以全真为老氏之邪,而于《和刘子中韵诗序》惜其幼依全真,是公于长春实深致不满,故和其诗而没其名,然尚未讼言攻之者。以全真托于老氏,非如糠䴴之托于释氏故也。按:《西游录》今无传,诸家所校注者,乃盛如梓《庶斋老学丛谈》所载地域大略耳。按:释祥迈《至元辨伪录》卷五云:"邱公问中书湛然《观音赞》意,中书轻而不答。"又云:"湛然作《西游录》,备明邱公十谬。"又引《西游录》一节,论道流占寺观、收游民之非,谓其遣徒收召,抑有司之权,夺有司之民。然则文正非未讼言攻之也。顾又作此《录》者,以上命耳。《辨伪录》记再召邱公,乃湛然作书。作书作录,皆中书之职也。门户不同,其不喜不足为怪。然所诋之收游民,则正史传所书复良更生二三万人者也。官不能抚,兵复蹸之,而幸以教得全,乃以夺有司之民罪教者,岂公论哉?《辨伪录》者,宪宗时僧徒恶道家老子化胡八十一化之说,因请旨焚毁道经之作也(经此焚,而全真之教几熄,后成宗乃复兴之。见《长春宫碑》)。书中丑诋全真家,然其书邱师对太祖语,则仍与他书同。又谓邱师私给观额、自填圣旨,则以太祖命复其民之事为伪,显非实事。其所指全真之非,亦惟斥八十一化之说及占寺观耳。至所言奢乐淫侈,则皆无实事。且以邱师卒于厕,李浩然(即志常)卒于疽,造劣诗以为讥,弥不足道。王静庵《西游记注·序》曰:"《辨伪录》所记全真家占居僧寺一节,诚为事实。然自金贞祐以来,河朔为墟,巨刹精蓝,鞠为茂草,缁衣锡杖,百不一存。乱定之后,革律为禅者,不可胜数。全真之徒,亦遂因而葺之以居。其人坐以寇攘,未免过当。虽长春晚节以后,颇凭藉世权以张其教,尹、李承之,颇乖重阳创教之旨,然视当世僧徒如杨琏真伽辈,则有间矣。然则祥迈所记,亦仇敌诬谤之言,安可尽信哉?"此公论也。耶律文正公功在保民,以长春视之,亦无所愧。其后虽凭世权,未尝虐民。《元史·释老传》备述僧徒横恣之状,而于道教无述焉,是固实录也。

三　虚

　　《淮南鸿烈·原道训》曰:"无形者,物之本祖也;无音者,声之大宗也。其子为光,其孙为水,皆生于无形乎? 光可见而不可握,水可循而不可毁,故有像之类,莫尊于水,有生于无,实生于虚。"善哉喻也。凡天地之间万有,可一言以蔽之曰气。气之所生,或实或虚。实者五,曰木、火、土、金、水。昔之论者,常减之增之而不能也。虚者四,曰味、光、声、臭,佛家谓之色、声、香、味。味之用,不若光、声、臭之大。光、声、臭者,神明之道也。不见其用,而用莫大焉,故曰无用之用。世知五实之用,而不知三虚之用,是以天人塞而奇常裂也。吾治道家经典,祈祷科仪,证之经记,综而论之。

　　夫祈祷之仪文,大抵无形之类也。故《开坛仪》之《化疏赞》曰:"虚无大道统乾坤,成象成形理气浑。"此恐人以疏化质亡而不信也。故言有生于无,质生于气。夫气之有,不必神明言之也,治化学者亦知之矣。虽无而实有,其显者且可验而知。若光与臭,则固不待验而人人知之。特其用之大者,则百姓日用而不知耳。

《记·郊特牲篇》曰:"有虞氏之祭也,尚用气。血腥煳祭,用气也。殷人尚声,臭味未成,涤荡其声。声音之号,所以诏告天于地之间也。周人尚臭,灌用鬯臭,郁合鬯臭,阴达于渊泉。灌以圭璋,用玉气也。萧合黍稷,臭阳达于墙屋。故既奠,然后焫萧合膻芗。"《祭义》:"孔子曰:'气也者,神之藏也。魄也者,鬼之盛也。骨肉毙于下,阴为野土;其气扬于上,为昭明,焄蒿,凄怆,此百物之精也,神之著也。燔燎膻芗,见以萧光,以报气也。荐黍稷,羞肝肺,加以郁鬯,以报魄也。'"此皆详论声臭之道,而光亦在焉。古圣人之制礼,盖达于幽明之故矣。故《申三元仪》曰:"声、味、色、香,亦凡情之毕达,所以交于神明者此而已。祈祷之供烛者,光之道也。天以光为天,人以光人。"言天之光,莫详于《玉皇经》。其大略曰:玉皇放大光明,一切境界,皆大震动。帝光遍照诸天,下烛十方无极世界。凡彼人间,上近九天,通接交连,至亲至迩。长夜九幽,即时破坏。诸罪众以斯光力,得生诸大天宫。一切天人,如无边明镜,照诸影像,互相容入。天上天下,万国九州,一切灵光,悉由斯帝焕发影形。夫玉帝者,上帝也,天之主宰者也。天以光而为天,故神亦以光而为神。故《经》又曰:"圣梵金仙,五老十极,诸天星辰,无穷妙境,均在帝身。观者迷渺,忘其身相,皆觉己身各有一玉帝在于心目。"天帝曰："尔诸天人各得一光,忘其所以,诸天咸起光明,见玉帝与己乃竟无二。"故《斗经》曰："凡有光芒,皆原玉炁。"《解除目疾仪》罗列神号,上至三清,下至地祇,皆取光义。《众圣总诰》则曰"玉光镜中",《神像开光仪赞》则曰"神本无方,神有神光",皆此义也。天光之大者莫如日。《易传》曰："悬象著明,莫大乎日月。"《火官经》曰："维此赤神,天地得之而光彩,烜赫道明,警环斯众。"火官者,日之主也。人之光本于天,故其命系于斗,义详于《斗经》。其大略曰："金光烛地,是为乾元。星斗运行,灵光焕发。斗母锡瑶,辉成性复成形。"《玉皇经》曰："帝光摄受,帝命生真。"又曰："帝身万亿身,帝心万亿民,分之分处合,合者合还分。"又曰："尔识真神,与吾相亲。不明其明,乃丧厥形。"《火官经》曰："含灵分一气,爱化及长生。"又曰："行诸善,事大神,新其辉,命光荣,朗发新,爽神明。"又曰："若诸不遵善,自昧厥灵荣。"《申斗府仪》曰："溯受气成形之始,由垂光散彩而来。"又曰："一点灵光万点星,人心元不隔天庭。"《礼文昌仪》曰："人心本有光明烛,万劫修来不坏身。"此皆言人之光也。供烛者,以人之光合天之光也。其义仿于古之庭燎,莫详于《供东岳仪》。其词曰："天地神光,日月星辰。人心本善,天赐精神。念念皆善,天地同仁。如灯如烛,接续光明。油干则灭,油浊不清。修福修善,如油日增。施于万事,如火光明。以斯宝烛,表厥精诚。"此盖合天人而言之矣。《祀文昌仪》曰:"假灿烂之光,通纯一之念。"又曰:"发光明烛,见光明心。长此光明,如不灭灯。""以兹采色,譬我凡衷。何私不灭,何德不崇。"详哉其言之也。夫光者何也?志也。志即神也。故《施戒仪》曰:"吾今遵法,一志凝神。万圣光耀,归吾之身。"志至焉而光聚矣。

光之著者则为色,祈祷之扬幡,色之义也。《春秋传》曰:"火龙黼黻,昭其文也。五色比象,昭其物也。"扬幡之幡,半同于司常之九旗。其赞曰:"维皇穆穆,日月昭昭。灵光分散,万类夭乔。一气摩荡,五色飘摇。山川孕宝,云物清超。"此言色之由来精矣。《易传》曰:"观于天文,以察时变。观乎人文,以化成天下。"文者,色也,其亦有无用之用欤?

祈祷之作乐诵咏者,声之义也。《易》曰:"雷出地奋,豫。先王以作乐崇德,殷荐之上帝,以配祖考。"宋苏洵曰:"雨吾见其所以润万物,日吾见其所以燥万物,风吾见其所以动万物。隐隐岐岐而谓之雷者,彼何用也。阴凝而不散,物蹙而不遂,雨之所不能润,日之所不能燥,风之所不能动,雷一至焉,而凝者散,蹙者遂。曰雨者,曰日者,曰风者,以形用。曰雷者,以神用。用莫神于声,故圣人因声以为乐。"此说善矣。雷者,天之乐也。义详于《玉枢经》,曰:"地奋其光,天摇其帜。"又曰:"尔诸下界民,受气杂群氛。惟帝生大德,驱荡一切形。霹雳惊砇磕,示教于众生。"此雷祖之号所以称为雷声普化也,又不止如洵之所言矣。佛家有声闻果，观世音振海潮音，皆此义也。《郊特牲》曰："凡声，阳也。"《周官·大司乐章》曰："大合乐以致鬼神示，一变而致羽物及川泽之示，再变而致赢物及山林之示，三变而致鳞物及丘陵之示，四变而至毛物及坟衍之示，五变而致介物及土示，六变而致象物及天神。"《虞书》曰："《箫韶》九成，凤凰来仪。"《大雅》曰："喤喤厥声，肃雍和鸣，先祖是听。"《周颂》曰："奏鼓简简，衎我烈祖。"乐之感人，义详于《乐记》。《记》曰："凡音之起，由人心生也，其本在人心之感于物也。奸声感人而逆气应之，正声感人而顺气应之。"故《郊特牲》曰："歌者在上，匏竹在下，贵人声也。"善乎蒋湘南之论佛释氏经咒也，曰："役鬼神驱禽兽之术，始于黄帝，流及荒夷，而中国反失其传。天生万物，惟人为贵。鬼神禽兽，听令于人，非听令于术。其所以必用术，术必用咒者，声音之道，通于万物之神明。浮屠持咒，专恃音准。"引《大司乐》为证。今之祈祷，即《郊特牲》所谓号召；唱赞迎神，即《寇谦之传》所谓云中音诵，皆以人声感也。

祈祷之呈供焚香者，臭之义也。《郊特牲》曰："至敬不飨味，而贵气臭也。"按：《列子》曰："飨香以为臭，视白以为黑。"盖古称以鼻取气曰飨，或曰歆，今乃言嗅，俗言闻。以耳取之，名假为鼻。又云："鼻观，则以眼取之。"名假为鼻，皆不若言飨歆。飨歆香嗅四字，皆灭喉音，即鼻出入之音也。鬼神之于享物，不取其质而取其气臭。故

鬼饮酒以鼻，见于纪氏《笔记》。古经言："鬼神皆云歆飨，
而不言食。其言食者，譬也。"《郊特牲》曰："黄目，郁气之
上尊也。黄者，中也。目者，气之清明也，言酌于中而清
明于外也。"此以酒譬人气也。又曰："其谓之明水也，由
主人之絜著此水也。"此以水譬人气也，人神之相感以气
也。《礼器》曰："笾豆之荐，四时之和气也。"《郊特牲》曰：
"恒豆之菹，水草之和气也。其醢，陆产之物也。加豆，陆
产也。其醢，水物也。笾豆之荐，水土之品也。不敢用常
亵味而贵多品，所以交于神明之义也，非食味之道也。"
《申三元仪》之言呈供也，曰："炁统阴阳，天道亦通人道。
形殊幽显，事亡本如事存。凡百族之含灵，悉玄功之化
育。"《供斋仪赞》曰："乾坤化气百昌疏。"此言合百物之气
臭，以享天神也。臭莫大乎香。《小雅》曰："苾苾芬芬，视
事孔明。"《大雅》曰："其香始升，上帝居歆，胡臭亶时。"此
即记所谓发扬昭明也。故《申三元供香赞》曰："发扬玉炁
回昭明，升臭潜通三界外。"香以祀神，盖仿于燔柴而始于
汉世，其来久矣。

夫四者之用，光易验而声臭难验。人之静也，目闭而
耳不闭，故子思推上天之载曰"无声无臭"。声之感人犹
易知，而臭之感人尤难知，故《记》之论臭特详焉。

告法言道士俚语

诸君都是法言坛道士，知道这五字的名义么？"法言"二字是书名。因有这部书才有这个坛门。"道士"二字，是四民九流中一种高尚品格，不是那些百工技艺。既是这样，如其违悖科书，不知体贴，还算得法言坛么？如其自甘卑贱，总说我们是手艺人，讲什么品行学问，这样还算得道士么？如今要将这五个字一一细说与诸君听。

法

这"法"字是大有来历的，又平常，又奇怪，又要紧，离不得。俗人不知，总说天地间那有这不近情理的事。他不晓得天地间只有一个道，道是天地人神所共由。人和神只是一气，全世界不过是"感应"二字。人的职分是在遵循这个道来全性事天。只因情欲放恣，名利迷惑，许多人不走这正路上来，而且不信天，不信神了，非拿点效验给他看这教化便不能行。因此，圣贤仙佛，绕传出这些法

箓来,救济群生,彰明感应,引人归道。所以开坛科说:
"缘世态之不齐,乃法门之丕建。"酆都科说:"上智难逢,
中材易惑。"启师科说:"是以圣哲维持,因而祈祷并作。"
都是这个意思。这法一行,天人就不隔塞了。所以《书
经》上说"宗伯掌邦礼,治神人,和上下"。那宗伯就是掌
祭礼的。诸君试想,这样要紧的事,可是轻易做得好
的么。

言

教化离了言语如何行。言语已经详细,又怕传不远
不久,才著成书。所以,我道门贵重经师籍师。三宝中第
二便是经宝。既有经书,又把行法的仪文编成科书,都是
教人向道。句句是从心坎中流出来真真实实、殷殷勤勤
的言语。但是流传久远,不免杂乱,所以我祖师才做出这
一部《法言会纂》。这部书斟酌极细,包括极多,不止是一
部仪文叫你依科演唱,不止是对神圣说话,简直是在劝
人,详详细细说与那主家听的。你看那酆都科、太上科许
多愿条,不是教他发愿么? 放赦科许多戒条,不是教他自
问心么? 尾上说"分明善恶条条路",这句话简直是捉住
耳朵教他了。再看那施戒科二十四条,劝亡科七条,说得
那样详细。更有那九真戒,将伦常大道理,别人千万字说
不完的,几百字便包括了,又大又细。那赞词只有几句,
也包括许多道理,唱成腔调,硬可以感动人的良心。所以

这部书是祖师的劝世文,行法的人就是代祖师说话,可是轻慢的么。这部书中间,还有祭礼丧礼。召亡科就是部丧礼,钱亡科就是祭礼,都是从人情上体贴出来的。所以太上科说:"陈言鬼神,祝史之职,演为科文,宣其胸意。"古礼如今不可行了,丧祭都莫人讲究。这部科书,就是依着人情天理订正的礼谱,与那周公制的礼形迹虽然不同,那一番精意却是无二。《礼记》上说:"祝以孝告,嘏以慈告。"如今只有行科,才当得这两句。这部书既有这许多好处,可见行科的定要讲究了然,才不辜负祖师的心血。愚下常说,道士不懂科书,比那唱戏的还不如。那唱戏的依着本子唱,还晓得本子上的意思,照到做出悲欢来。唱苦戏硬要装哭,唱喜戏硬要装笑,他虽是装的,到底还在装。那道士不懂科书,活像孩子们读望天书,也不会笑,也不会哭,连装也不装。口头明明白白,心里全然无有,如何能感格神圣,教化存亡。这话虽是刻酷,却不是冤枉呢。

坛

这"坛"字,就是天坛、社稷坛、先农坛的坛。古来敬神,贵重严肃干净,所以特地筑起一个坛来行礼。后来道门出来讲究事神的事,也就名叫立坛。因此,把这道教叫做坛门。这种专门代人通神行法劝化的坛门,是从后汉时候张天师起的。如今有几种宗派,天师的后人行的是正一盟威上品的法，便叫做正一坛。五代后蜀时青城山有个道士杜真人名叫光庭，道号广成天师，也有功候，传出一个坛门来，便叫做广成坛。嘉庆年间，青城山陈真人名复慧，号仲远，订正一部《广成仪制》，颇为流行。正一科愚下未曾看过，看过广成科，倒是很详备的。但道理不深，浮文很多。这事神的话要恭敬，要得体，要切实，那些浮华好看的话，都用不着。并且那几坛门徒，大半失了法的传授，又苟且草率，坏了规矩，不是他祖师不正，都只为传久了，无人振顿。我祖师看见这事废了，因此另做一部科书，也采取些《广成仪制》，存留这真正事神的法则。我们入了这坛，便算得了正路了。总要谨守这规矩，使这法门流传久远，不至于败坏，才合祖师的心。

道

这"道"字，一言难尽，宽说便是一切做人的道理，窄说便是我祖师所传存心养性的正是。古人说法济道穷。道法道法，两个字离不得一个法，是从这发出来的。要能体道有得，才能行法有效。若单说个"法"字，不讲"道"字，那法就成个假排场，就不灵了。所以坛门是"法"字，人的名色又是"道"字。许多人只当这"道"字是儒释道的道，不免把道看小了。三教不过是三个名目，其实是一个道。道是天地人神所共由，那里分什么和尚道士。坛门供的不止是道家的神仙，行的是古圣王事神的法则，也不是道家一家的技艺。总之，要晓得道士行道，就是学道，一面是救人，一面是修己，原不是两节事。静存动察，切实体行，事神恭敬，救人真切，就是大道。要将这行科奉教的事，看做自家身心上一个大事，离了这个就背了道。这事做好，便能成真作圣，报天报亲，人生的事莫有比这大的了。那些不体行的，把这事当成一件手艺，才说我们不过为的供家养口，那里管你什么道。照这样想，这擅门便成了诈骗门头，反不如那百工技艺还有益于人。不如叫主家拿些钱来施济你，要你敲得钉钉当当、唱得咿咿哑哑的做甚，不如做那叫化子还光明正大不欺哄人些。愚下痛恨这种人，未免言之过什，但是久不讲究，必要到这步田地来的。诸君要仔细。

士

这"士"字是士农工商的士，是古人上士、中士、下士、卿大夫士的。古人说，士为四民之首。那农人做出来米粮供人吃，工人做出器物来供人用，商人运动货物流通钱财，农人、工人才得活动，这三样都是世间离不得的。惟有这士人，又不耕田，又不做工，白吃别人耕的，白用别人造的，光光读得几句书，享受世间荣华，怎样却是四民之首？只因凡人不可单是穿衣吃饭，孟子说："逸居而无教，则近于禽兽。"人与禽兽不同，只为懂道理。要读书明理的人来担任教训，使这些人不失天理，不辜负天地父母生

我的恩,不混在禽兽内,都是士人的功劳,所以为四民之
首。有些人说道家、儒家,各师各教,为何道门却冒着
"士"字名色。他不知这"士"字是明理的人的称呼。佛门
的圣贤亦称大士,况这事神的职分,是从古就尊贵的。
《周官》书上,宗伯所管有太祝、下大夫二人,上士四人,中
士二人,又有巫师上士二人,中士四人,《宗伯》上又说巫
祝以神仕者皆统焉。因为这巫祝乃是专门学问,做这事
的都是有德行的,就是皇帝有祈祷事也要靠他,不比百工
技艺,相待有官阶,有俸禄。这种制度废了,才有历代祖
师自兴的坛门来替代。所以这个行道,原是古来群士中
的一种。至于古来隐居修真的神仙和后来烧丹练剑的传
授,虽然同这行相连,却是各是各的源流。那丛林中受戒
出家的道士,更是后来才有的。这也是你们应该晓得的。
不幸这个行道流传失真,那"巫"字已被那些端公说鬼说
怪的闹坏了,那"祝"字又被那些礼生孝义会唱戏做耍的
闹坏了,道门奉教的又不自尊自重,只当是个小技艺,因
此,世上的人都把这门事看卑贱了。如今这样说明,才知
这个行道是古人祝史的位分,好生贵重,不容易当的。

　　这五字说完,大纲领、大根本也算有了。记得那年愚
下表侄来省学道士,先君曾写四句话与他:"至诚救人,耐
烦吃苦,大道为公,小心自处。"这四句真是简切,能体行
得到,便做真人也不愧。后来有些朋友便唤做"道士箴",
待愚下分段演说出来。

至诚救人

做道士原是救人。那祖师传法,原不是为后人留饭碗。如上面所说,道士的责任极其重大,须要体祖师这番心。救人二字,是道士第一件要紧宗旨,成真作圣都在这里。但是许多人心里全未认真,这都是未曾下细思想。主家委托这番诚意,费许多银钱,岂是请来图热闹、凑风光,我们奉法的人,也岂是止替人凑热闹。若不认真,所行的法便都是假的,怎得有益处。譬如我为父母家人这样费用得不到一毫利益,我又甘心吗?人人都有父母家人,为父母家人,个个都是真心。将心比己,看主家那样诚心,我们还忍心不认真吗?能这样想,便是三教圣贤的大学问了。祖师当初做科书,就是因为多少人不晓怎样为父母家人,所以才替他想出许多层次。你看召亡科那些说白赞词,做得肫肫切切,都是引动那主家的诚心。酆都科上说"不敢谓亡人有愆,亦惟念子孙无德"。真是体贴人情,斟酌天理,尽善尽美的。那主家不会这样想,听着也就知道了。所以召亡科唱着读着,多少主家听着流泪。你看那听的都还感动,我们道士反转心里懵懵懂懂的,合式不合式呢?所以要至诚,就是将主家事当作我的事一样,自然发出一番真诚来,感动神灵,回生起死,全靠这点。若其不然,那敲得钉钉当当,唱得咿咿哑哑,就能感动神圣么?那拍戒尺、执宝剑就呼得到神祇,吓得到魔鬼么？孟子说："诚无不动，不诚未有能动者。"祖师的法，全是一片至诚造出来的。莫有诚，法便不灵，所以头一句就是"至诚救人"。

耐烦吃苦

这道士的事，原本难做。愚下常常对朋友说："你们莫总说道士不认真，本来也不容易，须要体恤他们，详细开导，大家才鼓得起兴致来。"天地间事，莫有不从苦中来的。那祖师做这部书救人，心已经苦了。我们奉着这部科书，须要体祖师的苦心。用下苦功，做好了心里快活，就是苦中的乐趣，也就乐而忘苦了。祖师做这部书，已经是斟酌尽善，必要这样，方能有益，不是故意拿些难的事来苦我们的。既然认定这件事是我本身大事，又能体贴主家的诚心，自然不怕烦难，况且果能切实存养，至诚救济，祖师保佑，功候长进，自然有真精神来做事。你看那前辈多少享高寿、好精神的，何曾都劳苦死了呢？那些嫌苦懒惰的，皆因心中不诚，把这事看成假排场，那是算不得道士的。要有至诚，才得耐烦，所以第二句就说"耐烦吃苦"。

大道为公

凡是一个法门，必定有真正的传授功夫，方才贵重。因为世间反复的坏人极多，所以传授的都十分慎重，要择人才传。但这个原是祖师流下济人的,总望传得久远,不是一人一家的私业,怕人占了胜。所以奉法的人,要体贴祖师苦心,肫切详细,教训徒弟,务望多出人才,阐扬这教化,不可只图私利。这是一层。还有一层,道是人人共由的,法门中人多,功夫道法自然有个高低,都是一家人,也无有界限。那功候高的,不可逞己的能干,不肯说与他人;那功候低的,不可自以为是,不肯虚心领教。总要大家和气,互相切磋,这道法方才完全久远。人的资质原有高矮,学问原有深浅。高的若骄傲,便保不住;矮的若褊浅,便学不成。若能虚心下气,愈见得有学问,旁人必然更加赞叹的。

小心自处

天地间那样事不要小心,何况奉法的人做的事尽是对着天地神圣。有了丝毫苟且,就是罪过。斗口科上说:"若有疏虞,定遭谴责。"灵祖的威灵,谁不畏惧。能体贴这四字,常常顶敬着神圣,自然做事认真,不敢苟且。孔夫子讲学,常常说个"敬"字。又说君子三畏,头一件就是畏天命。曾夫子作《大学》,首先说十目所视,十手所指,其严乎?子思夫子作《中庸》,首先说个慎独,都是这意思。开坛科开宗明义,说个"馨香上格由恭敬",启师科说"昧三畏之由来,指示之在幽独,忽而忘正,是以圣哲维持,因而祈祷并用"。可见这法门是因凡人不敬,教我们行法的人引他敬。我们都不敬，怎样引他呢。愚下常对朋友说，我们还不如道士有福气。我们要体贴这个"敬"字，总觉得不长久，间断的时候总多。他们道士一年到头，一天至夜，总是对着神圣的，倒还容易体"敬"字些。朋友都说这话踏实。因为这圣学功夫，自始至终，离不得"敬"字。"敬"字要紧处在敬神敬天，敬神敬天是不间断的。从前儒者不知此理，丢了鬼神，单讲容貌敬、心敬，学个泥塑木雕，所以辛苦一生都做不到。诸君做这行事，就是"敬"字的实功。"小心"二字，就是"敬"字的根本。《诗经》上说："惟此文字，小心翼翼，昭事上帝。"诸君都有昭事上帝的职务，怎可不体贴这两字呢？"敬"字的条目也说不完，常常体这两字，自然处处都敬了。

这四句说完，准则已定了，还可以引申。至诚救人，就要看破名利。耐烦吃苦，就要力戒懒惰，遵守科书。大道为公，就要注重师友。小心自处，就要遵守戒规。诸君不要厌烦，待我一一说来。

看破名利

"名利"两个字，误了通天下的人。讲到细处，除了真正圣贤，那个能免得脱。但是初学圣贤，就要先立志向戒。这两字若看不破，就十辈子都做不到圣贤。所以孔夫子说君子、小人的分别就在喻义喻利上。孟夫子讲学著书，首先便说个义利。诸君想想，做这行事，到底是为义，是为利。这不消我说了。那为利的，我亦不能多和他说了。这件事是成真作圣的正路，好歹利害都在我身心上，一毫不关别人的。古人说大道如布帛菽粟，那饥来吃饭，冷来穿衣，岂是要有名有利才做的吗？那看不破名利的，把这道理看成个求名的场，求利的市，虽是尽心竭力在向这道上走，主见先错了，功夫就也假了。这等人终不能长久。设若学这道得不着名利，他就软了，这还算真学道吗？"至诚"两个字，就是一个"真"字。自己的大事都看成求名求利了，那主家的事还认真吗？学道的人，体贴"仁"字，要学圣贤仙佛的心。凡是天地间困苦的事，看着听着便要救他，那是一片真诚，并不是要那受恩的人酬谢，要旁人称赞。所以《感应篇》说："施恩要不求报。"孟夫子说："乍见孺子入井，皆有恻隐之心，非所以纳交于孺子之父母也，非所以要誉于乡党朋友也，非恶其声而然也。"这段话说得顶醒豁。那救人的心，是自然发出来的，不是有贪图才发出来的。可见救人原夹不得丝毫名利。如今我们做这行事，主家还给我们磕头作揖，天天还款待，给工钱，我们救人心纵然就真。受了这些名利，那善力已经减了几分，别人做了有五十善，我们都只有二三十善了。不过我们以此为职，受这酬劳是应有的，主家甘心情愿，也不算受赃。学道的人也莫有饿着肚皮做善的。只要做事认真，对得住，就受几个揖，几个头，拿几个钱，也还对得过天地神明，只是心中总要有个不安的心。就做好了,也要想着做的事不晓得见不见效,总觉还未做到十分美满。如其未曾做好,自己都问不过心,自然更不安了。总莫厚起脸皮,瞒着自己的心,以为我拿钱是该当的,主家的事我是不担闲,我这样劳苦还值不得这几文钱吗?这就想错了。人家为大事请你,你做着这行事,怎样不担闲。你劳苦了,要与人家做好,若做不好,你就劳苦死也莫冤伸。譬如那工匠,主家请他做物件,也还要做好,若做来一些不中用,那主家拿钱请你做甚。不过工匠做物件是显眼的,这行事不显眼,便落得说这此黄话。唉,可叹可叹。这些道理,三尺童子都晓得,何消愚下说,这样不厌烦,愚下也是不得已了。我们学的是仙佛圣贤,那仙佛圣贤岂是要见钱才救人的吗?这些百姓供点供品,天烛天钱,不过是百姓的心。天烛不过是表诚心的,供东岳科上已经说得清清白白。那天钱,仙佛圣贤拿着还是施与孤魂去了。我们纵不是仙佛,也要顾着这行事的宗旨和自己的良心,不要把钱太看重了。你看那做生意、做工匠的人,虽是以拿钱为主,有些时还讲义气,何况我们干这大事,不问自己的心,只管在钱上较量,连工匠、商人都不如了。愚下说到此,也不能不直说。多少没见识的人,不说没有这不安的心,他还要和主家争钱咧。这就可丑了。至于“名”字,虽是比利心难化,却是顶不要紧。这行事就是我们身心上的事。他就十分夸奖我到了三十三天顶上,于我的身心上毫无一点利益;十分蹧蹋我到了十八层地狱底下,于我的身心上毫无一点损害。这是顶容易明白的道理。那为名的,并不是真正为名,还是为利,总望着人家夸奖我就要多进财,这还是那看不破钱的卑鄙见识。设若看得破钱,就有点爱戴高帽子,愚下也佩服他是个好脚色了。诸君莫怪愚下把这名利太断尽了难得做到。愚下胆敢断定,若体行得好,断不得受人蹭蹋饿死冻死的,这叫做实至名归。自古圣贤都是这样有榜样的,不过总不要将求名求利的当做志向。

遵守科仪

科仪这部书,愚下小小儿就爱,翻来覆去,不知看了多少道数。听着道士做法事,就爱去看,去听。长大来听着老人说,又看,觉得真是十分美满,再没一毫罅隙。后来多看道朋做法事,有些诧异,怎样多少书上没有的乱加了,原有的乱减了。大约当初有些时候遇着地面仄,时候短,不得已稍稍变通。后来徒子徒孙希图简便,就沿着例子,地面仅宽,时候仅长,也都躲懒减省了。如像请水科后半节,解秽科、供东岳科、劝亡科、饯亡科的参辞,还有许多零碎,都为一“懒”字任意割断。就是文函也都减省,前半节写全神号,后半节就少写几字;请水、净灶的尾子也不写全,甚至于《观音经》写成《大士经》,“显应朱将军”写成“朱大元帅”,那几笔也要减省。请问那祖师做科书的时候,如其可以减,何不先做减省些。都是下细斟酌,实在不能减省，定要这样才周到。事神不比别样，贵重的恭敬详慎。譬如世间公文，若减省了，就犯了规，就有罚款。如其可以减省，何不就照别坛规矩刻板子，刷文书，岂不更省多少事。那供许多烛，陈设许多供品，做法事许多周折，怎样不一概减省了呢？那广成坛老科书，还是极其详细，比这《法言会纂》还要烦琐些，也是有些门徒不守科仪，任意减省做坏了。我们这科书已经是简便的了，还要减省，不是要学广成坛闹坏吗？况且这个坛门，贵重的就是这科书，众人都佩服，我们自己先就不遵，不说对不过祖师，设若外人拿着这科书来倒问，我们怎样对答呢？有些道士总说减省之处是他师祖师爷的传授，请问他的师祖师爷是不是做科书的祖师传下来的，何况师祖师爷又不是这样。又有人说事神只要诚心，这些仪文就减省点也无妨。这句话看倒像是，其实是个借口躲懒的话。那科书做得周到，就是要这样才答得出诚心。丢了这书，怎样说诚心。况且有诚心的人，也不会丢。就是瞻拜的，若有诚心，也都忘了劳倦。何况那做的人，唱的是这个，说的也是这个。如有诚心，只觉得这话有味，那会懒惰呢？譬如磕头作揖的仪文，无非是达这点敬意，如今也不磕头，也不作揖，还说我本有敬意，不过仪文减省了。天地间有这样道理么？至于把外坛的科文胡乱拉来搀在里面，家师科书明是一坛净酒，活活被他搀了水，这叫做将铜不打去炼铁，不值和他讲了。

注重师友

奉法传教的老师,就是五伦之一,责任非常重大。来学这行的,都要有学道的志向。学这事就是学道,不比学那百工技艺只徒混衣食。传教的人,也不比七十二行招徒弟,只图得力帮做生意,打伙寻财。所以必须自尊自贵,耐烦教导,才能养得出人材。受了人家一封赞礼,四个头,岂是随随便便的?至于朋友之道,要劝善规过,真心直言,有不是处,总是劝戒,切不可心怀嫉妒,因争名争利,打肚皮官司。这个法门常常有人维持,离老祖宗也还不远,绝不会有什么意见。那些争气的,都是些见不得人的话,只好私下叽叽咕咕罢了。

遵守戒规

凡什么事都要有规矩才长久,何况这事神的事,尤其怕忘却恭敬,所以靠着规矩来约束住。并且这法门越传久远,人越多了,难免不有些错乱,不有些坏人。所以,当初老辈就立个条规,无奈后人不肯认真,因此埋没了,莫人讲究。先君晚年,曾经订正添改,有些未周到处,又有些有弊处,一一改好,并且添了些切实劝导的话头。惜乎未曾刊刻,而今也将要约人刻来散布了。那条规已经把大禁戒说了,仪文也略略说有。至于坛上的事,愚下会拟得有戒规细则十一条,道侣戒规三条,另写在后面。愚下见过的事也多，那弊病也一言难尽。诸君遵守条规和那戒规细则，自然少有过错，但有一言定要说明：这些戒条都是拿来检束身心，就是古人说的制于外以养其内。因为心里有时纵放，外面制住，心也就收着了。但还要先打点，心中要少邪思，要少杂念，眼莫乱看，耳莫乱听，自然外面之事将我的心引不走，专一把这个心寄在神圣面前，一心只想着主家的事。诚字就是这点，体行也就在此处。所以《礼记·祭义》上说："以其恍惚，与神明交。"怎样恍惚，就是专心一志，不想别外的闲事。但这必要平素间有静存的功夫才能。所以静存要紧。如其心收不住，勉强制住，外面虽然敷衍得过，那心里必然烦躁，那时反觉这规矩是个苦人的了。

还有两件事也要说说，周朝事神的官职，是巫、祝、宗、史四项。巫是行法的，祝是演科的，宗是备办器物仪文的，史是做文书的。如今，道士就是兼有巫、祝两样职分。文疏也多是道士做，但好的甚少。以后教门徒，定要先用心讲究书理，不可只学吹唱便了事。道门手艺好的多，书理好的少，越传些年程，能够主坛的人就更少了。这是很可危的。学道士的人，岂是甘心只学帮人不学主坛吗？还有宗字的，而今也是废弛了。有些香灯师少有懂得科书，又或懒惰苟且，器物不丰美，仪文不周到，许多地方不像事神的样子。这虽不是道士的事，道士也要担几分担子。必须时时检点，帮着备办，总要合得着科书，成个事神的样子。如其主家不懂,总要开导他,既舍得钱做事,岂有舍不得这点供品供器。况且我们这坛门除了工资,并无格外苛索,这些器物是敬神圣的,不是道士想要的,不妨对主家详细说明。如其主家吝啬,那就可以不消与他做事了。这点器物都舍不得,还有至诚吗?奉教的人原是体主家的诚心,若他不诚心,还和他将就,那就是只看在银钱分上,失了道士的品格了。

以上所说,已经很多了,无非要大家晓得这个行道是怎样一回事,认定宗旨,立起志向。若不照上面说的路子,必定生出许多恶习,从委靡懒惰、争财争气,一直到吃洋烟、赌钱、犯淫,种种说不完。总而言之一句话,甘为下流,架子一倒,就难得拉起来,连一个手艺人也不成,说甚成真演教,可怕可怕。若要照上面说的路子,自然有许多修为,从认真做事,检点言行,一直到劝化众人,通灵传法,种种说不完。总而言之一句话,要勉静功。神气一收,自能守得住。不然,就一切道法都成了虚文故事,要紧要紧。

祀天师科仪

玄法无边,总摄宗源,幽阳并济赖神传。立教靖氛烟,金刑天罚,一道合儒仙。

扶教度人天尊

法箓由来比宪章,皇天刑赏本堂堂。妖邪丑类须除灭,善信慈良在救匡。上帝施恩神感应,群生发悟道宣扬。衰颓末运开玄教,救世先资此赞襄。

降魔护道大天尊

伏以狂秦毒焰,圣王之典籍无存;世事日卑,物怪之伏藏渐盛。盖人心邪曲,天理莫保于当躬;故气类感招,灾殃即生于不测,皆由惰偷相习,礼制难防,遂乃放纵无惩,死亡弗悟,苍穹深悯,法教乃兴。

恭维天师扶教,高明大帝,生应天心,学承道祖,隐居求志,本属希古之儒修;济世度人,无非祈天之圣学。天人只此一理,鬼神奉而不违。盖心本仁慈,代天以救有罪,故神为施设,感箓而即来,孚印章何异。虫书符咒，亦源《周礼》。人心昧本，不知道可通天；君子知微，共仰仁能显用。教泽千年不坠，夫岂偶然？恩波万众咸沾，是为不朽。裔忝列簪裳，久叨庇荫。玄科遵奉，常兴反本之思；凡质愚污，不副度人之愿。今下民某人为某事虔诚请祷，浼裔通传，敢不勉体师恩，特此敬皈道范，惟吾众侣共运真香。

（进香三节，稽首诵赞。）

香云密罗，径达灵波，星冠云履珮鸣珂。师范仰巍峨，注想婆娑，降鉴受恩多。

称念祖师三天大法师，嗣教传薪众真人，经箓法中诸官将。

（每号，一稽首。）

盖闻教由天启，宜代天以立言；法本师传，敢师心而自用。凡夫泥于俗眼，妙道流为异端，正学久湮，冤诬谁雪。惟道祖天师之法教，本至诚感应而昭宣，乃日用而不知，反腾言而莫辨。张修、张角，既以一时同姓而混淆；灵素、谦之，复以媚上惑民而攀附。治病必先悔罪，本劝善之良规；除邪因以安民，实参天之大业。以兹为谤，岂曰非狂。小民既不识真源，学者又未加细考。虽无损乎圣德，何以诏于将来。裔等沾渥同深，皈依不二，谨陈颂祷，以效宣扬。

（诵赞，宜缓。）

阴阳成天工，人物在其中。

纯者为光明,杂者为昏蒙。

道祖始阖辟,圣人开蒙茸。

黄帝学内文,万神来朝宗。

兽蹄与鸟迹,平治尧之功。

大禹召六丁,治水多灵踪。

铸鼎象神奸,魑魅人不逢。

伯益驱禽兽,百虫无不从。

安居赖神力,拟议何能穷。

道衰人心坏,正气输邪风。

兵戈起残杀,物怪乘雰雺。

人天渐相远,放肆如盲矒。

恶者无所畏,善者徒悾悾。

昊天垂哀悯,大道开洪濛。

西蜀渊源接,南土灵秀钟。

传经青羊肆,受箓鹄鸣峰。

斗命延生诀,明威上品封。

天书运雷雨,神剑摄虎龙。

一诚无不动,三界明有融。

造化由此著,幽明由此通。

祸福有转移,视听皆明聪。

宏功赞天德,大法辅中庸。

青州东华尊,救苦揆一同。

一显一藏用,共承太上翁。

柱天此二祖,大庇吾孙童。

惟我巴蜀民,受恩尤最浓。

西山扫虎窟,南荒竭蛟宫。

疾痛知悔罪,违犯知避凶。

人人佩艾虎,家家礼威容。

今朝敬崇祀,悔愿洗凡躬。

至教本广度,圣恩原大公。

玄裔无片善,仰体敢荒慵。

冥心瞻帝座,一切稽首恭。

三天大法师,鉴此下愚衷。

(法师通名,起韵,诵诰。)

至心皈命礼

玉清圣境,清微天宫。郁罗萧台之中,森罗净泓之上。现有为之梵相,具无极之神通,敷演真元,破无有色空之碍;拯提趣类,绝智愚高下之分。妙用难窥,灵机罔测,大悲大愿,大圣大慈,无量度人,元始天尊。

至心皈命礼

上清真境,禹余天宫。紫微琼台之中,元都玉京之上。接元始虚皇之统系,超西那玉国之根苗。入泰米珠,尽抱真元。精粹在香林苑,屡谈秘要箜蹄。妙德难思,神通莫拟,大悲大愿,大圣大慈,无量度人,灵宝天尊。

至心皈命礼

太清仙境，大赤天宫。巍巍金阙之高，渺渺重霄之上。降生于无量数劫，说法于万二千天。五千秘言，融三才之妙道；八十余度，接六趣之众生。圣德崇高，元功广博。大悲大愿，大圣大慈，无量度人，降生天尊。

至心皈命礼

本来南土，上沂蜀都。先获黄帝九鼎之丹书，后从老君两度于玉局。千轴得修行之要，一时成吐纳之功。法箓全伦，授盟咸品而结璘诀；正邪两辨，夺福庭冶而化咸泉。无愧大丹，兼齐七政。大悲大愿，大圣大慈，三天上相，元都丈人，扶教度人，大法天师，正一静应显佑真君，六合无穷高明大帝，降魔护道天尊。

至心皈命礼

混元六天，传法教主。修真悟道，济度群迷。普惠众生，消除灾障。八十二化，三教祖师，大慈大悲，救苦救难。三元都总管，九天游奕使。左天罡，北极右垣大将军。镇天助顺，真武灵应。福德衍庆，仁慈正烈。协运真君，治世福神。玉虚师相，玄天上帝。金阙化身，荡魔天尊。

至心皈命礼

派流西地，迹显龙兴。施财合药济群生，积功累行修至道。授铁师之教旨，掌玉府之雷书。身披百衲伏魔衣，手执五明降鬼扇。代天宣化，咒囊书符。运风雷于咫尺之间，剪邪魔于斗罡之下。道参太极，位列先天。松筠野鹤任纵横，遐迹孤云常自在。方方阐教，为万法之宗师；处处开坛，作后人之模范。都天宗主，一元无上，萨翁真君。

至心皈命礼

先天大气化，一炁任宣昭。灵光开万千之色，气候主三界而遥。雷霆掌篆，教戒施恩，太乙灵威，上天铨命。三十六雷总管，诸天有主之声灵；百千万众神灵，大地无穷之育爱。玄穹大德，生成恩光。至心至慈，无私无我，先天运主大神君，代符上化天尊。

至心皈命礼

一炁归宗，先天梵神，无极垂日月之光，道令显幽阳之法。白云仰性体，终古垂法程。为天肖子，宗祖同体以扬休；作圣象贤，太极含辉于不老。悠哉广矣，远莫京焉。分道性以还先，媲宗圣而无忝。至慈大愿，护道先民。至极无妙，道会先师，持法救人天尊。

至心皈命礼

始青一炁，教阐十方。积功勋于大明，度众生于廛市。遇火龙而细参至道，入武当而调养谷神。混俗和光，经纬五载。入山面壁，考验九年。大廷朝驾显飞升,名山古洞留仙迹。方方开化,处处设坛。演金科流传万世,证金丹度尽后学。大悲大愿,大慈大仁。至灵至圣,至公至明。九天司化,洞彻玄冥。无极更生,寂静度人天尊。

　　(接启神号。)

恭申启请初传嗣教王、赵二大真人,龙虎山历代嗣师诸大真人,应教法官诸大真人,正一传箓历代得道仙师,符令宗主承天救人大神君,天师府中五品清肃神通广灵真君,天枢院掌箓掌法诸大仙吏神君,天师府护箓护法诸大灵官,天师府一切应感仙官。

　　悉降善筵,证盟修奉。

　　向来恭申启请,想沐光临,所具菲供凡仪,谨当供奉,净坛有箓,如法加持。

　　(号水,大众诵金光咒,洒坛,发烛。)

　　宝烛已朗,合众赞扬。

　　紫微帝座散天精,宝箓晶莹本上清。四照灵通诚意至,心光烛焰一齐明。

　　大圣大慈悲。

瑶辉玉柄天尊

　　献香。

　　一炷心香,蒲艾竞芬芳。除魔荡秽威灵著,反朴还淳道炁长。惟愿世间无浊扰,道心长共此清香。

　　皈依

正一静应显佑真君

　献灯。

　　　一点心灯,斗曜喜亲承。千真万圣传薪火,列宿周天共北辰。惟愿神光长显应,渊源不坠此心灯。

　皈依

六合无穷高明大帝

　献水。

　　　一泓性水,北极原之委。咸泉滋养泽无穷,天汉旋枢澄见沚。惟愿恩波普大寰,万象清明流性水。

　皈依

斗极元真度人天师

　　　盖闻神司造化,统属在乎宸垣;道重师传,孚格先乎源本。惟北极实三界之尊,而天师为万法之祖,凡有恳祷,必叩天神,况在愚流,尤凭道荫。今下民某人为某事,虔设善筵,裔等代为通奏,所愿悉蒙成就,皆由上界颁恩,奉行多有疏虞,尚冀师慈赦罪。坛中谨具(申、表、疏)文一函,俯伏百拜。

　上呈

道范非遥,谨当宣奏。

　　　(申、表、疏)文宣毕,仍归琅函,捧送天阶,恭行化炼。

　　　箓法原来不等闲,斗中通事在云端。

　　　百灵听命垂恩速,方识神功彻两间。

功曹云麾大仙吏

文函已达,回向同声。

全凭一道系人天,变化无方乃曲全。

神妙难明由俗障,转移不定在心专。

百官自古先巫祝,众喙何须辨佛仙。

诚本甚微功甚显,化民开物此真传。

所谓道

道术有师人有本,真心发动无灵蠢。

好将诚念紧提撕,圣贤仙佛同悲悯。